公关理论与实务文库

政府公关

洪建设 主编

李恭园 周俊森 副主编

图书在版编目(CIP)数据

政府公关/洪建设主编. —北京:北京大学出版社,2010.5
(公关理论与实务文库)
ISBN 978-7-301-17075-5

Ⅰ.政… Ⅱ.洪… Ⅲ.国家行政机关－公共关系学－技术培训－教材 Ⅳ.D035.1

中国版本图书馆CIP数据核字(2010)第052461号

书　　　　名：政府公关
著作责任者：洪建设　主编
策　划　编　辑：黄庆生
丛　书　主　持：栾　鸥
责　任　编　辑：李　玥
标　准　书　号：ISBN 978-7-301-17075-5/F · 2498
出　版　发　行：北京大学出版社
地　　　　址：北京市海淀区成府路205号　100871
网　　　　址：http://www.pup.cn
电　子　信　箱：zyjy@pup.cn
电　　　　话：邮购部 62752015　发行部 62750672　编辑部 62765126
　　　　　　　出版部 62754962
印　　刷　者：三河市北燕印装有限公司
经　　销　者：新华书店
　　　　　　　720毫米×1020毫米　16开本　19.5印张　480千字
　　　　　　　2010年5月第1版　2011年1月第2次印刷
定　　　　价：46.00元

未经许可,不得以任何方式复制或抄袭本书之部分或全部内容。
版权所有,侵权必究
举报电话:(010)62752024　电子信箱:fd@pup.pku.edu.cn

公关理论与实务文库
编委会名单

顾 问	方忠炳
主任委员	赵麟斌
副主任委员	黄诗筠 魏章官 陈 健 洪建设 吴贤军
委 员	（按姓氏笔画排序）
	王少萍 王昌逢 王英灵 刘 云 陈一收
	陈 健 陈菊香 陈燕青 李 冬 李恭园
	苏素琼 吴贤军 周俊森 洪建设 赵 娴
	赵麟斌 桑付鱼 龚 娴 黄诗筠 黄洪旺
	康红蕾 曾 锋 魏章官
总 主 编	赵麟斌

序

——中国公共关系协会会长 苏秋成

中国公共关系事业,顺应改革开放潮流而生,随着中国经济与社会的发展而日益展现其作为无形战略资源的独特魅力。经过二十多年的发展和积淀,在中华五千年文明和中国特色社会主义的土壤里,公共关系这一崭新事业的发展已经初具规模,公共关系理论在实践中已得到越来越多、越来越有效的应用。虽然现代公共关系作为一项事业、一种职业,在中国发展的时间只有短短的二十多年,但公共关系的思想和实践一直融合在中华民族几千年的优秀文化之中。也正因为如此,有如久旱逢甘霖一般,公共关系的幼苗迅速地在改革开放的百花园中茁壮成长起来,并绽放出亮丽的色彩。

如今,公共关系已经融入各行各业的诸多领域,在品牌推广、企业传播、危机管理、政府形象、城市建设等诸多方面都发挥着日新月异的积极作用。在中国入世、文化申遗、北京申奥、上海申博、抗击非典、汶川抗震救灾等一次次重大事件中,愈发彰显了公共关系独特的功能。

当前,中国的公关事业在科学发展观的引领下,融入了党中央提出的构建和谐社会的整体战略部署,进一步明确了自身的价值追求、政治方向和最终目标,正意气风发地迈向新的更高的起点。中国举办的一系列国际性活动更是为公共关系服务提供了极好的舞台和巨大的商机。可以这样认为,中国公共关系业迎来了最佳的战略发展机遇期,必将大展宏图。

行业的可持续发展,必须建立在专业化、规范化的基础上。唯有不断进行理论研究和学术探讨,总结经验,开拓领域,才能保持蓬勃生机。一直以来,公共关系事业得到一大批有识之士的大力支持,许多教育工作者和公共关系的爱好者为普及公关知识,开展公关教育,传播公关理论,培养公关人才付出了辛勤的劳动,用知识和智慧哺育公关事业的健康发展。本套丛书的编委会成员及其著作者都是公关事业的热心支持者和有志者,他们具有敏锐的意识和超前的思想,致力于传播公共关系理念,探讨公关理论和实务的前沿。经过两年多的研究,形成了这套别开生面的丛书。

丛书根据公关的功能分类方式,共分为《政府公关》、《企业公关》、《大型活动公关》、《危机公关》(上、下册)等。写作体例新颖,作者根据开篇导例—史镜今鉴—三刻拍案—回味隽永的写作体例,以简短而精致的案例在文章开头提纲挈领,融会古今中外的经典案例,以史为鉴,对时效性的经典案例进行评析,最后总结经验教训,取精华,弃糟粕,耐人寻味。本书内容翔实,信息量大,手法新颖独特,理论联系实际,可读性强,能够很好的指导人们进行公关活动,同时也为公关爱好者提供了精神食粮。

写出以上文字,是为序,同时衷心祝贺丛书出版。

薛秋成

2010年3月26日

前　言

赵麟斌

当本书终于付梓、墨香扑鼻之时，虎年新春的气息仍在星空中弥漫着。作为对牛年丰收自然回应的鞭炮声、喜悦声仍不绝于耳，依旧在耳畔回旋激荡，唤起了我感慨的涟漪……

记得2006年我在加拿大布鲁克大学做国际高级访问学者时，有一位留学生凯丝蒂小姐曾向我了解中国的发展变革，尤其是企业成功案例，言及上网寻遍却收获无几。她给我这教授上了一堂公关课，也使我下决心要去做这件事：编一本乃至一套中国人自己写的、具有中国特色的公关案例专用书。毕竟祖国强大了，要更好地走向世界，与世界接轨，作为学者，应贡献自己的学识和才华于社会，报效人民。于是有了尝试初期的萌动——跃跃欲试。

起源于西方国家的公关之学，迄今已有一百多年的历史了，但对我国来说，仍是一门非常年轻的学科，至今不过二十多年的时间。它虽年轻却以后发之势迅猛发展着，并日益在国家社会生活的各个层面发挥着越来越重要的作用，成为改革开放的一种新推力。实际上，一部分人对公关之学仍存在着误解，认为这无非是类似"厚黑学"的旁门左道，甚至有人将它比为低俗流变的下作之功。故此，公关之学正面形象的树立首先必须致力于为公关正名，欲行有效传播，必先正本清源，实则才有宣传的底气，使之朝着健康轨道且能发挥更大作用力的方向发展，达到为学习者开阔视野、扩充新知、加深了解、释疑解惑之目的。正是这一学术诉求孕育了我们思想的冲动，冲动之行便始于尝试……

这是一种尝试，从团队、研究领域到体系范式的构建都是一种全新的尝试。

我们的团队，是由非公关的研究人员组成的，学科背景几乎涵盖了人文社科的所有方面，是一支大而全的"杂牌军"，但它又与公关案例写作所需的学科背景紧密相连，诚然也有来自公关专家对写作的具体观照。试图通过不同的学科，全方位、新视角、多维度地审视公关，使之脱离窠臼，不仅仅局限于公关人的孤芳自赏中,而力求成为公关利益相关者们共同关注的焦点,这是我们的初衷,也是我们的尝试。

本丛书根据公关功能分类方式,采用分期完著的形式,奉献给读者的是第一期成果:主要包括《政府公关》、《企业公关》、《大型活动公关》和《危机公关》(上、下册)。这些公关类型是当前公关活动中最为常见和常用的,故先期出版。倘有能力,在以后第二、第三期将进一步陆续撰写其他类型公关理论与实务案例集。由于我们的研究团队大多首次接触公关,欲窥公关之实质,把握公关之精髓,展现公关之魅力,无疑是一次重大的挑战,同时由于对该领域陌生,为开发处女地,遂决计开始以"白板"方式探骊公关的"破冰之旅"。如此,较易生成自身的判断,也力图以全新的面目呈现给读者,因而也算是一种尝试。

我们的写作体例,近乎是一种首创。本书沿着开篇导例—史镜今鉴—三刻拍案—回味隽永的逻辑指向,以主案例为核心,激扬文字,直抒胸臆。开篇导例重点在于以开门见山的方式阐扬文章的旨归,并将主案例切入,统摄全文。史镜今鉴则是采撷了古今中外的经典案例,托衬公关,摒弃了当今案例"单打独斗"的写作范式,力争达到材料历久弥新,内容精益求精,思想蕴含深远之效。亦如古训所言:"夫,以铜为镜,可以正衣冠;以史为镜,可以知兴替;以人为镜,可以知得失。"三刻拍案是以正反比较的方式编撰,篇幅各异,配以错落有致的例子,具有较强的针对性和现实感,意在激起共鸣。拍案之时正是公关所应吸收经验教训之际,而三刻之后则是公关意识入脑之用。回味隽永是一种反思式的阅读,使读者能够从中获取于自身有益之物,这是我们的理想奢望。立此体例,是一种尝试,是再现层次清、意识明、脉络通思维方式的一种大胆的尝试。

在某种程度上,公关能力的强弱决定着事业的成败得失。遵循这一逻辑理路,我们精选了成功与失败交织、经验与教训共生、理论与实践并行的公关案例。坚持古今中外、兼收并蓄的原则,以梳理、反思、前瞻为导向,使读者能够从案例中获取对新的公关实践有所裨益的"活性因子"。

一年多来,本套丛书从构思到动笔再到开印,此间,得到了中国公共关系协会、福建省国际国内公共关系协会、福建师范大学、福州大学、闽江学院等单位的大力支持,特别感谢福建省国际国内公共关系协会会长、原福建省高级人民法院院长、福建省人大常委会副主任、中国大法官方忠炳同志,他始终支持我们的写作并欣然出任丛书顾问;还要感谢福建省国际国内公共关系学会副会长黄诗筠、魏章官,副秘书长陈健、刘云等同志的关心帮助。同时感谢中国公共关系协会会长苏秋成先生、北京大学出版社党委书记金娟萍女士,策划编辑黄庆生先生慧眼识珠,丛书主持栾鸥女士热忱帮助,为本丛书所付出的辛勤努力,让本丛书得以顺利出版。

这是一种尝试,是挂一漏万的尝试,然而探颐索隐,怀揣慎思勤学的治学之心,秉承"书山有路勤为径,学海无涯苦作舟"的理念,祈盼着能不辜负读者的殷殷期望。

既是一种尝试,不足之处在所难免,恳请方家不吝赐教。

庚寅年孟春于己得斋

目　　录

第一篇　展示公关力量　传播政府形象
　　——上海2010年世博会主题宣传之联想 …………………（1）

第二篇　危难时刻政府应更显能力
　　——汶川大地震政府公关案例 ………………………………（13）

第三篇　政府善用媒体塑形象
　　——"非典"时期政府与媒体关系的准确定位 ……………（25）

第四篇　政府优化行为——塑造良好形象
　　——从中国救市计划看政府公关 ……………………………（37）

第五篇　走在钢丝绳上的公关
　　——政府企业公关 ……………………………………………（51）

第六篇　政府主旋律下的新城新貌
　　——上海浦东的开放与发展纪实 ……………………………（67）

第七篇　政府危机公关中的信息传播和利用
　　——以安徽省阜阳手足口疫情为例 …………………………（83）

第八篇　城市之光点亮政府形象
　　——城市形象推广策略定位 …………………………………（95）

第九篇　借人文气息　造城市之魂
　　——城市营销案例 ……………………………………………（109）

第十篇　双向互动中的政府公关
　　——以某开发区为例 …………………………………………（123）

第十一篇　社会舆论风潮的应对和利用
　　——华南虎事件公关案例 ……………………………………（137）

第十二篇　人民的政府
　　——从无锡市处理太湖蓝藻事件说起 ………………………（149）

第十三篇　与时间赛跑
　　——湖北石首"6·17"事件中的政府公关 ……………………（163）

第十四篇　政府媒介公关　搭建沟通桥梁
　　——以2001年上海举办APEC会议为例 …………………（175）

第十五篇　媒体之镜映鉴政府形象
　　——美国白宫的媒体公关策略 ………………………………（187）

第十六篇　媒介传情，塑魅力公关
　　——中美乒乓外交 ……………………………………………（201）

第十七篇　主动公开信息　掌握舆论主导权
　　——大旱无情，政府有为慰民心 ……………………………（213）

第十八篇　搭台的政府与唱戏的非政府组织
　　——安乐街村的故事 …………………………………………（225）

第十九篇　混乱中的秩序保障
　　——北美大停电政府公关案例 ………………………………（243）

第二十篇　领导者个人形象公关
　　——从关注民生说起 …………………………………………（257）

第二十一篇　全心全意为人民服务　争做人民好公仆
　　——以福州市公交进入一元时代为例 ………………………（269）

第二十二篇　无刃外交，公关无棱
　　——国家公关舞台上的夫人风采 ……………………………（281）

后记 ……………………………………………………………………（296）

参考文献 ………………………………………………………………（297）

展示公关力量　传播政府形象

——上海2010年世博会主题宣传之联想

  政府公关最主要的任务，就是妥善处理与民众的关系。在政府公共关系活动中，作为公共关系活动主体的政府，利用各种公关活动方式，在政府与民众二者之间找到平衡点，通过有效的沟通，得到民众的信任，从而建立较高的政府威信和美誉度，达到传播良好形象的政府公共关系活动目的。

开篇导例

西湖风景区综合保护工程

"欲把西湖比西子,淡妆浓抹总相宜。"这是北宋大诗人苏轼对西湖的形象赞誉,而一湖(西湖)、二塔(保俶塔、雷峰塔)、三岛(三潭印月、湖心亭、阮公墩)、三堤(苏堤、白堤、杨公堤)的西湖全景,一湖映双塔、湖中镶三岛、三堤凌碧波的奇观胜景,使西湖成为游览观光的胜地,也成为杭州市的城市名片。但随着社会的飞速发展,出现对西湖保护略有疏忽,西湖及周边地区大量宝贵的公共资源,一度被一些单位、个人占有,沿湖的单位和居民的生产生活用水,直接排入西湖,污染现象严重。由于含氮量超标,西湖的水质被国家环保总局判为劣五类水体,"天堂明珠"蒙受尘垢。

杭州市政府针对西湖所面临的景观遭破坏的危机,立足于以民为本、还湖于民的理念,提出了实施西湖综合保护工程,西湖风景名胜区内的建设项目不断增加,西湖综合治理工程赢得了社会各界的积极支持和响应。2002年底,杭州市委、市政府又将西湖综合保护工程的目光指向西湖西线,实施"西湖西进"综合保护工程,西湖西进和历次对西湖的保护整治不一样,要以重文化为主题,认真进行研究和探讨。2004年杭州开始了北山街历史文化街区保护工程。工程开始后,一些热心市民向市委、市政府建议,要求重新修建苏小小墓、武松墓的建议,市领导把这一建议交给了市政协进行论证和研究。市政协为此收搜集了众多资料,并于2004年6月1日召开专题论证会,邀请省市历史、旅游、文化、文物等方面专家和热心市民就此问题进行座谈。与会人员从历史利弊、人文精神、文化旅游等角度综合考虑,就两墓重建的利弊、方式开展了讨论,提出了一些方案供市委、市政府决策。这些建议引起市委、市政府高度重视并被吸收采纳。参照国内外成功经验,将保存历史与追求现代感完美地结合在一起,建立韩美林艺术馆、印刷博物馆等。杭州市主要领导在调研西湖综合保护工程时强调,认真贯彻市党代会精神,按照打造"生态西湖、人文西湖、和谐西湖"的要求,坚持还湖于民方针,继续实施西湖综合保护八项工程,如期向市民推出西湖新景,要以山林为基础,以湿地为特征,以文化为依托,以美食为"亮点",深化完善设计方案,搞好观景平台、观景长廊、"生境岛"、水景等景观设计,把江洋畈生态公园打造成21世纪杭州西湖公园的新典范,争取在2010年成功通过世界文化遗产的申请。

从西湖综合治理工程理念的提出,到治理工程的实施,杭州市政府的行为坚持"以人为本,还湖于民"的理念,传播了杭州市政府始终将人民的利益放在首位的执政理念,充分调动了市民参与的积极性,做到了与公众进行了良性的沟通,在公众心里树立了良好的政府形象,从而进一步增强了政府的凝聚力及号召力,实现了政府公共关系的最终目的。

从本案例中可以看出,"以人为本,取信于民"对一个政府的重要性,而是否能够有效地传播政府良好形象,则可视为政府公共关系成败的基础条件。

史禄奉命修灵渠

公元前221年,秦统一六国后,在派30万大军北伐匈奴的同时,派50万大军越五岭南征百越。当时的越人多处氏族部落时代,多住山间,迁徙无定,无编户,无君长,各氏族割据一方,自立为王,连年征战动乱,并不断侵扰秦国边境。秦军的进军路线主要是南岭山脉的越城岭与都庞岭中间重峦叠嶂的湘桂走廊。气势强盛的秦军在岭南却受到了挫折,越人抵抗,粮草等因运输线长而补给困难,瘴气作祟等,秦军3年不解甲驰弩。为此秦始皇亲自到前线视察,到达了湘江上游,弄清了久攻不下的原因是交通运输问题,于是下令指派一名叫史禄的官员,主持修建灵渠。

面对复杂的地形,为了解决开凿过程中的疑难问题,史禄提出了一个惊人的建议,采用了盘旋反复,通过延长渠道的长度,在同样一个高差的情况下,使渠的坡度减缓,流速降低,在湘江和漓江之间修了一条运河,打通南北两大水系,将长江和珠江连接起来,灵渠一开通,珠江、长江两大水系可直接通航,中原的铁器和先进的农耕文明传播到珠江流域,促进了当地经济社会的发展,为巩固了边防,维护了国家统一,作出了巨大的贡献,灵渠的修成,同时标志着中国的水利设计和施工都是当时世界最高水平。

点 评

史禄修灵渠,用实际行动诠释了为官为民的官德。作为秦朝的一名官吏,其言行是秦朝国家形象的间接传达。史禄修灵渠的一系列行为,说明了秦朝统治者关心老百姓生活状态,解决民众生活困难的决心,塑造了秦朝良好的形象。以古视今,政府形象传播公关,也是着重在树立爱民、重民、惠民的政府形象,使政府赢得民众的信任,从而推进和谐社会的营造。

此外,西汉初期统治者所采取的"与民休息"的政策,也渗透了政府形象传播公关中民本的因子。西汉王朝建立初期,百废待举,百业待兴,刘邦采纳了陆贾著的《新语》一书中"夫道莫大于无为,行莫大于谨敬"、"君子之为治也,块然若无事,寂然若无声,官府若无吏,亭落若无民"的政治主张,提出了"与民休息"的治国策略。刘邦登基之时,约法省禁,减轻田赋税率,"什五而税一"。汉惠帝时,下令"减田租,复十五税一"。可知刘邦在位的12年间,后期因国家财政上的需要,税率有所提高,但惠帝于汉高祖十二年即位后,旋即恢复了原来的税率,使十五税一保持下来,即使吕后当政时也未见改变。

汉文帝时,进一步降低田租的税率,按"三十税一"征税。这是中国封建社会田赋税率最低的时期,而且以后始终不变。

鼓励生产、发展经济,扩大税基,增加政府财政收入。在农业方面,多次下诏劝课农桑,按户口比例设置三老、孝悌、力田若干员,经常给予他们赏赐,以鼓励农民发展生产,还通过各种税收优惠政策鼓励人民开荒。在工商业方面,文帝"山泽之禁"即开放原来归国家所有的山林川泽,从而促进了农副业生产和与国计民生有重大关系的盐铁生产事业的发展。文帝十二年(公元前168年)又废除了过关用传制度,促进商品流通和各地区间的经济交往。商品经济的发展,使工商杂税收入逐步超过了全国的田租收入,也使政府有财力减免田租。汉景帝恢复与匈奴等周边民族通关市,发展边境贸易。在"物内流,利不外泄"原则下,取得了巨大的贸易顺差。

厉行节约,禁止浪费。汉文帝提倡节俭,他在位期间,宫室苑囿,车骑服御,都无增加。他曾经想做一个露台,预算报上来,需要百金,他便放弃了这一想法。为了减免人民税负,他还减少自己的开支,裁减侍卫人马。汉景帝下诏不接受地方贡献的锦绣等奢侈物品,并禁止地方官员购买黄金珠玉,否则以盗窃论罪。"与民休息"治国策略的推行,不仅给西汉初期经历过战乱之苦的老百姓一次休养生息的机会,而且也为统治者在民众心中塑造形象加重了成功的砝码。通过"与民休息"政策的落实,西汉统治者有效地传播了爱民与护民的国家形象,为国家能够在纷繁复杂的战争年代提升影响力提供了坚实的后盾。

可见,在我国,政府重视公众需求,从而树立良好的政府形象,最终达到政府、民众和社会共赢的目的。其他国家也采取多种方式,力图维护政府形象。让我们来看林肯解放黑奴的案例。

1858年,林肯在参加伊利诺斯州参议员竞选时,发表了一篇题为《裂开了的房子》的演说,他把南北两种制度并存的局面比喻为"一幢裂开了的房子。"他说:"一幢裂开了的房子是站不住的,我相信这个政府不能永远保持半奴隶、半自由的状态。"林肯的演说语言生动、深入浅出,表达了北方资产阶级的要求,也反映了全国人民群众的愿望,因而为他赢得了很大的声誉,并在选举中得到相当多数的民众选票,赢得了总统选举。1862年5月,林肯签署了《宅地法》,规定每个美国公民只交纳10美元登记费,便能在西部得到160英亩土地,连续耕种5年之后就成为这块土地的合法主人,这一措施从根本上消除了南方奴隶主夺取西部土地的可能性,同时也满足了广大农民的迫切需求,大大激发了农民奋勇参战的积极性。1862年9月,林肯又亲自起草了《解放黑奴宣言》草案。1863年1月1日正式颁布《解放黑奴宣言》,宣布即日起废除叛乱各州的奴隶制,解放的黑奴可以应召参加联邦军队。宣布黑奴获得自由,从根本上瓦解了叛军的战斗力,也使北军得到雄厚的兵源。

林肯在南北战争中能够取得胜利,不可否认的一点就是林肯意识到北方农奴力量的强大,并在战争的过程中废除农奴制,解放了黑奴,满足了黑奴向往自由的迫切渴望。

三刻拍案

拍案一　上海2010年世博会主题宣传

为了迎接2010年即将在上海拉开帷幕的世界博览会,主办方中国提出了"城市,让生活更美好"的主题,该主题的具体内容分别是:城市是人类文明的结晶,多元文化的集聚与交融是城市的特质;城市是经济增长和社会发展的发动机,富有活力的城市经济是国家经济实力的象征;城市是科技创新的载体和核心,科学技术的飞速发展加快了城市的更新和生活的改善;城市社区是城市和人类生活的"细胞",21世纪将赋予城市社区更新更丰富的内涵。这一主题又包含了五个分主题:城市与经济发展关系、城市与可持续发展关系、城乡互动关系、城市与高科技发展关系、城市与多元文化发展关系。要求更适宜居住的环境,更高质量的生活,这是人类新世纪的梦想。"城市,让生活更美好"的上海世博会主题,体现了以人为本的理念,真实地反映了人类对城市发展前景的希望和渴求。在走向新世纪的行列里,中国正以前所未有的发展速度和在世界政治经济国际事务中的影响和作用,令世人所瞩目。根据"城市,让生活更美好"的主题和副主题,展示活动将包括对"更美的城市"、"更好的生活"以及它们之间关系进行全面的阐释。向世人展示了中国政府有能力办好此届世界博览会的坚定信心,同时也增强了政府的凝聚力与号召力。

据上海市人民政府发展研究中心相关人士介绍,城市及其发展是人类永恒的主题。自从城市在人类社会历史上诞生以来,就成为人类发展的主线之一。但是不论发展水平如何、也不论社会制度和意识形态怎样,目前都面临着如何解决"城市病"及未来怎样发展的问题。选择这个主题,可展示性强,参与度大,各国均可以根据本国特点对大都市、中等城市和小城镇作广泛选择。同时,这个主题也体现了承办地上海的特点。上海在20世纪30年代曾经是远东经济中心城市之一。从20世纪90年代开始,上海以浦东开发开放为契机实现了跨越式的发展。东方明珠——上海的城市发展将为2010年世博会提供极为丰富的展示素材。

为了将"城市,让生活更美好"的世博会主题密切溶入日常百姓的生活当中,上海市政府各部门也进行了多方面的努力,让民众能更积极地参与到世博会当中。其中最吸引眼球的是由上海世博局携手台北艺术推广协会和上海某传媒集团共同打造的上海世博会主题秀"城市之窗",该项目于2009年8月10日在上海世博局签约。紧扣城市这一主题,主题秀"城市之窗"将呈现多元城市元素、演绎多彩城市生活、倡导城市人文生活理念。在表现手法上,"城市之窗"采用音乐和舞蹈抽象叙事的方式,以时间的纵轴与地域的横轴两条主线为切入点,演绎一个爱、和谐与感动的故事。"城市之窗"主题秀紧扣上海世博会"城市,让生活更美好"的主题,将以中国的人文背景,展示敦亲睦邻的城市生活,并演绎人类对未来世界的美好憧憬。其间,体现中国城市历史变迁的时间纵轴与体现世界城市发展比较的地域横轴不断交错演变,将使观众在短短30分钟时间里感受到城市文明的进步,也感受到都市人内心所潜藏的温情和关爱。

除了以开展与世博会主题相关的"主题秀"等活动来宣传2010年世博会的主题之外,上海市的领导干部也亲力亲为,紧扣主题,投入到迎世博会的活动中,组织群众以各种方式来支持上海举办世博会,让群众在感受世博会的同时,也体会到政府充分为市民考虑,从而树立了政府为人民服务的亲民形象。

"更美的城市,更好的生活,更深的情谊"是上海筹办2010年世博会的要求。如今,走在上海街头,"迎接世博、参与世博"的氛围越来越浓,人们知道这一切都得益于"迎世博六百天行动"计划。

迎世博六百天行动计划自2008年9月开始启动以来,在整治顽疾陋习、聚焦窗口服务、规范公共行为、优化城市环境等方面取得了阶段性的成效。在确保世博会筹办有序推进的背后,不断提升的城市文明程度和市民素质更成为一笔无形的财富,令上海在不知不觉中获益良多。

从2009年3月开始,上海更是全市动员,每月五日为"窗口服务日",以"微笑的城市,满意的你"为主题推进规范服务和诚信服务建设;每月十五日为"清洁环境日",创建"洁净的城市,可爱的家";每月二十五日为"公共秩序日",使上海文明出行、文明驾车、文明停车、文明让车、文明乘车、左行右立和文明排队七个方面有显著提高,营造"和谐的城市,谦让的我"的良好社会氛围。

对此上海市有关领导表示,上海世博会的筹办过程中,要动员广大市民积极参与,热爱上海、建设上海,努力使城市文明程度和市民文明素质有大的提升,展示上海人民奋发向上的精神状态,以及上海城市良好的文明形象,要把筹办世博会的过程变成践行世博主题的生动体现,让普通民众实实在在体验到世博给城市带来的变化。

点 评

  上海市政府通过一系列的世博会主题宣传活动公关,通过对"城市,让生活更美好"主题的诠释,突出了举办本届世博会对探索城市科学发展之道的重要推动作用,说明了实现科学发展与人类实现和谐相处、实现更加美好生活的重要关系,具有公认的全球普遍意义和强烈的现实针对性。"城市,让生活更美好"的主题,与民众的生活息息相关,将着眼点聚焦在百姓的生活居住所——城市上,又透露出现代气息,因为毋庸置疑,将会有更多人的生活、工作的重心向城市转移,而2010年上海世博会提出的这一主题则契合了这一趋势。上海市政府通过世博会开幕前夕的主题宣传,发挥政府公共关系的舆论引导职能和传播优势,在全社会形成共同理想和精神支柱,与此同时,让世界上更多的人认识了上海,也向人们展示了良好的上海市政府形象。

拍案二 湖北代表团民生问题大讨论

  2007年10月16日下午,人民大会堂湖北厅,十七大湖北代表团对大会报告的审议向境内外记者开放。这一举措吸引了路透社、新加坡《联合早报》、日本东京广播公司、香港有线电视等多家境外媒体派出记者前来采访。近年来,湖北以其发展、开放的昂扬步态,越来越吸引世界的目光。三峡工程、南水北调、中国光谷等成为媒体聚焦的热点,特别是中央实施促进中部地区崛起战略以来,湖北的发展更加引人注目,令人期待。讨论中,湖北代表团代表先后围绕"三农"、科技教育发展、壮大汽车产业、武汉城市圈建设等问题,结合十七大报告各抒己见,湖北代表团的这一行为体现了公共关系的直接功能,即树立形象和协调关系网络。湖北代表团对大会报告的审议向境内外记者开放,大力宣传湖北省近年来做出的成绩,湖北代表们以开放自信的姿态接受媒体记者采访,介绍湖北取得的辉煌成就,展望全面建设小康社会的美好前景。他们从不同的角度向境内外媒体展示了盛世中国、希望湖北,也以不同的风采向人们展示了湖北共产党员的良好形象和湖北人民奋发进取的精神面貌,为湖北树立了良好的形象,为湖北营造良好的外部环境。湖北省代表热议民生福祉,将民生和谐推向新高度。报告专门以大篇幅谈"加快推进以改善民生为重点的社会建设",重点谈到了教育、就业、社会保障、医疗卫生等内容,就老百姓关心的"看病难、上学难、就业难"提出了许多具体措施。报告处处以人为本,高度重视解决涉及群众切身利益的问题,如有关民生的住房、医疗、教育等迫切问题,对认真解决人民群众最关心最直接最现实的利益问题进行具体部署;从公共关系角度看,体现了湖北省政府对社会经济环境的优化。经济繁荣是一个社会现代化的基础,经济环境是社会环境的主要方面。优化经济环境不只是表现在促使经济增长方面,它还体现在促使所有社会成员消除贫困,使广大人民的教育、医疗、卫生、社会福利等条件不断得到改善,沟通社会各部门、各团体之间的联系,促使它们齐心合力承担各种社会义务,改善经济条件,清除环境中薄弱、落后的部分。湖北省政府重点谈到了教育就业社会保障医疗卫生等内容,并就老百姓关心的问题提出了许多具体措施,真正体现了湖北省政府对广大人民群众切身利益的急切关注,优化了社会经济环境。

点 评

湖北省政府在实际工作中,将公众最关切、最迫切需要解决的问题作为办实事的重点,限期解决,得到人民的一致认可和支持。政府公共关系的主要目标是提高政府的威信和美誉度,提高其吸引力、凝聚力和号召力,增进人民群众对政府的信心和信任度,树立政府的良好形象。政府要树立良好形象,就必须多办实事,取信于民,把为人民服务的宗旨落实到具体工作中。政府通过为人民办实事,加强了与人民群众的双向沟通,促进了人民对政府的了解、理解和信任,争取到人民的支持,树立了良好的政府形象。

拍案三 中俄两国互办"国家年"

再来看中俄两国政府之间通过互办"国家年",以此为契机,树立国家良好形象,提升两国国家关系的政府公关案例。虽然金融危机的寒流将全球裹入了冬天,中俄两国友好交往却将迎来温暖的春天。由中国和俄罗斯两国领导人倡议的中俄互办"语言年"活动将借助文化的载体——俄语和汉语在中国和俄罗斯的传播,进一步深化两国间的文化交流,夯实中俄友谊的民间基础。

此前,在中俄两国元首共同倡议下举办了2006中国"俄罗斯年"和2007俄罗斯"中国年"。互办"国家年"作为增进两国人民世代友好,全面提升中俄战略协作伙伴关系水平的重要举措,成为中俄关系史上的创举。

历时两年的"国家年"框架内举办了500多项活动,内容丰富,形式多样,两国民众广泛参与。仅在中国"俄罗斯年"期间,俄罗斯7个联邦区的领导、65个州长来华访问,数万俄罗斯人来华举办活动。中方直接参加"俄罗斯年"活动的人数约50万。"国家年"丰富多彩的交流活动增进了两国人民的相互了解和友谊,加深了两国政治互信,促进了双方在政治、经济、科技、人文等各领域的务实合作。

2008年5月,俄罗斯总统梅德韦杰夫在访华前夕接受媒体采访时高度评价"国家年"。他说:"现在要做的是,把为期两年的活动,变成几十年的经济和文化合作。"俄罗斯总统对"国家年"后即将互办"语言年"寄予厚望。

温家宝总理于2008年10月底对俄罗斯进行了正式访问。双方就访问结果发表的两国总理第三次定期会晤联合公报强调,中俄将着手落实两国元首批准的中俄"国家年"机制化各项活动,执行2009年中国"俄语年"计划,并筹备2010年俄罗斯"汉语年"。"语言年"将成为两国政府继互办"国家年"之后,力促双方文化交流,巩固中俄友好社会基础的又一重大举措。为成功举办"语言年"活动,双方商定成立高级别国家组委会,负责协调准备工作。

 点 评

中俄两国互办"国家年"的活动其成功之处就在于两国政府凭借举办"国家年"活动,为各自国家的思想、文化交流搭建了广阔的平台,更重要的是为两国民众了解对方国家的风土人情提供了多元的渠道。

回味隽永

通过上海市政府在2010年即将拉开帷幕的上海世界博览会"城市,让生活更美好"主题的提出,上海市政府应用这一主题不仅向世界预示了本届世博会的精彩,更值得一提的是,上海市政府以人为本。

首先,上海市政府借助世博会主题宣传公关,做到了与公众的良性沟通,取信于民,塑造了政府"权为民所用,情为民所系,利为民所谋"的良好形象。可以说,上海市政府凭借提出世博会主题进行的公共关系活动是成功的。

其次,综观当前新的历史时期,在科学发展观与构建和谐社会的背景下,维护公众利益是政府公共关系的基本出发点和最终归宿,与其他社会组织的公众对象比较起来显得更加多样。政府应该公平对待社会中的每个群体、每个人,这样才能真正达到生产发展,生活富裕,民主法治,公平正义,诚信友爱,充满活力,安定有序,人与自然和谐相处、和谐发展的目的。

最后,政府的主动自觉与社会公众的积极参与是政府公共关系的实质内容,只有政府以人为本,才有公民的积极回应。政府必须强化以人为本的理念,在政府与民众之间建立起一种平等的对话机制,疏通上情下达的渠道,这样才能激发社会公众参与有关政策的制定和评估。政府公关为协调政府与社会各方面的关系、引导正确的社会舆论、推动社会发展发挥了重要作用。

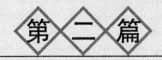

危难时刻政府应更显能力

——汶川大地震政府公关案例

　　政府危机公关是指政府面对危机事件时为了维护公众利益,减少危机震荡而进行的传播沟通、协调关系和树立形象的活动。针对不同的危机事件,政府危机公关可以分为不同种类,比如如何应对自然灾害,如何应对事故灾害等。本篇分析政府应对自然灾害所进行的危机公关。

　　月有阴晴圆缺,人有旦夕祸福。生活中遭遇灾害和不幸也是不可避免的。面对灾害和不幸,不能麻木不仁,更不能坐以待毙,必须积极应对。一般来说,自然灾害往往具有爆发突然性、影响范围广、灾害破坏力大等特点,尤其是一些未能及时预报的突发自然灾害,其所带来的损失和冲击更加明显,容易使人陷入无力,使社会陷入混乱,如洪水、地震等都是足以毁灭生产成果和人类生命的自然灾害。个人的力量在自然灾害面前显得极为渺小,这就需要国家和社会的共同行动,积极地行动起来,来应对自然灾害导致的公共危机。

开篇导例

南宁平静渡过特大洪涝

有时候,一些自然灾害并不像我们想象的那么严重,只是暂时地对生产生活产生影响,并不会危及公众的生命和财产安全。如果社会公众能冷静看待,而不是在灾害发生时恐慌不安,只要抗灾平稳有序地进行,生活便能平稳有序地进行着。我们可以看一下广西南宁市如何安然渡过该市百年来最大的一次洪涝灾害。

2001年6月27日,33年来未遇大洪水的南宁城区,一场全民皆兵、军警民齐动的防洪演习拉开序幕。2001年,南宁市一进入汛期就经历了两次洪峰,南宁多年来没有发生过大洪水,该年发生大洪水的几率很大,为此,南宁市政府针对这一情况部署了这次演习。演习假想了三种险情:管涌、决口、破堤分洪。这次演习南宁市政府投入资金43万元,直接参加演习的警民约600人,参加单位21个,并筹措了冲锋舟等一批抢险物资和设备。虽然南宁市已建成排涝泵站13座,但未雨绸缪,不管南宁该年是否会遇上洪水,通过防洪演习,使全市人民都要做好充分的防大汛、抗大灾的准备,把可能造成的损失降到最低限度。

巧合的是,演习刚过,危机就发生了。从7月4日开始,"榴莲"和"尤特"两次台风接连袭击华南地区,南宁市遭遇了近百年来最大的一次洪涝灾害,正是由于几天前的社会抗洪演习,使得在重大的灾难面前,百万市民生活一切如常,水、电供应正常,公共交通正常运行,各家银行给市民提供着正常的服务,电影院等娱乐场所照常开放,街头报刊亭、小卖部没有因为洪水的来临而关闭,在南宁市区看不到洪水对市民生活造成的不便。

没有经历过组织和危机训练的社会和人群,缺乏纪律性和凝聚力,一旦突发性的天灾人祸降临,整个社会可能出现混乱的秩序,没有一个协调核心,纷纷作鸟兽散,这样只会增加危机处理的难度和加重危机带来的损失。相反,一个组织性强、运转有序的社会,即使面对重大的灾难,也会从容应对,减少灾难损失。

南宁市这一表现,与政府未雨绸缪、提前进行抗灾演习提升市民防大汛、抗大灾的意识密切相关。我们也不难想象,若是南宁市政府没有风险防范意识,当该市百年来最大的一次洪涝灾害突然降临到几十年都未遇到大洪水的南宁市时,缺乏防汛抗灾经验的南宁市广大市民将可能陷入何等的恐慌,特大洪涝带来的影响和损失绝不止于此。南宁市市民在防洪演习中掌握了如何应对洪涝灾害,政府各部门和其他单位都做好了抗灾准备,因此,即使在面对该市百年来最大的一次洪涝灾害时整个社会也运转有序,没有陷入无组织、无秩序的混乱中,43万元的演习资金所换来的收益是喜人的。

史镜今鉴

许多自然灾害或许不能避免,甚至在危机发生之前不能预警,损失也就在所难免。但是危机具有两面性,政府的积极应对可以减少灾害损失,控制灾害的影响,甚至将危机转化成机遇。若是政府消极应对,拖沓推诿,那危机将会更加的复杂,灾害影响更加扩大。

下面从美国应对"卡特里娜"飓风案例中分析阐述一下,政府应对危机的公关策略。

超强飓风——"卡特里娜"飓风于2005年8月29日在美国新奥尔良市附近登陆,强风和猛烈的风暴潮越过沿海堤坝,洪水大量涌入低洼的市区,该市80%的地区被洪水所淹没,数万灾民被困。灾后,城市治安一片混乱,救援不力更令灾区雪上加霜。随后,媒体对灾区现状进行了跟踪报道,引发了民众对美国政府应对危机能力问题的大讨论,布什政府面临空前的舆论压力。

布什政府在"卡特里娜"袭来的时候疏于准备,灾害发生之后也消极应对,随着"卡特里娜"灾后救援不力的报道频频见诸报端,人们开始对政府的行动迟缓意见颇大，舆论压力也日渐日盛，但是布什政府通过各种方式转移注意力，希望将巨大的损失和政府的失职转嫁到替罪羊身上。严重的灾情、流离失所的灾民，加上政府救援不力，导致灾民和全国其他地区公众对布什政府不满。这场被美国媒体用"卡特里娜门"来称呼的危机事件，使布什政府面临着被认为是自20世纪70年代"水门事件"以来美国政治稳定所面临的最大挑战。据民意调查显示，布什的支持率在随后几次调查中已经降到了担任总统以来的最低点，布什政府不得不采取行动挽救其支持率。

1. 自责。面对持续不断的尖锐批评和任职以来最低的支持率，布什亲自前往正在遭受飓风"卡特里娜"袭击的灾区视察，并于12日在受灾最严重的路易斯安那州新奥尔良市向记者们表示："（我们）在一些需要作出决定时候的确有所迟疑"，以此承认政府的救灾工作存在疏忽大意的地方，承认自己应为联邦政府处理"卡特里那"飓风灾难不力承担责任。

2. 亡羊补牢。15日，布什任命联邦紧急事务管理署消防局长戴维·保利森为代理署长，取代引咎辞职的布朗。布什说，国土安全部不久将对美国所有大城市的防灾和灾难救援计划进行检讨和审查。这在一定程度上回应了民众对美国有效地对付恐怖袭击威胁而进行的机构改组和转型的疑问。

3. 紧急援助计划。美国南部路易斯安那州官员15日宣布，该州因"卡特里娜"飓风死亡的人数已升至792人。当晚，布什在一次全国性的电视讲话中向遭受"卡特里那"飓风灾难的路易斯安那州的国民许诺：联邦政府将承担因飓风造成的大部分损失，并安抚说："在前进的道路上，你们不会孤单。"并9月23日签署了金额为61亿美元的灾后紧急减税法案，以帮助"卡特里娜"飓风灾民渡过难关。政府的种种援助和许诺，不仅安抚了民众也实在地为他们解除了一些后顾之忧，这也在一定程度上消除了人们的怨恨和敌对心理。

总结由"卡特里娜"飓风引起的美国政府的公关危机事件，可以看到由于美国政府在危机来临时消极应对，一场区域性的自然灾害，逐渐演变成包括经济稳定、社会安全、政府信誉为内容的复合型危机，布什政府都饱受指责。在意识到事态严重性之后，布什政府频繁地主动出击，提出各种紧急援助计划安抚灾民、援助灾民，并借助各种方式改善自身在公众中的形象，灾害影响和政府形象都逐渐向有利方向发展，政府信任危机迅速得以平息。

第二篇 —— 危难时刻政府应更显能力

我们再来看看中国古代发生的一个故事：战国时期，公元前316年秦国灭掉蜀国，设立了蜀郡。约公元前256—前251年，秦昭王派李冰到蜀郡出任郡守。李冰担任蜀郡守之后，了解到发源于成都平原北部岷山的岷江，经常发生水涝灾害，时时威胁着两岸人们生命财产安全。岷江从高山深谷流出后，湍急的激流携带着大量的泥沙，到达灌县附近平坦开阔的平原，便淤积起来，使河床随之增高。灌县城处的玉垒山成为岷江的阻隔，每到涨水季节，奔腾的洪水被东岸的玉垒山所挡，全部涌向西岸，结果西岸大片长着庄稼的土地被淹没，而东岸干旱的田地因缺水导致庄稼干涸，人民生活十分艰难。李冰吸取了前任官员治蜀不重视治水的教训，根据人民希望根治水患的强烈愿望，认识到治蜀必须先治水。李冰看到了造成灾害的问题症结后，决定开凿玉垒山，把岷江中的一部分水引到东岸，这样，西岸的洪灾也可以得以解决，一举两得，使旱涝灾害都能缓解，随后便主持修筑都江堰，他们和当地人民经过多年的艰苦探索和辛勤劳动，终于修成了一座能分洪减灾，灌溉农田的大堰——都江堰。都江堰位于成都平原西部灌县城西，正处在岷江由山谷进入冲积扇平原的起点上，设计非常巧妙，堪称我国古代水利的杰作，从此岷江水患消除，成都平原成为千百年来世人交口称赞的"天府之国"。都江堰作为"天府之源"，滋润着成都平原两千多年，经历汶川大地震后依然稳固如山，令人叹为观止。

人们不仅感叹都江堰的神奇，也敬佩李冰父子的魄力和爱民之心。从这一案例中可以看出，很多自然灾害是可以避免的，只要能抓住问题的症结，采取措施解决，而不是等到危机来临遭受重大人员伤亡和财产损失之后才想办法解决，危机发生之前的未雨绸缪往往在危机来临时就会显示出其重大作用。应指出的是，自然危机的未雨绸缪除了依靠民众的自发自觉之外，更需要政府的组织和引导，统筹力量和资源，采取有针对性的预防措施。

三刻拍案

拍案一　汶川大地震中的政府公关

2008年5月发生的汶川大地震,从中可以看到国家和社会的积极行动在应对自然灾害中的巨大作用。

从时间背景来看,2008年中国最具影响力的事件无疑是第29届夏季奥运会于8月8日在北京正式开幕,这是中国百年奥运梦实现的重要历史时刻,无数国人为之兴奋和自豪。经过从2001年申办成功到2008年七年时间的精心准备,全国人民都在憧憬着这一美好时刻的到来。而开幕式之前的奥运火炬传递又进一步掀起了一轮奥运热潮,激起国人的体育热情和爱国热情。奥运火炬4月1日起开始传递,于5月3日结束境外传递后,抵达境内海南省三亚市。从5月4日开始境内传递,传递路线原计划为:经过海南、广东、福建、江西、浙江、上海、江苏、安徽、湖北、湖南、广西、云南、贵州、重庆后进入四川省(广安、绵阳、广汉、乐山、自贡、宜宾、成都)。5月12日,汶川大地震发生后,巨大的灾难震惊全国,汶川顿时成为新闻的焦点,受到全国人民的密切关注。5月22日,北京奥组委决定,将四川省的传递时间安排在进入北京传递之前,即由原来的6月15日—18日调整为8月3日—8月5日,途径城市也调整为广安、乐山和成都。

从地理背景来看,此次地震的震中位于四川的汶川县映秀镇。汶川县位于四川盆地西部边缘,地势南低北高,沿岷江河谷,呈东北西南向,河谷山岭相对高低悬殊,地形复杂,属典型的高山峡谷地形,在平时交通较为不便,交通条件和运输能力都十分有限。地震发生后导致通信瞬间中断,公路被阻隔,震区灾情严重,救援人员和物资也难以进入及时展开救援。从区域上来看,汶川县位于我国西南中心区域,它的东部和南部与成都市属的都江堰市、彭州市、崇州市和大邑县接壤,西南部与雅安地区的芦山县、宝兴县为邻,西部和北部分别和阿坝州内的小金县、理县、茂县相连,以汶川为中心方圆两千公里的范围内,囊括了我国的许多重要城市。

从灾害情况来看,此次汶川地震是新中国成立以来破坏力最大的一次地震。汶川大地震整个地下断层长度(即地壳破裂长度,有的时候表现为地面裂缝)长达三百多公里,断层破裂从起始点的震中汶川开始向东北方向延伸,汶川、北川两地破坏严重。地震发生瞬间,映秀镇即被摧毁,周边的北川市、都江堰市、彭州市等地区都损失惨重。人们往往将汶川大地震与1976年的唐山大地震相比较,此次大地震不仅破坏力更为巨大,波及范围也十分宽广,主要波及了内蒙、甘肃、陕西、山西、北京、河北、河南、重庆、四川、湖北、湖南、贵州、上海、江苏、浙江、云南、广西、香港等地,甚至台湾、海南、泰国曼谷、越南河内等各地区都有感受到震动。另外余震不断,截至2009年7月13日12:00,四川汶川大地震发生余震58 071次,其中4.0~4.9级余震256次,5.0~5.9级余震37次,6.0级以上余震8次。据统计,截至2009年5月20日12时,地震已造成34 074人遇难,245 963人受伤,累计失踪32 361人。400多万伤病员需要救治,50万平方公里的土地受灾,数以百万计的民房受损,波及4 600万百姓。国际舆论惊叹:汶川大地震造成的受灾面积,相当于西班牙的整个国土,受灾人口"比北欧五国人口总和还多",直接经济损失达8 000多亿元。赈灾难度之大,需救济人数之多,重建工作之浩大复杂,在世界范围内屈指可数。可以说这是新中国建立以后遭遇的最严重的自然灾害,对政府提出了巨大的挑战。

然而,在巨大的灾难面前,中华民族没有倒下,中国政府没有退缩,而是积极行动,中华民族空前团结起来,展开一幅气壮山河的全国救灾行动。

第一,政府快速的反应,促成全面救灾。

1. 第一时间公布信息。地震发生18分钟后的14时46分,新华网发布地震消息。15点55分,新华社就播发了胡锦涛主席作出的重要指示:要求尽快抢救伤员,保证灾区人民生命安全。请注意这个时间点,不是我们平常用的整点时间。16点40分许:温家宝总理专机从北京起飞奔赴灾区。温总理在飞机上发表讲话说,灾害面前,最重要的是镇定、信心、勇气和强有力指挥。那时,不论你在哪个角落,绕地球两圈的强大冲击波让我们亲身感受到了大地颤抖,大地震发生后,有关咨询通过电视、广播、电话、互联网等媒体源源不断地传遍了每一个角落。在中央电视台滚动传播的咨询中,公众从一开始就置身于这场由党和政府主导的危机处理中。

2. 消除动乱和恐慌情绪。灾害发生初期往往容易导致社会动乱和大众恐慌情绪。汶川发生强烈地震后,灾区通讯全部瘫痪,与外界失去联系,社会公众对整体地震情况不清楚。如果处于集体无意识状态,很容易引发疾病流行和一些过激的行为导致社会危机。在地震发生后很短的一段时间里,中国政府反应灵敏,态度诚恳、行动迅速、措施得力、效果良好,非常圆满地应对了这次突发的自然灾害危机。

3. 调动社会力量团结救灾。灾难发生后,政府积极组织部署救灾行动,并大力倡导社会共同援助。社会各部门在政府的带动和倡议下行动也十分迅速,地震发生后30小时,社会各界准备基本就绪。中国外交、公安特警、国家安监、质检、环保、交通运输等等都进入紧急状态。中国移动,中国电信,中国网通和中国联通组织精兵强将抢修通讯设备,架起灾区和全国联系的渠道。许多企业和个人多次捐款、捐物。向灾区调运的物资、救援分队、志愿者昼夜兼程奔赴前线,各地的大学生自发献血。18日晚,2008宣传文化系统抗震救灾大型募捐活动共募集各界捐款15.1429亿元人民币。网民向灾区表示慰问和祝福,整体呈现出团结一致抗震救灾的社会氛围。

第二,党和国家强有力的行动坚定了人民抗震救灾的信心。

巨大的灾难伴随巨大的损失和巨大的心里震撼,往日幸福美好的家园瞬间成为碎砖瓦砾,至爱亲朋的离去更让人们在灾后这一特殊时期十分地脆弱,然而在这一危难时刻,政府成为人们坚强的后盾和依靠。地震后,中央几次召开政治局常委会议全面部署救灾工作,并成立了由温家宝任总指挥,李克强、回良玉任副总指挥的抗震救灾总指挥部。温家宝总理强调第一位工作是抓紧时间救人。温家宝总理忙碌亲切的形象,极大地稳定了民众情绪,起到了动员各方的巨大作用。

第三,政府坦诚透明的信息沟通赢得人心。

抗震救灾中,政府积极坦诚透明地向公众及时公布信息,通过大众传播媒介与社会各界进行有效的沟通,很好地实现了关系互动,也赢得了人民的信任和普遍称赞。5月12日14时46分,新华网就发布消息,随后国内各主要门户网站的头条都有这些消息,让全国人民对异常情况有了及时和全面的了解。政府各家媒体在灾情发生后几乎不停顿地发布最新伤亡数字和救灾消息,介绍防灾知识。中央电视台也以全天直播的形式报道灾情、传达救灾的举措。政府行动了,并且让每项行动为公众所知,从而带动社会舆论以及社会关心,并且协助政府工作的开展。危机之中,任何一件事情都有可能被放大、被误读误导,在这次政府危机处理中,信息传播不仅及时全面、真实透明,而且准确到位,保证抗震救灾正确的舆论导向。

第四,中国的抗震救灾赢得了国际社会的同情和大力支持。

由于政府行动及时到位,美联社、法新社、英国广播公司网、美国CNN网站等多家重量级西方权威媒体也通过中国媒体开放真实准确权威的信息渠道了解了中国汶川震情,对中国抗震给予大幅报道,对中国应对地震的速度和救援给予了肯定。同时,国际社会连日来纷纷向中国地震灾区捐款捐物,参加救援,支持中国政府和人民的抗震救灾。

点 评

汶川大地震,让我们看到党和政府危机处理的速度和能力。在这次抗震救灾行动中,党始终以为人民服务为宗旨。中华民族经受了一场灾难考验,促进了社会各界大团结,推动了抗震救灾工作的顺利进行,让国际社会看到了我们的实际行动,赢得了国内外公众的赞赏。

拍案二 旧金山地震应急演习

政府在危机潜伏前就应具有风险防范意识,加强预警机制建设。随着现代科学技术的发展,很多自然灾害,比如寒潮、台风、飓风、火山爆发等在很大程度上是可以预报的,在灾害到来之前应做好应急预案。同时,应增强公众的风险防范意识,政府可以加强宣传和培训,使公众掌握一些处理危机的基本能力和必要知识,努力把损失降低。

1989年8月,美国联邦与州政府的一个1000人的联合灾害处理队伍在旧金山演习测试一个地震应急计划。大约在6个星期之后,剧烈的"洛玛普列塔"大地震袭击了城市,震塌了房屋,引起了火灾,而很多生命都因为疏散工作以及紧急医疗救助的得力而得以保全。研究表明,大地震每50~100年发生一次。1906年4月18日的旧金山大地震发生后,导致700人死亡。加利福尼亚人由此加深了对地震知识的了解,学校和医院定期举行地震演习,应急服务部门不断操练当地震再度发生时他们所需的技能。

点评

因为事先政府树立危机防范意识，建立了地震应急机制，并事先在城市中进行了演习，所以在地震来临的时候，便可以根据地震应急机制有序地进行救援。有效的疏散工作使得公众在地震来临时不至于陷于慌乱，在地震之前储备的救灾物资准备对于地震发生时的救灾也发挥着重要作用，紧急的医疗救助在危急时刻能挽救更多生命。旧金山人也通过演习熟悉了在灾害发生下自救和求生的技能，不会由于突发自然灾害而引起心理恐慌，同时也使救灾活动有序开展。

政府危机防范意识，在灾害发生之前所建立的应急预案，加上公众的应急技能，这些在危机潜伏期就已经做好的工作能非常有力地应对灾害发生时的紧急状况，减少灾害损失，尽快渡过难关。

拍案三　火山爆发带来的发展契机

危机突发期，由于其突然性、破坏性等特征，导致人们的恐慌是在所难免的。伴随着集体恐慌而来的流言、集体无意识、社会动荡等可能出现的行为，又将进一步加剧了自然灾害的影响，使灾害扩展到社会、经济、文化等各个领域，转变成复合型危机，其影响地域也将超出灾害源发地，扩展到其他区域甚至其他国家，因此，在危机突发时期，一方面，政府要保持头脑冷静，迅速做好应急措施，积极应对。另一方面，要积极利用大众媒介的作用，及时透明地发布信息，安抚公众情绪，破除谣言的四处传播。

墨西哥一旅游胜地附近的火山爆发，引发地震。新闻报道之后，当晚该旅游地的饭店就接到很多游客的电话，要求取消旅游计划，退掉已经订好的房间，当地旅游业面临重大损失。当地政府旋即请著名公共关系公司为其策划。公共关系专家来此考察，发现与该地同名的火山实际距离较远，旅游区并未受到影响。专家马上拍了一部电视片：一边是完好无损的旅游区，一边是正喷流熔岩的火山。他们还组织了探险旅游团专程来观看火山爆发。电视片播出后，打消了游客的恐惧心理，不仅保留了已有游客，而且吸引了更多前来观看火山喷发的游客。

点评

应该讲,这一旅游胜地的危机公关既及时又准确。首先,该地附近的火山爆发,引发地震,原本对该地区旅游景点没有任何影响。但是,出于对自身安全的考虑和对火山地震等灾害的自然恐惧,致使很多旅客取消旅游计划。于是当地人马上行动起来,聘请专家制定应对措施;其次,专家们也很快地认清了这一问题,通过拍电视片、组织探险旅行团等方式,向游客们证明旅游地完好无损,并未受到火山和地震的影响。证明火山爆发对旅客的人身安全不会构成威胁,及时地打消了游客的恐惧心理,并且通过积极的宣传,将本来公众十分担心的火山爆发转变成该地区的又一旅游资源,吸引着更多的人来这一地区旅游。这样,本来的危机反而成为促进该地发展的独特契机。

回味隽永

以上一系列案例,充分说明了政府在应对自然灾害所引起的公共危机中的重要作用。由于自然危机具有区域性、突发性和严重性的特点,因而,在危机潜伏期、危机突发期、危机蔓延期、危机解决期等各阶段政府的作用更加不可替代。综上所述,我们对政府应对自然灾害危机公关总结出以下几点。

首先,未雨绸缪。政府在危机尚未发生前就应具有风险防范意识,健全预警机制。自然灾害具有很强的突发性、破坏力和不可测性,因而政府应对自然灾害的一个重要原则,就是必须设定预警应对方案,这样才能做到有备无患。这就要求政府应该针对各种灾害拟定统一的预警应急预案,要对关键系统和关键人员进行反复演练,让相关人员和部门清楚自己在危机到来时的"角色"。危机一旦发生,预案迅速启动,各部门间职责明确,防止危机爆发后各单位互相推诿扯皮,使相关人员和部门具备一定的危机防范能力,以及在危机状态下疏导公众、实施灾害救助的能力,保证一旦发生突发的危机事件,人员能得到及时撤离和得到有效的救护,减少灾害所带来的人员伤亡和财产损失。另外有必要进行一定的抗灾宣传,组织社会公众参与到演练中来,增强公众的风险防范意识,使公众掌握一些处理危机的基本能力和必要知识,努力降低损失。

其次,迅速反应。当危机发生时,要求政府第一时间做出反应,组织相关力量,及时调查分析,迅速了解事件的真相,明确危机事件的性质和发展态势,提出迅速恰当的应对措施消除危机;在救灾过程中要坚持公众利益至上、公众安全高于一切,动员一切力量开展救灾活动。一个漠视公众安全和公众利益的政府是不可能得到公众的信任和支持的;在危机处理过程中要勇于承担责任,不回避、不推卸,这样才能真正将民众利益落到实处。

再次,坦诚相对。坚持公开透明原则,及时发布权威消息,满足公众的知情权,安抚社会不安情绪。掌握舆论主动权,快速、全面、准确地反映事件真相,消除各种谣言和不良猜测的传播,为危机解决创造一个较好的环境。政府可以通过大众媒介告诉公众:什么时间、什么地点发生了什么事;危机目前发展程度;政府已知的情况;政府正在或即将采取的措施;公众该如何应对等,争取公众的理解和支持。进一步组织和集合社会力量,一切以公众利益为主,稳定社会正常秩序,组织和引导公众渡过眼前的困难。

最后,痛定思痛。在危机过后,政府要努力恢复危机造成的损失,做好善后工作,组织力量恢复生产和生活,尽早使生产生活回到正常轨道上来;积极沟通,为公众办实事、谋实利,认真执行相关政策,对受害者或其家属给予物质帮助和精神抚慰,做好舆论监督,增强公众对政府的信心;认真分析危机发生原因、危机过程等环节,对工作不足之处进行系统总结,建立系统完善的危机预警、储备、救助、应对体系,完善危机应急预案,提高社会危机意识,加强公众危机应对技能培训,努力使危机再次发生时损失大幅下降。

第三篇

政府善用媒体塑形象

——"非典"时期政府与媒体关系的准确定位

  政府与媒体的关系一直是一个热门的话题。改革开放前，政府和媒体的关系是管理者与被管理者的关系。伴随着社会主义市场经济的发展，二者之间的关系发生了巨大的变化。信息化社会，资讯深刻影响着人们的生活，媒体的影响日益广泛，政府的行为越来越多受到媒体的关注和监督。负责任的阳光型政府必须正确处理好与媒体之间的关系，引导媒体在社会公共关系中发挥积极作用。

开篇导例

"非典"——非常时期政府与媒体关系的准确定位

媒体在与政府关系中扮演着双重角色,一方面要发挥好宣传报道的"喉舌"作用,另一方面还要起到舆论监督作用。随着全球化、市场化、多元化社会的到来,新闻媒体的发展具有更大的空间,扮演着更重要的角色。没有媒体的支持与监督,政府形象的树立、与公众的沟通交流也会受到影响,政府行为的公信力就会受到置疑。同时,媒体离不开政府,失去了政府的支持,媒体就失去了新闻报道的最大信息来源,成为无本之木、无源之水。

2003年4月20日下午,中国国务院新闻办公室在北京举行新闻发布会,介绍中国内地"非典"的最新疫情和防治情况。卫生部常务副部长高强和副部长朱庆生出席发布会,并回答中外记者的提问,国务院新闻办副主任主持发布会。发布会对当时的疫情进行了公布,并详细报告了当前政府防疫工作的具体情况。新任卫生部常务副部长向海内外新闻媒体主动承认了卫生部的工作"确实存在着一些薄弱和缺陷环节",而后会上还宣布了有关人员的调动决定,"这在十余年来还是第一次"。此次以及接下来的几次新闻发布会,中央电视台这一国家级媒体都向全国进行了现场直播。

时隔十日即4月30日上午,北京市防治非典型肺炎联合工作小组举行了第二次新闻发布会。时任北京市委副书记、代市长王岐山等领导向中外媒体通报北京市防治非典型肺炎联合工作小组的工作情况,并积极回答中外记者的提问,这无疑是一次令世人关注的新闻发布会,不仅因为公众、媒体对北京乃至全国防治"非典"疫情工作表示极大的关注,而且因为此次新闻发布会本身透露出来的新气象。发布会出现一个"细节":当主持新闻发布会的北京市领导进入会场后,时任北京市委常委、宣传部长蔡赴朝就由于时间更改给记者带来的不便表示歉意。而更引起关注的是，时任北京市委副书记、代市长王岐山在面对中外记者时表现出来的坦诚与自信，哪怕是面对记者尖锐的提问，他都没有回避，在回答《纽约时报》记者的有关提问时，他不仅没有左顾右盼而言他，而且这样评价提问者说："不愧为《纽约时报》记者，问题就是尖锐。"

尽管政府面临着一定的形象危机，但政府通过主流媒体向全国乃至世界人民发布和说明国家对于"非典"防治工作的真实情况、处境、矛盾、过失和采取的相关措施，这在中国新闻传播史上还是第一次，引起了海内外的普遍关注。第二次新闻发布会上，新闻发布者因为时间更改而向记者道歉，并且他们不再回避问题，坦诚地回答记者的提问，所表现的都是政府对记者及其所代表的媒体的尊重，而其本质，却是在非常时期政府对与媒体关系的准确定位。

政府召开新闻发布会原本就是为了寻求信息的最佳传播方式，而且从大众传播及社会公共关系的角度来看，政府与媒体之间本身就是相互依存的，媒体有责任向公众传达政府的各项政策和措施，政府的工作也需要通过媒体向公众进行"公关"，这种依存关系只有建立在互为诚信、互相尊重的基础上，呈良性互动，才能实现信息的最优传播。在我国，媒体既是政府的"喉舌"，又是人民的"喉舌"。

"非典"时期，政府与媒体利益的一致性得到体现。政府各项措施的最终目的，就是尽可能地控制疫情的传播和扩大，最大限度地救治被感染人群，维护社会的稳定。而媒体工作的目的，则是使公众能更及时了解政府的工作，表达公众对政府的期待和信任，并在满足公众知情权的同时，增强政府的公信力和权威性，从而有利于形成民众与政府共同应对危机的良好局面。在这种情形之下，政府与媒体的良好合作无疑是正确的选择。

"非典"时期的新闻发布会是政府和媒体良好互动的典型案例，它表明，行政机关要扩大其在下层舆论中的影响并形成支配性舆论，只能运用新闻媒介"舆论工场"的作用，以辐射的方式来扩大自身的见解，充分发挥舆论效益，使上层的舆论意见与下层普遍的"民情"、"公众意见"趋于协调和统一，从而形成正向的媒介信息环境，在突发性事件发生之时，不仅有利于局面的控制和事态的解决，而且使得社会生活沿着良性发展的轨道前进，而更有利于媒介自身的生存和发展！

史镜今鉴

改革开放至今,中国政府和媒体之间的关系发生了很大的变化,许多典型的例子可以很好地诠释了政府借助媒体向世人展示自己形象的行为。中国古代一些人、一些职位发挥了类似于当今媒体的一些功能,比如史官、言官等。中国是世界上史学最发达的国家之一,甲骨文中已有"御史"的记载,自周代起,就有史官之设,并规定:"左史记言,右史记事。"史官既掌握国家的法典,又记载君王的言行。史官的后一种职能颇类似近代跑中央机关的记者,他们记载的是君王言行,保存下来是历史,传播开来是新闻。

中国新闻传播的渊源最早可以追溯到春秋战国时期,当时的新闻传播主要有两种形式,一种是史官传播,一种是太师采风。中国自周代起,就设有史官记载君王言行和朝廷大事,一经传播便成了新闻,史官的新闻传播活动贯穿于整个封建社会时期。太师采风,主要是收集当时的民间歌谣或宗庙祭祀的乐歌,并提供给君王,这成为君王了解民意、制定和修改政策的重要依据。

《墨子·明鬼篇》中记叙了杜伯追杀周宣王于圃一事:"其三年,周宣王合诸侯而田于圃,田车数百乘,从数千,人满野。日中,杜伯乘白马素车,朱衣冠,执朱弓,挟朱矢,追射宣王,射之车上,中心折脊,殪车中,伏弢而死。当是之时,周人从者莫不见,远者莫不闻,著在周之《春秋》。"作者强调"从者莫不见,远者莫不闻",既说明这件事是真实的,已经载入史册,又说明这件事在当时曾经作为重大新闻广为传播。

有关太师采风作为一种新闻传播的方式,古书中也有记载。《汉书·食货志》有记载:"孟春之月,群居者将散,行人振木铎徇于路以采诗,献之大师,比其音律,以闻于天子。故曰,王者不窥户牖而知天下。"《汉书·艺文志》也有言:"故古有采诗之官,王者所以观风俗,知得失,自考正也。"《礼记·王制》也说:"天子五年一巡守。岁二月,东巡守至于岱宗,柴而望祀山川。观诸侯,问百年者就见之。命大师陈师以观民风,命市纳贾以观民之所好恶,志淫好辟。"可见采风的主要目的是"观政",即了解各诸侯国政绩的好坏和各地的风俗民情,然后安邦理国,赏功罚过,其目的也是为君王服务的。

中国古代史官所记载君王言行和朝廷大事,以及太师采集的一些民俗风情,一方面起到信息传播作用,另一方面可以很好地帮助政府解决问题。由此也不难看出,我国最早的新闻传播活动是由官方主办的,大多只在统治阶级内部传播,主要是为统治阶级维护统治地位而服务的。这也决定了中国长期以来新闻媒体与政府的一种"血缘"关系,即媒体作为国家机器而存在。

美国被认为"世界上最先进的传媒国度"之一,早在1690年美国就有了自己的第一份报纸。从这份报纸开始,美国媒体就与政府有了千丝万缕的联系。美国总统大选可以说就是一场媒体秀。200多年前的美国大选,林肯只能坐着马车巡回演讲;七八十年前,富兰克林·罗斯福看中了广播,那个时代的传媒新宠,以大众传播的方式将其政治主张传散开去;而肯尼迪竞选时期,候选人在电视上面对万千观众发表演说成为常态。进入到新媒体时代,美国总统候选人纷纷跃然跳上了信息高速公路,奥巴马、希拉里、麦凯恩等先后在网络上安营扎寨,争取利用新媒体为自己创造有利的公共舆论环境,总统候选人的角逐场从白宫新闻发布会、各州巡讲会、电视辩论现场延伸到了web 2.0、iphone、SMS(手机短信)、电子游戏等新媒体上。1944年11月7日,罗斯福以选举人票432票对杜威的99票,选民票以2 560万票对杜威的2 200万票获胜。1945年1月20日,罗斯福第四任总统就职典礼仪式在白宫举行。罗斯福在连任三届总统之后,又第四届当选,这绝非偶然。他将无线电广播变成了工具,颠覆了传统政治竞选模式。罗斯福通过广播将他本人和他的新政兜售出去,他成为当时美国广播业的第一喉舌。大多数美国人,对那个年代的第一记忆,就是坐在收音机前,倾听总统的演说。他的声音充满了力量和信心,毫不装腔作势。只要有他的讲话,人们就不会想做别的事。没有收音机的人,一定会走上几百码,到那些有幸买了收音机的邻居家去。罗斯福改变了总统的性质,从此以后,总统将是一个个性化的公职,更接近于普普通通的美国人。广播增加了公众对政府的兴趣,扩大了它的影响,赫伯特·胡佛每天只收到40封左右的来信,而自从富兰克林·罗斯福入主白宫,大量利用广播讲话之后,平均每天来信竟多达4 000封左右。

大众传媒是塑造社会意识形态的主要方式之一,也是个体获取声望、权力、地位的重要手段,它对现实生活有重要影响力和操纵力。正是大众传媒的这种"以言行事"的能力使美国政界人士渴望利用其占领公众的话语权领域,从而控制舆论、宣传自身、影响受众。这是美国媒体之所以在总统竞选中具有重要影响的主要原因。而从美国公众角度看,他们对"民主制度"的善意解读,客观上使大众传媒介入竞选运动成为可能。

在媒体与总统选举的关系上,媒体不是被动的被总统候选人利用,而是积极地影响总统候选人,这从罗斯福第四次竞选过程中就不难看出,主要表现在以下几点。

第一,人们关于竞选过程的消息大部分来自媒体,这就需要候选人通过媒体进行竞争,被广泛报道的候选人在获得公众了解上收获最多。罗斯福在身体欠佳饱受质疑的情况下,通过广播这一"空中传媒"的方式,把自己的心声表达出来。最终,他赢得了多数美国公民的认可。

第二,大众媒体在形成选民对候选人的印象上有着巨大的影响力。在美国总统选举中,选民们常常依赖于候选人的形象来帮助他们做最后的决定。在对竞选运动的报道中,媒体并不热衷于政策论辩,而是更关注演讲、游行、集会之类的政治活动。在这样的环境下,罗斯福言谈举止的良好表现帮助其树立了一个鲜明的媒体形象。罗斯福通过广播把自己形象送到千千万万公民的家里,引发对人的情感的反应,有助于广播听众更多的关注他的人格因素,而不是关注他对有关问题发表的意见。

总之,美国媒体和政府处于不断地互动中,是相互依赖、相互依存的。罗斯福是美国历史上成功利用媒体塑造领导人形象的典范;相反,当赫伯特·胡佛面对堆积如山的政治问题时,他却没有利用"广播"这一大众传媒手段,他认为无线电广播与他的身份不相称。胡佛仅有的几次广播讲话非但没有增加总统的人情味,反倒让人联想到一个麻木的人,呆在遥不可及的政府机构里,这正是胡佛失败的原因之一。这也再一次说明了,媒体对塑造良好政府形象的影响之大。

三刻拍案

媒体在现代社会中的地位日益提升,影响力渗透到社会生活的各个领域。政府与媒体的联系越来越紧密，一个全新的媒体事件时代正在来临。提高应对媒体的能力，借助媒体来处理国内事务或推动国际外交，已经成为各国政府的当务之急。21世纪以来，中国政府在经历了"非典"、松花江水污染及贵州瓮安事件等事件后，通过一系列事件的磨合，中国政府与媒体之间的关系朝着良性化的方向发展。

拍案一　开放的北京让世人通过媒体看到了真实的中国

2007年1月1日，《北京奥运会及其筹备期间外国记者在华采访规定》正式实施。中国正式允许境外记者自由采访，这样外国记者在中国进行采访，拥有了比以往更为便利的条件。这一举措是中国政府对申奥承诺的兑现。2008年7月8日，在奥运会主新闻中心启用的新闻发布会上，北京奥组委媒体运行部部长宣布，外国电视广播公司被获准在北京大街小巷，甚至在中国政治中心天安门广场上进行新闻直播报道，同时，数十种国际知名报刊上架奥运书亭。此外，北京奥组委主席还作出了受理境外记者采访"零拒绝"的表态。奥运期间，有200多个国家和地区的21 600多名注册记者、5 000多名非注册记者来到中国。除体育记者外，很多媒体都派出时政和经济记者，关注场内场外的各种新闻。北京的一举一动都为世界所瞩目。

新闻发布会是境内外媒体获取"新北京、新奥运"相关信息的权威渠道，深为记者看重。奥运会前后，在奥运会主新闻中心和北京国际新闻中心，举行了400多场次新闻发布会，其中50%以上的提问机会留给了外国记者，由于话题的开放和敏感，这里被喻为"中外思想激烈交锋的最前线"。

在400多场次的新闻发布会背后，媒体可以看到政府部门和各级官员的努力，他们认真回答记者提出的敏感问题，内容涉及移民、艾滋病、计划生育、环境污染等问题。北京奥运会的新闻发言人还提供了"迎候式服务"，媒体记者可以通过填写申请表的方式预约发言人，实现近距离媒体采访。

奥运新闻发布会内容绝不局限于体育，它还涉及我国的政治、经济、环境、国际关系等领域。面对一些媒体不留情面的提问，中国政府官员不再是简单地表示"无可奉告"，而是充分履行"报道自由"的承诺，及时、透明、实事求是地回答，向世界展示一个发展中国家的真我风采，总体工作得到了国内外媒体的认可。

点评

北京奥运会对境内外媒体的开放,对于中国政府和媒体的关系有了极大提升,这一举措进一步向世界展示了中国自信坚定的开放姿态。

首先,在改进对外宣传、改善中国形象上迈出了重要一步。

国家形象既是国家力量和民族精神的象征,也是一个国家重要的无形资产。在当今高度开放的世界里,任何国家要想发展都不得不顾及自己的国家形象。我国也非常重视通过外宣工作塑造国家形象,并取得了喜人的成效。然而,由于国家利益和价值观等方面存在差别,西方一些媒体仍戴着"有色眼镜"观察中国的发展变化,在报道中国时经常带着偏见、成见,导致中国的国家形象仍在一定程度上被歪曲或误读,甚至被妖魔化。放宽对境外媒体采访的限制是中国对全球化、信息化的国际潮流做出的正确应对,在改进对外宣传、改善国家形象上迈出的重要一步,有利于从以往单纯的"走出去"转变为"走出去、请进来"的宣传方式,从而更全面、客观地促进世界对中国的了解,进一步提升中国的国家形象。

其次,政府在媒体、信息管理方面的一次实验。

众所周知,舆论监督是公众运用舆论手段对社会所实行的监督,其中,新闻舆论监督又是最主要、最常用、最有效的方式之一。在西方社会,媒体享有"第四种权力"的美誉。在我国,媒体的舆论监督功能也越来越突出。然而,在过去相当长的一段时期内,一些政府官员和管理者纯粹将媒体看作管理的工具,只注重宣传功能,忽视监督功能,与境外媒体之间的交往不够直接、深入,甚至是害怕或拒绝与其打交道,影响了境外媒体与中国政府的关系,其结果造成一些外国人对我国的误解。放开对境外媒体采访的限制,是中国政府主动改善与媒体关系、改革信息管理制度的一次实验。此项举措表明中国政府官员更加开放自信,不再畏惧同媒体尤其是境外媒体打交道。这必将促进境内外媒体按照自身规律进行新闻报道和信息传播。同样,舆论监督力量的强化必然会促使政府部门和官员更加严谨自律、勤政为民,从而推动我国经济社会又好又快发展。

拍案二 "史上最牛钉子户"新闻事件

重庆某房地产开发有限公司与重庆某置业有限公司于 2004 年共同开发重庆九龙坡区一片土地。从 2004 年 9 月到 2007 年 3 月,该土地的二百八十户都已搬迁,仅剩一对夫妇这一户。从 2006 年 9 月起到 2007 年 2 月间,经与开发商三次协商无效,在区法院裁决判定这对夫妇于 3 月 22 日前自行拆除房屋的背景下,男主人于 3 月 21 日突破保安阻拦,在断电断水的情况下住进自己的小楼。3 月 8 日,《南方都市报》以《网上惊现"史上最牛钉子户"》为题独家报道此事,先后有数百家国内外媒体加入报道行列。在经过钉子户、开发商、政府等多方面的沟通和交流后,2007 年 4 月 2 日,在政府理性的引导和沟通下,钉子户和开发商最终和解,钉子户同意房屋拆迁,此次事件圆满解决。

正如原重庆市长王鸿举在全国书市动员大会的讲话中指出的,这个"钉子户"在重庆存在长达两年多这一事件本身就说明我们是一个法治政府,而且在法院一再做出强制拆迁的命令无法落实的情况下,依然能够克制住不激化矛盾,不使用强力,想方设法促使双方协商解决,十分不易。在协商阶段,市领导也明确表态,不能仅仅以平息眼前事件为目标,而要着眼长远和全局,一是不能说假话,不能危害政府的信用;二是不能因为解决这个事情而引发其他事情,以免影响社会整体的稳定。

点 评

在这次"钉子户"事件中,重庆地方政府处理公共关系的成功之处主要是:以大局为重,目标明确。在该事件的处理过程中,重庆政府通过传播管理,在公众心目中树立"创新、务实、廉洁、高效"的政府形象,体现了重庆地方政府是站在维护社会稳定和政府整体形象大局的基础上来考虑具体的处理措施的。正是在这样大局观的指引下,事情最终得以顺利处理。

在具体事态的处理中,政府应对媒体的意识的加强及方法上的改进,具有关键性意义,展示了政府完全可以通过自身负责任的行为和公开透明的方式,赢得公众的信赖和支持,使新闻媒体发挥出有利于社会和谐的积极作用。相反,如若一味围堵,拒绝让公众知晓真相,不让媒体参与报道与监督,恰恰会引起不必要的猜测和质疑,引起社会不良情绪,因此,在面对这样的突发事件时,不论是政府还是媒介都要能够去坦然地面对,积极协调,相互沟通,各自发挥作用,这样才能给民众树立一个良好的形象。

拍案三　草率发布新闻　有损政府形象

2007年10月12日,陕西林业厅公布了农民周某用数码相机和胶片相机拍摄的华南虎照片,周某因此获得20 000元奖金。2007年10月15日,某论坛贴图专区里出现了一个帖子——《陕西华南虎又是假新闻?》,帖主在文章里提到"陕西出现华南虎"的新闻被众多媒体转载之后,也引来了不少质疑的声音。随后,照片真实性受到来自部分网友、华南虎专家和中科院专家等方面质疑,并引发全国性关注。

2007年12月19日,国家林业总局表示,已要求陕西省林业厅委托国家专业鉴定机构对周某所拍摄的华南虎照片等原始材料依法进行鉴定,并如实公布鉴定结果。2007年12月21日,陕西省林业厅宣布启动华南虎照片二次鉴定工作。2008年2月3日,陕西省政府办公厅对陕西省林业厅在"华南虎照片事件"中"违反政府新闻发布制度"进行公开通报批评。次日,陕西省林业厅就"草率发布发现华南虎的重大信息"发出《向社会公众的致歉信》。

2008年6月29日,陕西省政府召开新闻发布会宣布,"华南虎照片"系周某造假,"华南虎照片"是用老虎画拍摄的假虎照。省政府决定,除对省林业厅有关负责同志追究纪律责任外,对省林业厅违反政府新闻发布制度、擅自发布未经全面核实重大信息的问题予以通报批评。

点评

华南虎事件中遭受最多质疑和谴责的是陕西林业厅等政府部门。整个事件正是因为相关人员的草率,使得公众对陕西林业厅等政府部门的形象受损。《人民日报》11月21日在"人民时评"刊出《"华南虎事件"让谁蒙羞》的评论,发出铿锵之声:公众质疑的初衷无疑是善意的,但当他们无法从正常渠道获取真相的时候,就只能在网上掀起一场"全民打虎"运动。可见,新闻事件处理的恰当与否直接影响到了社会公共关系的构建。

回味隽永

当今社会,媒体潜移默化地根植于人们的生活和世界中,人们对周围世界的了解和评价,无不打上媒体的烙印。一件事件经过媒体的报道后,成为公众关注的话题。媒体对事件的关注程度和方式影响了公众的态度和事件的发展,对政治、经济和社会生活等领域产生了深远的影响。21世纪,无论是中国还是西方国家都发生了一系列的"媒体事件",例如,在中国,2003年的"非典"事件,2004年的劣质奶粉事件,2005年的苏丹红和PVC保鲜膜风波,2006年河南某县政府建造"白宫",2007年重庆"最牛钉子户"、陕西"华南虎照",到汶川大地震、北京奥运会、河北三鹿奶粉事件等。在西方也是如此,2008年有英国内政部"纪录门"、法国兴业银行交易丑闻、德国企业家大规模逃税,等等。这些事件,有的应对得当,化危机为机遇,逢凶化吉;有的应对不当,小事酿成大祸。其共同的特点是媒体在事件的发展演变中发挥了重要的影响力,影响着社会公共关系。当今社会,媒体的作用正由以往单纯的传播工具逐渐转变为社会公共管理的重要力量,政府和公众都越来越借助媒体塑造形象、维护权益,从而实现目的。这在西方社会已经表现得十分明显,在转型期的中国也逐步显现。在这样的大环境下,中国政府必须处理好与媒体的关系,把握好媒体公关的"度"。

首先,政府必须学会善待媒体。政府既要"应对"媒体,更要加强与媒体的合作。政府要赢得公众的支持,首先要公关好和媒体之间的关系。政府要建立与媒体的沟通机制,经常保持与媒体的联系,相互理解,相互合作,在事件报道中形成合力,谋求双赢。政府要学会宽容舆论,支持舆论监督,宽容媒体在监督政府时难免出现的失实。政府要树立服务意识,为媒体提供信息源、政策扶持等服务,为媒体事业发展提供平台,创造条件。

其次,政府必须善于借助媒体。媒体是政府进行发布信息和公开政务的重要载体和平台,政府要善于策划,借媒体之力提升政府行政的公信度,塑造公开、透明、负责任的政府形象,使媒体发挥着良好的桥梁和纽带作用;要善于利用媒体之力做好政府决策调查,广泛吸纳社情民意,推动政府与公众之间形成良好的互动关系。

再次,政府必须主动引导媒体。政府要让媒体成为重要的社会建设力量,要通过新闻议程,用议程计划来主动吸引媒体,引导媒体报道的注意力;要通过新闻发布会,把信息主动发布给媒体,表达政府的立场和主张;要通过新闻预案,把政策解释事前准备给媒体,防止信息不对称引发炒作;要应对突发事件,把握事件的舆论导向;要通过横向沟通,把换位思维传递给媒体,营造宽松的政务环境。

最后,政府必须与媒体共同参与国际传播与公关。全球一体化过程中,媒体的发展和国家传播能力成为一种至关重要的软实力。在重大国际事件中,一个国家的政府能否对事件的发展施加影响,除了取决于国家的综合实力外,也受国家的媒体传播力影响。各国政府都需要更加重视扶持媒体的发展,推动媒体参与国际竞争,通过媒体更多地在国际传播中发出自己的声音,树立自己良好的国际形象,同时也让政府官员在实践中体会媒体的重要性,掌握媒体的特点,学会应对媒体的方法。

第四篇

政府优化行为——塑造良好形象

——从中国救市计划看政府公关

政府行为是政府行为主体对社会公共事务实施管理的行为，包括政府的政治行为、经济行为、社会行为、文化行为、法制行为等。政府行为的得与失直接影响着政府形象的好与坏，有效地管理政府行为，运用公关技能优化政府行为，塑造良好的政府形象，不仅能赢得人民对于政府的信任，更能提升国家的整体形象，增强国家的综合竞争能力。

开篇导例

开胸验肺看政府公关

河南省某县一进城务工人员张某,在郑州某材料有限公司务工三年多后,被全国多家医院诊断为患了尘肺病,但企业却拒绝为其提供相关证明材料,使其无法在郑州某鉴定所进行职业病鉴定。张某向上级主管部门多次投诉后,才取得了去做正式鉴定的机会,但郑州某鉴定所却给出了"无尘肺0＋期(医学观察)合并肺结核"的鉴定结果。为求真相,张某于2009年6月在郑州某医院求医,做了"胸腔镜辅助小切口右肺楔形切除术、肋间神经冷冻术"手术,即所谓的"开胸验肺",最终确诊为:尘肺合并感染。

2009年7月15日,媒体介入报道了"开胸验肺"事件。此事引起了卫生部领导的高度重视,卫生部部长、书记以及副部长都作出了重要批示,并责成卫生部相关司局和中国疾控中心权威专家组成联合督查调研组赴河南对该事件进行督查调研,督调组于7月24日—25日赶到了河南。7月26日,在卫生部专家的督导之下,郑州该鉴定所再次组织省、市专家对张某职业病问题进行了会诊,明确诊断为"尘肺病Ⅲ期"。

张某的"开胸验肺"事件,引起了河南省委、省政府高度重视,时任河南省委书记、省长以及副省长分别作出了重要批示。省卫生厅还立即成立了以厅长为组长的调查处置领导小组,厅长要求厅机关有关处室、有关部门和郑州市卫生局迅速调查核实有关情况,做好病人诊断救治及善后工作,依法追究有关部门、有关人员责任;并委派副厅长深入用人单位监督检查职业健康监护情况,到张某家慰问看望,了解诉求。责成省卫生监督所卫生监督执法人员深入相关单位进行调查取证,积极组织协调解决有关问题。7月28日,河南省卫生厅对"开胸验肺"事件中相关单位和人员进行责任追究。

在严肃追究相关单位和人员责任的同时,为切实保护劳动者健康权益和生命安全,河南省卫生厅与省安全生产监管局、人力资源和社会劳动保障厅、省总工会联合开展全省职业卫生安全大检查,重点检查存在粉尘、铅、苯和有机溶剂职业病危害的企业,督促企业完善职业健康监护档案,落实职业健康检查结果告知制度。

开胸验肺与当地某些政府职能部门的不作为有很大的关系。随着这一事件被媒体曝光,政府开始有效地参与到问题的解决中,其中也频现政府行为公关中的亮点。

亮点一,面对问题,反应迅速。2009年7月15日,媒体介入报道了"开胸验肺"事件,便立刻引起了卫生部的高度重视,马上派出督调组进行调查解决,督调组于7月24日便赶赴到河南郑州市介入调查,尔后便会诊为"尘肺病Ⅲ期"。从7月15日"开胸验肺"事件被曝光到7月26日尘肺病的确定,在短短的12天内,便还给了张某苦求已久的"真相"。政府在问题出现后,快速地反应和果断地解决,赢得了媒体和公众的赞许。

亮点二,坚持利益一致原则。从根本上来说,政府和社会公众之间的利益是一致的,政府的一切行为都要体现社会公众的利益。在事件发展之初,地方相关职能部门失责显然违背了这一原则,不作为反映了他们对社会公众利益的忽视。最后在处理这一事件时,河南卫生厅严肃处理了相关责任人,极大地维护了社会公众的利益,反映了对政府和社会公众之间利益一致原则的维护。

亮点三,以人为本关怀的体现。"开胸验肺"事件曾引起时任河南省委书记的高度关注,他曾四次向张某表示深切慰问,先后四次作出重要批示表示:如此草菅人命,损害河南形象,极端不负责任的事情,法不容,理不容,情不容,必须严查决不允许再次发生。此外,省长也批示指出:这是一起对群众生命健康,极端不负责任的典型案例,不可等闲视之。地方党委和政府领导对"开胸验肺"事件如此坚决的表态,表现了他们对群众合法利益的极大关注,体现了对群众的一种以人为本的关怀。

史镜今鉴

政府与人民关系处理的好坏,是政府能否塑造良好形象的关键。本部分着重从中外古代案例入手,看政府是如何优化自己的行为,取得人民的信任和拥护的。

经历了燕国"子之之乱"后,燕国国内景象凄凉:田地荒芜,房屋坍塌,百姓在废墟上啼饥号寒。新即位的燕昭王下决心要复兴燕国,但如何才能觅求治理国家的贤才,燕昭王一筹莫展。

为此,昭王诚恳地向老臣郭隗请教,郭隗答道,如果大王能放下架子,礼待那些德才兼备的士人,甚至甘愿屈身上门求教,当他们的学生,那么,不但他们会心悦诚服的出力效劳,而且还能吸引强十倍百倍的贤才前来投奔,这是自古以来治理国家获取人才的规律。接着,郭隗讲了一个故事:古时有个国君,打算用千金去求千里马,但3年也没买到一匹。一名内侍自荐为国君去购买。3个月后,辗转打听到千里马的消息,可惜刚一赶到,那匹马已死了。内侍就用500金把死马的骨头买了回来。国君大怒,说他要的是活千里马,而不是没用的马骨头。内侍从容答道,别人听说大王肯花钱买死马,那活马自然就会有人送上门来。果然,不到一年,好几匹千里马就送四面八方送来。

讲完这个故事,郭隗说出了自己的打算,大王如果真想招贤纳才,不妨就从他身上做起,让天下人都看到,像他这样不才的人尚且受到大王如此的尊重,更何况那些德才大大超过他的人呢?这样国内外的贤才就会不远千里向燕国聚集了。

燕昭王听了大受启发,回去后,马上为郭隗盖了一座金碧辉煌的公馆,并且还拜郭隗为师,天天上门向郭隗求教。此外,昭王还在沂水之滨,修筑了一座高台(后世称之为"黄金台"),用以招徕天下贤士。台上放置黄金千两,作为赠送贤士的进见礼。各国有才干的人听到燕昭王如此求贤若渴,纷纷赶到燕国求见,其中最出名的便是赵国人乐毅。燕昭王拜乐毅为亚卿,请他整顿国政,训练兵马,燕国果然一天天强大起来。

在这个故事中,燕昭王身为一国之君,能放下国君的架子,以礼相待贤士,甚至不惜一掷千金,只为求得人才。他这种虚心、诚心的求贤态度,对于现代政府仍是具有借鉴意义的。在现代社会中,人民的意见是不可忽视的,但如何能让群众乐于发言,勇于发言,此时政府对群众的态度就显得至关重要了。值得一提的是,现代社会中,政府与民众沟通的方式已呈现出越来越多样化的趋势,如政府可以通过媒体、网络、座谈、走访等多种形式与人民交流,这一方面可以切实了解人民的真实需求,另一方面可以听取民声,来看政府管理方面的不足和缺陷,同时也可以起到对政府行为监督的作用。总之,政府用真诚(态度)换(人民)真心,其必然会对人民康安、国家的强大起到重要的推动作用。

曹操南征刘秀之时,时值麦熟时节,但沿途的百姓因害怕士兵,都躲到村外,没有一个敢回家收割小麦的。曹操得知后,立即派人挨家挨户告诉百姓和各处看守边境的官吏:他是奉旨出兵讨伐逆贼,为民除害的。现在正是麦熟时节,士兵如有践踏麦田,立即斩首示众,请父老乡亲不要害怕。

老百姓开始不相信,都躲在暗处观察曹操军队的行动。曹操的官兵在经过麦田时,都下马用手扶着麦秆,小心地穿过麦田。这样一个接着一个,相互传递着走过麦地,没一个敢践踏麦子的。老百姓看见了,没有不称颂的。

但当曹操正骑马走在路上时,忽然,从田野里飞起一只鸟儿,惊吓了他的马。他的马一下子蹿入田地,踏坏了一片麦田。曹操立即叫来执法官,要求治自己践踏麦田的罪行。执法官说:"怎么能给丞相治罪呢?"曹操说:"我亲口说的话都不遵守,还会有谁心甘情愿地遵守呢?一个不守信用的人,怎么能统领成千上万的士兵呢?"随即抽出腰间的佩剑要自刎,众人连忙拦住。

这时,大臣郭嘉走上前说:"古书《春秋》上说,法不加于尊。丞相统领大军,重任在身,怎么能自杀呢?"曹操沉思了好久说:"既然古书《春秋》上有'法不加于尊'的说法,我又肩负着天子交给我的重要任务,那就暂且免去一死吧。但是,我不能说话不算话。我犯了错误也应该受罚。"于是,他就用剑割断自己的头发说:"那么,我就割掉头发代替我的头吧。"

之后,曹操又派人传令三军:丞相践踏麦田,本该斩首示众,因为肩负重任,所以割掉头发替罪。

古人云:身体发肤,受之父母。虽然曹操削发的行为在现代看来并没什么,但在当时还是有着相当的分量。曹操以身作则,以发代首,不仅严肃了军纪,更取得了民心,树立了他在军队和百姓心中的威信。这个故事从政府行为公关看,给我们的启示是,政府领导者所代表的政府要在百姓中树立良好的形象,赢得威信,首先就要诚实守信,具体来说就是要切实地履行自己的承诺。就像故事中的曹操,他在违反军纪之后,马上要求执法官对他依法处置,要拔剑自刎,但是由于种种客观原因,他最终削发代首以作为对自己的惩戒。这个故事告诉我们,政府对人民言而有信是前提,在这个前提下,人民才可能听从政府的政策,按照政府的规章制度办事,即所谓的政府有信才能立言。

1860年美国总统大选,代表共和党的林肯获胜,成为美国第16届总统。以林肯为代表的共和党反对奴隶制度,主张废除奴隶制,这符合了北方工业资产阶级的利益,但侵害了南方种植园主的利益,打破了他们长期控制政府的局面,所以他们在林肯就职之前发动了叛乱。并且南方各州于1861年2月宣布脱离联邦政府,建立了一个"美利坚联邦",还推选大种植园主戴维斯为"总统"。奴隶主们的反叛,迫使林肯政府于1861年4月对南方宣战。

在战争之初,林肯政府并没有完全意识到废除奴隶制度、解放黑奴是赢得这场战争的关键。林肯为了稳住全国的局面,还不愿意同奴隶主彻底决裂,而幻想和他们达成暂时的妥协,所以,尽管北方在经济、交通和人数上都比南方优越,但由于林肯只是为了联邦的统一被迫作战,其没有采取坚决的政策,也没有发动劳动人民去斗争,所以在战争之初,北军连连败退,连首都华盛顿也险些被攻破。这引起了北方人民的强烈不满,他们大呼要"立即解放黑奴"、"把土地分给农民!"同时,北方的自由黑人还成立了"解放联邦",呼吁废除奴隶制。人民的这些行动震醒了林肯,1862年9月22日,林肯政府颁布了《解放黑奴宣言》,宣言上说,从1863年1月1日起,所有参加叛乱的各州种植园的奴隶,都被认为是自由人。在这之前,林肯政府还颁布了《宅地法》,允许那些连续五年在西部耕种的农民分得土地。这一系列措施得到了广大人民的热烈支持,这种支持很快就变成了坚不可摧的力量,接着工人、农民和黑奴都参加了战斗,其中直接参加战斗的黑人达到了186 000人。

在这种形势下,南北战争的局面很快就得到了扭转,北军开始掌握主动权,取得了接连的胜利。终于在1865年4月,南军宣布了投降,打了四年的南北战争结束了。

这个故事使我们看到了人民力量的伟大之处,正如马克思所说"人民是历史的创造者",这在政府行为公关上同样有着启示性的意义,要求政府要充分的重视人民,要善于引导人民,努力去激发人民的创造性、积极性,人民有着无限的潜力,人民是无穷力量的来源。正如美国的南北战争,正是由于人民的支持,才使北方的军队变得坚不可摧,最终打败了南方。

三刻拍案

一直以来,政府在政治、经济、文化、社会等方面都发挥着重要的作用。本组案例主要从政府经济行为、政府文化行为、政府社会行为三个方面分析和阐述,希望在政府行为公关方面能给人们一些启示。

拍案一 出击经济危机,显现政府力量

2008年,由美国次贷危机引发的金融危机对国际金融市场造成严重冲击,给世界各国经济发展和人民生活带来严重影响,引起了世界各国政府和人民的忧虑。

在中国,经济增长放缓趋势明显,2008年前三季度的GDP增长率是9.9%,是近六年来第一次回落到1位数。出口方面,海关总署统计显示,2008前十月,中国出口增速比去年同期回落了4.6个百分点。其中,对欧盟、美国出口增速分别回落6.2和4.1个百分点。对许多出口企业而言,订单减少、生产规模收缩是其当时共同面对的一个巨大考验。资本市场方面,持续波动、低迷,从2007年到2008年,我国股市累计最大跌幅逾70%,股市财富效应严重逆转,不少人们深陷调整的泥潭中苦苦等待着资本市场的软着陆。另外,在经济危机的影响下,世界的原油价格和粮食价格持续攀升,我国由于受国际大豆市场价格上扬的影响,北京市11月市场食用油价格震荡上扬,米价、面价、菜价及副食价格均有不同程度的攀升,与此同时,在上海、广州、深圳等地粮油等生活必需品已是普遍上涨,其中面粉、食用油的最高涨幅分别已达一成和二成。此外,受经济危机的

影响,企业利润普遍下降,不少企业甚至被迫"关门停业"。以深圳为例,2008年就共有903家企业倒闭,由于连带关系,农民工失业潮扑面而来,提前返乡的农民工逾1000万人,待岗的农民工更多。一时间,人人谈起经济危机皆色变,经济危机下,网上关于经济危机的评论和发展预测更是不计其数。

面对经济危机的严峻形势,中国政府没有"坐以待毙",而是采取了一系列措施积极应对,其中的许多方面在政府行为公关上具有借鉴意义。

第一,坚持公开透明原则。2008年经济危机是影响全世界的一场金融风暴,在关于经济危机的相关事情上,中国政府没有遮遮掩掩,封锁相关信息,而是坦诚面对,实事求是,公开透明地向社会公众报道中国经济在经济危机影响之下的发展现状和存在的问题,做到了"实话实说",这样,政府越是对公众坦诚,对公众公开透明,越是极大的稳定了民心,越容易取得公众的理解和支持。

第二,与民众同甘共苦。政府领导者面对经济危机,不是居高临下的看待问题,而是切实地站在人民的立场上去思考,与人民一起共同应对。在经济危机时,股市暴涨暴跌,当记者问温家宝总理有何对策应对时,温总理微笑而坚定地对记者说:"政府密切关注!""政府密切关注",短短六字,却将总理的心与民众的心连在了一起,给了在股市的泥潭中挣扎的民众极大的精神鼓励,并且温总理在2008年到欧洲访问时,时时刻刻关注着股市的变化。此外,胡锦涛总书记在2008年的两会中曾指出:越是面对当前的困难局面,越是要注意改善民生问题,这才是真正落实科学发展观的重要指示。我们必须把经济发展的目光锁定在改善民生上面来,脱离这个根本,就不会有真正的"经济发展",民生才是经济的根本。相信中国政府对人民的极大关注和关怀是突围经济危机的最好利器。

第三,用实际行动说话。面对经济危机,政府没有说空话、大话来借以抚慰民心,而是切实地制定了一系列应对经济危机的措施,使得中国的经济平稳地度过"冬天",走向经济回暖的"春天"。

2008年11月5日,温家宝总理在主持召开的国务院常务会议上,研究部署了进一步扩大内需促进经济平稳较快增长的措施,指出当前要实行积极的财政政策和适度宽松的货币政策,出台更加有力的扩大国内需求的措施,加快民生工程、基础设施、生态环境建设和灾后重建,提高城乡居民特别是低收入群体的收入水平,促进经济平稳较快增长。其中,进一步扩大内需、促进经济增长的十项措施,匡算起来,到2010年底约需投资4万亿元。会议进一步决定,2008年四季度先增加安排中央投资1000亿元,2009年灾后重建基金提前安排200亿元,带动地方和社会投资,总规模达到4 000亿元。

2009年,温家宝总理在十一届全国人大二次会议所作的政府工作报告中,又出台了"一揽子计划"的经济刺激方案,可以概括为五个方面。

第一,扩大内需,大规模增加财政投入。即实施总额4万亿元的两年投资计划,其中中央政府新增1.18万亿元。同时,实行结构性减税,以扩大国内需求。第二,调整和振兴产业。具体表现为,认真实施汽车、钢铁、造船、石化、轻工、纺织、有色金属、装备制造、电子信息、现代物流等重点产业调整和振兴规划等其他几个方面。第三,大力推进技术改造,使得科技创新与扩内需、促增长,调结构、上水平紧密结合起来。第四,建立比较完善的社会保障体系。表现为推进制度的建设,扩大社会保障的覆盖范围以及提高社会保障的待遇。第五,保持金融的稳健以支撑经济。

事实证明,政府2008年出台的一系列宏观调控的措施是及时、有力的,2009年实施的扩大内需、促进经济平稳较快发展的"一揽子计划"是卓有成效的。2009年,经济运行已出现积极变化,这可以用一组数据来说明,前三季度,进出口总额15 578亿美元,同比下降20.9%,降幅明显收窄;工业企业利润降幅减缓,前三季度,规模以上工业增加值同比增长8.7%;前三季度国内生产总值217 817亿元,按可比价格计算,同比增长7.7%,比上半年加快0.6个百分点。分季度看,一季度增长6.1%,二季度增长7.9%,三季度增长8.9%。此外,由经济回暖带来的企业订单回升,甚至使珠三角地区、苏浙等地不同程度地出现了"民工荒"现象,许多企业都在为招不到工人而发愁,民工就业出现了明显好转。

点 评

在蔓延全球的经济危机侵袭下,中国政府沉着应对,用自己的真诚透明赢得了社会公众的支持,用自己的实际行动获得了社会公众的信任,用经济的平稳快速发展向全国人民,交上一份满意答卷。

拍案二　文化惠民力度加大　建设"七大文化工程"

2009年,福州为着力提升省会城市的文化软实力,不断满足百姓的精神需求,创新推出了"七大文化工程",即实施先进文化引领工程、文化惠民工程、文化品牌提升工程、文化产业升级工程、文明城市创建工程、文化人才支撑工程和文化创新推进工程。这七大文化工程建设,将实现福州文化资源的整体深度开发,促进文化产业的跨越式发展。

2009年内,福州市建设国际会展中心、多功能文化中心、福州乌山图书馆、福州市艺校一期工程等一批文化设施,启动东部新城的海峡奥林匹克体育中心、金山全民健身活动中心二期等工程,重建工人文化宫、西湖书院,修建鳌峰书院,着手规划东部新城的博物馆、科技馆、电影城等一批标志性文化设施。

同时,继续投入巨资,推进三坊七巷、鼓屏路历史文化中轴线八一七路、上下杭街、乌山、于山、烟台山、金鸡山等历史街区和历史风貌区的保护修复、改造建设,重建烟台山天宁阁;结合大梦山改造,恢复重建梦山阁,构建大西湖文化圈等。此外,福州还将推进基层基础文化配套设施建设,让百姓在家门口就能享受到丰富多彩的文体活动。

七大文化工程建设,意义深远,进一步体现了文化惠民,有助于福州从历史名城迈向文体时尚之都。

点　评

福州的文化工程建设,属于政府文化行为的一个方面,这不仅能提高福州市的综合实力,而且能丰富市民的精神生活,是一项便民、惠民、得民心的工程,是福州市政府以人为本,注重民生的重要体现。其中,基层基础文化配套设施建设的加强和完善也是政府关注民生的一个重要体现。政府关怀人民,使人民享受更多的文化权益,这在物质日益充裕,精神文化仍需加快发展的今天显得尤为重要,这自然也就能得到人民更多的好评,有助于树立良好的政府形象。

拍案三　重庆依法打黑，铲除社会毒瘤

为推动"平安重庆"建设，2009年6月，重庆警方在全市城乡掀起"打黑风暴"，深入推进"打黑除恶"专项斗争，使得一批欺压群众、危害一方社会的黑恶团伙受到严厉打击。其中，24名重大黑社会性质组织头目全部落网，查封、冻结黑恶势力涉案资产15.96亿元。目前，这些涉黑案件已经进入诉讼审理阶段。

重庆市人民检察院10月23日披露，截至目前，全市检察机关职侦部门共立案侦查"打黑除恶"专项斗争中涉及的各类职务犯罪案件45件50人，其中贪污贿赂犯罪案件42件47人，渎职侵权犯罪案件3件3人。此外还涉及政法干警28人，税务、工商、交通等其他政府部门工作人员8人；涉及国企、律师行业系统的工作人员14人。

其中，前重庆市公安局常务副局长、原市司法局局长文强（正厅级）因涉嫌巨额受贿被重庆市人民检察院立案侦查；重庆市公安局刑警总队一支队支队长李寒彬（副处级）因涉嫌在2004年至2009年，收受多名"黑老大"的巨额贿赂和贵重物品，被检察机关立案侦查。

随着打黑除恶斗争的全面深入，重庆的社会治安有了明显改善。专项斗争以来，重庆市公安局110报警指挥中心接警量下降40%，群众安全感明显上升。

点评

重庆市打黑除恶，属于政府社会行为的一个方面，它事关人民的根本利益，是顺应民心之举。黑势力团伙的存在，严重地干扰了群众的正常生活，他们敲诈勒索、欺压百姓，强迫百姓交易。这不仅败坏了社会风气，侵害了公民的基本权利。给我们平安社会带来了巨大的冲击，严重地破坏了正常的社会管理秩序，社会影响恶劣。正因为打黑除恶顺应民心，所以受到了群众的大力支持和拥护。在"打黑除恶"专项斗争之初，甚至有一些来自区县的群众，自发组织来到重庆市公安局，将"'打黑除恶'政府英明决策，匡扶正义重庆平安和谐"的锦旗送到了打黑除恶一线公安民警手中。

> 在这次打黑除恶中,大量毒害社会的黑恶分子被除掉固是大快人心,但令人遗憾的是,其中政府少数官员也牵涉其中。所以在打黑除恶取得累累战果的同时,也给广大的政府官员敲响了警钟,给人们以政府行为公关方面的启示:官员一定要注意摆正自己的位置,做好人民的公仆,不能在金钱的利诱下迷失自己,必须加强自身的道德教育,唯此,才能在百姓心中树立良好的形象。

回味隽永

本组案例所谈的是政府行为公关,即政府如何通过优化自己的行为来达到在群众中建立良好形象的目的。其中,本组案例共涉及四个现代案例和三个古代案例,内容涉及了经济、政治、文化、社会等方面。通过对这些案例的阐述和分析,大家可以发现政府行为公关中有很多问题是值得关注和思考的,可简要概括为以下几点。

第一,真诚性。要求政府要真诚与民沟通,真实地了解人民的生活现状,以及人民生活中出现的问题,对症下药,帮民解忧。像重庆"打黑除恶"事件,重庆黑社会组织的存在已经严重的干扰了群众的正常生活,威胁到了百姓的财产,甚至生命等权益。重庆打黑除恶,极大地排除了百姓的忧患,恢复了正常的社会秩序,也保证了百姓生产、生活的稳定,这是顺民心之举,这也赢得了百姓的拍手称赞。

第二,尽责性。要求政府各职能部门要认真履行职能,政府宗旨就是要为人民服务。政府不是空架子,干部必须为百姓办实事。像在"开胸验肺"事件中,个别的职能部门不尽责,不作为,这也是导致张某开胸验肺悲剧发生的诱因。此外,广大干部的廉政建设依然是个令人关注的问题,重庆打黑除恶中,少数干部牵涉其中,实在令人震惊,令人深思,表明干部的管理制度仍需进一步的完善和充实。

　　第三,有效性。这是评价政府行为的关键标准之一,政府除了要与民众沟通,为民众尽责外,还要使自己的行为积极有效。评价政府的绩效,关键在于政府行为为人民带来了实际效益,即政府有多少行为是行而有效的。如在金融危机中,政府针对中国经济的状况和问题,采取了一系列宏观调控的措施,如宽松的货币政策,降低股票印花税,提高出口退税等,事实证明,这些措施都是强有力的,推动了国家经济的回暖,增强了人民对于政府的信心。

　　第四,全局性。政府除了要发展政治、经济,保证社会安定外,也要更好地发展文化事业,加大文化惠民力度。像福州的文化工程建设就是一个好的体现,其中,三坊七巷的重修,不仅使人们能更好地了解中国传统文化,而且也增强人们了对中国传统文化的热爱,增强了民族的凝聚力。

第五篇

走在钢丝绳上的公关

——政府企业公关

　　现代政府公关的一个非常重要的对象是企业。作为现代社会的重要组成部分并承担重要社会职责和功能、起着重要社会作用的企业，是社会经济活动的基本单位和社会财富的主要创造者、社会经济的实践和运行承担者、社会赋税的主要承担者、政府指导和计划的参与者和执行者。因此，无论何种意识形态和社会制度的国家，无论哪种层级的政府或政府工作人员，都必须充分重视对企业的公关活动。

工业复兴之路

1932年,富兰克林·罗斯福当选美国总统,作为在1929至1933年世界性经济危机中上台的总统,罗斯福肩负着克服危机维护资本主义制度和价值的责任。但当时美国的经济社会形势极为复杂和严峻:大量工厂停产,数百万工人失业,几千家银行面临破产,货币贬值物价飞涨,一方面大量的产品卖不出去甚至被销毁,另一方面数百万人依靠救济生活。面对这种情况,罗斯福一个非常重要的措施就是制定《工业复兴法》,对企业进行整顿和规范。

《工业复兴法》被罗斯福视为第一个百日最辉煌的成就,实际上它是由西奥多·罗斯福的新民族主义、老的军事工业局的经验以及罗斯福以美国建设委员会主席身份参加过的同行工会运动组合而成的。这项法案是在没有实行社会主义的大规模工业规划方面进行的最易引起争议的尝试。然而,罗斯福在第二次"炉边谈话"中强调指出,政府没有控制工商业,而是同他建立了"伙伴关系"——"在制定规划方面的伙伴关系和确保这些规划执行的伙伴关系"。这项法案中止了反托拉斯法,并允许企业家团体拟定自己的竞争、生产和销售的准则——即公平竞争的准则,并确定最多工作时数和最低工资。如果在一个行业中达不成协议,政府就可以强加一项准则。全国工业复兴法案第七节保证工人有权进行集体谈判和决定是否加入工会。第二条批准了一项迅速把资金注入到经济中去的33亿美元的公共工程计划,以创造更多的就业机会和提高购买能力。

这项法案涉及面广,于5月17日提交到国会,在众议院顺利通过,但他在参议院却陷入了困境。在那里,代表中小工业企业的保守代表表示反对。罗斯福任命约翰逊组织了全国复兴总署,在全国进行史无前例的宣传,最后迫使参议院内代表中小企业的参议员通过了该法案,到6月

16日,也就是国会即将休会之前,筋疲力尽的参议院只以5票多数通过了这项法案,然后就在宣传的情况下把这项法案送交总统。

在此期间,罗斯福总统前后进行了十多次重要讲话,向众多企业宣传工业复兴法旨在恢复企业的正常生产而不是支持托拉斯,是为了维护社会稳定和生产而不是支持工会组织,因而虽然法案受到的抵制力量很强却最终得以顺利实施,使经济逐渐走出困境。

纵观罗斯福在《工业复兴法》制定和通过过程中的行动,可见政府和政府官员通过媒体公关所发挥的作用和力量。首先是在法案通过以前的公众(主要的关注者是企业)公关,罗斯福运用"炉边谈话"(罗斯福常用的宣传政府政策和活动的一种广播讲话,形式随意、内容多样,深得当时美国人的喜欢)的方式宣传该法,消除中小企业对中止反托拉斯法的疑虑。其次是在法案通过遇到困难时的造势活动。罗斯福任命约翰逊组织了全国复兴总署,在全国进行史无前例的宣传。最后迫使参议院内代表中小企业利益的参议员通过了该法案。此外,罗斯福前后十多次讲话也多围绕该法案展开,使得企业界最终支持了该法案的实施。

史镜今鉴

19世纪末,帝国主义对华侵略迅速扩张,民族危机空前深重,其中,西方列强的经济侵略方式也由原来的商品输出为主转为以资本输出为主,近代中国的半殖民地半封建社会最后形成并进一步深化。正是在这种形势下,清政府宣布实行新政,加强对实业的倡导和管理,劝导和奖励官绅、商人开办企业,并举办实业教育,引进和传播国外近代科学技术。

外部政策环境是个人创业的前提,从1898年开始,清政府出台了许多鼓励民间办企业的政策。截至1907年,仅奖励工艺的章程就颁布了五种,投资办企业,可以按投资额得到顶戴花翎。我们可以看一下1907年的《改订奖励公司章程》(下文简称《章程》):集股2 000万元以上可以成为商部头等顾问官,加头品顶戴,仿宝星式样特赐双龙金牌,子孙三代可以世袭四等顾问官。集股800万元以上可以成为商部头等顾问官,加头品顶戴。集股600万元以上可以成为商部二等顾问官,加二品顶戴。集股400万元以上可以成为商部三等顾问官,加三品顶戴。集股100万元以上可以成为商部头等议员,加五品衔。集股20万元以上可以成为商部五等议员,加七品顶戴。《章程》最后一款规定:向来官场中出资经商的不乏其人,只是碍于旧习惯,往往耻言贸易,或改换姓名,或托他人代为经理,官商之间多有隔阂,现在朝廷重视商政,希望能尽快破除成见,官、商合力倡导,才能广开风气。在清政府允许和鼓励下,各地商会纷纷成立。以商人为重要成员的"立宪派团体"诞生于1906年,在三波国会请愿运动中,他们曾发挥了重要作用。

为了笼络商人,调动商人效力,商部各司除额定职官外,另在各商埠选取"行谊诚实、熟悉商务"的商董为商部委员,令其考察商务,采取职官与商董"分途并用"的办法,商董委员无薪俸和办公开支,但有"异常劳绩"者可褒奖商部郎中、员外郎、主事各职衔,直至四至头等"顾问官",以此来激发商人投资实业的热情。

为了加强对企业的指导与管理,清政府还设立专门的管理机构。1898年戊戌变法时,光绪谕令在京师设立矿务铁路总局和农工商总局。政变后,慈禧以"总局设在京城,文牍往还,事多隔膜,一切未能灵便"为由,裁撤了农工商总局。1903年9月,光绪谕令设立商部,任命载振为该部尚书。不久,撤销矿务铁路总局,矿、路二政划归商部管理。商部下设4司2馆2局所,即保惠司、平均司、通艺司、会计司、律学馆、商报馆、商务学堂局所、接待所。

清政府也加强了立法,1901年8月,两江总督刘坤一、湖广总督张之洞在其联合奏折中提出了制订商律的主张,在刘、张等封疆大吏的影响下,光绪于1903年4月谕令载振、袁世凯、伍廷芳等拟订商律,作为则例。9月,商部成立之后,进一步加快各类法规、条例的制定。从1902年到1911年,清政府拟订的经济法律、法规、章程、则例、办法等,约62项。

清政府为在地方"认真劝办"实业,1907年决定在各省设立专管实业的劝业道,以改变以往各省虽有农工商矿局,但"无专官以资董率"的局面。此次改订各省官制,裁撤分守、分巡等道,同时增设巡警、劝业两道。劝业道"专管全省农工商业及各项交通事务",并兼管邮电,受农工商部、邮传部及本省督抚双重领导。在各厅州县则设有一名劝业员,"监督掌理该厅州县实业及交通事宜"。到1910年,除山西、江苏、甘肃、新疆、黑龙江外,其余18省均已设置劝业道。

为鼓励商人投资实业与改良工艺 国家干预经济,还可以通过引入激励、创新、竞争精神,推行优惠税收政策等,用来对某些经济部门或领域进行鼓励。除了授予官爵,清政府还对生产与工艺进行奖励。包括对新式工业、交通运输业、农业和对传统手工业、农业的奖励,特别强调对"有创制新法、新器以及仿造各项工艺,确能挽回利权,足资民用"的项目予以奖励。对生产与工艺方面的奖励往往与举办展览、赛会相结合。对收到与售出的物品,"随时登入报章,俾供众览"。这些展品对全国工艺品的制造与改良,起到示范与借鉴的作用。到1911年,全国共设劝工陈列所和商品陈列所13处。为了扩大中国商品在国际市场的销路,汲取外国同类产品的长处,改良我国的工艺,清政府提倡经营农业、园艺、林业、水产、化学、工艺、机器、教育、卫生及美术、学生手工等物品的生产,参加国际赛会,即国际商品博览会。其中,1911年,在意大利都朗国际博览会上,获得4项卓绝奖、58项超等奖、79项优等奖、65项金牌奖、60项银牌奖、17项铜牌奖和6项纪念奖。清政府派大臣参加各国博览会,大臣带回各国举办博览会的成例,农工商部在国内也倡导举办展览会。1909年,在武昌曾举办物品展览会。1910年,在南京举办了南洋劝业会。清政府派南洋大臣、两江总督张人骏担任会长,分管筹备与展出事宜,后来又派杨士琦任劝业会审查总长。由他挑选学有专长,精于鉴别者,对参展物品分类评核,然后由农工商部"发给凭照标牌"。此次参展物品达10万余件,在国际上引起关注,美、德、日等国的实业团体均前来观览。可以说,南洋劝业会已是我国全国商品博览会的雏形。

一般来说,公共组织展开公关的目标主要有:(1)提高知名度从而有利于其展开各种活动,更好地维护和实现组织利益;(2)提高公共组织的美誉度以更好地行使组织职能实现自身的目标;(3)与公众建立良好的互动关系,化解组织面临的困难和危机;(4)加强信息沟通建立和健全组织与外界信息获取与沟通渠道;(5)维护组织所在地的秩序化解,消除各种矛盾和冲突。作为国家统治机构的清政府由于时代和阶级的局限,对于政府公关理解是不够深入和全面的。但受到西方国家和世界潮流的冲击,在当时特殊的国情下自发进行的企业公关无疑还是比较合理的。其展开企业公关(包括商人)的目标主要是通过鼓励实业来化解自身的财政危机,缓和已经初步发展的民族资本主义经济力量对政府的反抗和疏远,消除国人对清政府腐败无能的看法,并最终维护自身的统治。这在由于政府内部矛盾和权力之争而导致政治改革无法顺利进行的情况下,对经济和企业的支持与公关无疑是清政府有限选择中最可取的选项之一。企业家(包括商人)无疑是当时社会上除统治者之外最有影响力的阶层,也是反对政府最有力的力量之一。通过支持、满足要求、提高地位、加强与清政府沟通交流,显然与政府的目标和追求是相吻合的。

政府公关有其特殊性,由于政府处于强势地位,组织严密、网络完善、资源雄厚、规模庞大,公关活动因而具有持续性、广泛性、权威性等特点。清政府正是利用了作为国家合法政府的便利,在长达十年的时间内推行相对统一的鼓励工商政策,持续地展开对企业界和商业界的政府公关。到清政府灭亡前夕,中国的民族企业已经有了一定得发展,为中国近代发展也作出了自己的贡献。中央政府采取了鼓励和支持态度,地方政府也基本秉承这一理念,重视对实业的鼓励、大量地展开了游说、政策支持、积极关注等公关手段,对企业和商人展开公关活动。广东、上海、天津等地实业在这一时期有了较大发展,企业数量明显增加。大小企业遍及以上地区和全国其它城市。清政府通过立法、组建专门机构、授予官爵、给予经济奖励等具体做法,既有政府通行的方法,又有封建社会后期的时代特征。在清政府和当时而言,这也是政府所能选择的方法。

当然,在清末新政过程中,清政府对企业和商人的公关活动更多的是一种制度设计,实践层面上很大程度上取决于地方官员对中央政府法令制度的理解支持程度。地方企业多少和发展好坏并不是考核官员的重要指标,这是由当时时代发展的阶段所决定的,而且当时公关学在国内并没有被提出,只能是政府公关的一种自发行为,但是已经带有明显的公关痕迹,而且对当时工商业的发展起了重要作用,也成为中国政府企业公关的雏形和重要事件。

清末政府企业公关的不足也是非常明显的,尤其是其政府主导色彩过于浓厚,在缺乏具体法律法规约束下的政府企业公关使得官员和企业商人之间逐渐结成一种新的社会力量——官商或绅商。政府和资本的结合对国家财政、地方政治、众多小企业和百姓民生都形成了一种挑战,成为地方的实际控制力量,游离于法律和政府的约束之外,甚至成为地方的恶霸势力。

三刻拍案

政府企业公关由于其重要性和特殊的作用,因而伴随着人类企业(包括企业的原始发展阶段,如早期的私人经济体、商人、行会组织等)发展过程而始终存在。具体公关的方式方法由于社会历史条件的限制而有所不同,但无论在何种类型的政治结构中,各级政府机构及其成员(包括早期的各级统治者和官僚)都力图通过不同形式的政府企业公关来实现其特定的目标,因而政府企业公关方式多样,值得深入探究。

拍案一 百川汇海 桃花源里的沧桑变

1984年,画家陈逸飞在昆山周庄创作了名画《故乡的回忆》,画面中小桥流水人家的意境,正是当年昆山的剪影。作为农业县的昆山经济总量在苏州下辖各县市区中排名末位,河网纵横、一片水乡泽国景象。陈逸飞曾这样说道:"昆山会使人很自然地想到一幅浓淡相宜的水墨长卷,如果让我去给这幅水墨画卷起一个名字,我想它就叫'桃花源'。"

如今,凭借吸引台资而发展起来的昆山已涅槃为台商投资、创业、发展的"桃花源",平均每平方公里有台企3.8家,台资经济占大陆吸引台资的1/9,是大陆台资最密集的县级市,经济总量跃居苏州各县市区首位,两度雄踞大陆"百强县"榜首。

昆山"天翻地覆慨而慷",不变的是蓝天绿地、芳草萋萋、清水长流,让许多台胞"活在此,乐在此"。

"何能久不老,坐看人间换。"二十多年来,昆山人民与数万台胞共同书写了互惠双赢、和谐相处的当代传奇故事。

而这一切沧桑巨变背后是昆山市吸引台资付出的艰辛努力。

在上海虹桥机场组织队伍"守株待台","拦截"去长三角地区考察的台商"到昆山看看",曾是20世纪90年代初昆山市领导的日常工作。

一台商一下飞机就被"抢"到昆山投资。他回忆说,对昆山"第一眼印象并不那么好,现在的厂址周围都是农田、河流,刚刚起步的开发区也只有一条马路。"尽管基础设施和通讯条件落后,但他承认,还是被昆山人的热忱感动,投资500万美元成立了一家纺织公司。

"投资时的一条龙服务、企业建设中的全方位服务、投产后的经常性服务,正是昆山引资的磁力所在。"昆山市台资企业协会原会长说。

昆山市政府设在昆山台协大楼的一间办公室叫"马上办",其口号是"提供保姆式的服务",从办厂选址、电力供应到孩子上学,一揽子解决台商、台干在昆山期间遇到的困难。

"政府曾经专门派人员到厂里,帮助我们两个产品获得了高新技术产品认定。"某卫厨公司总经理表示,企业因此享受到了3年优惠15%的税率。

2009年4月,某自行车生产商迎来了包括昆山市长在内的几位"不速之客"。原来,市长从供电部门提供的用电量统计中发现,该公司一季度的用电量下降,于是赶紧带着几个部门负责人到公司了解情况,看有什么问题需要帮助解决。

"虽然我们昆山公司用电量下降的原因是进行转型,今后将实现'减量增值',但我还是很被市长的关心感动。"该公司负责人如是说。2009年4月,该公司的卫厨的15款燃气热水器及电热水器成功中标大陆"家电下乡"推广产品,让生产线在寒冬中依然一片繁忙景象,而"背后的推手"正是昆山市政府。

而昆山市上下各界的努力也带来了连锁效应。

昆山有个美丽的别称"鹿城",得名于春秋时期吴王曾以此作为麋鹿狩猎之所。数千年后,这里成为众多台资企业开拓大陆和国际市场的基地。

台商喜集聚、重人脉。最初一批知名台企的进驻,成为昆山"以台引台"的招商名片,而且这些企业也"欢喜逗相报"(闽南话,意为"有好事要互相告知"),主动为昆山招商引资。

"这些年也记不清为昆山当了多少次推销员。"一自行车生产公司总经理自豪地说。公司来昆山后,不仅台湾、日本数十家自行车中、下游配套协作企业相继追随,在长三角形成了世界最大的自行车生产基地之一,还带动其他行业的台企慕名而来。

昆山人将这称之为"葡萄串效应"。昆山最主要的电子信息产业中,台湾十大笔记本电脑厂商有六家投资建厂,从电子基础材料、电子元器件、面板到整机生产,构成了一条较为完整的IT产业链。

电子产业链的逐步完善,不仅引发了新一轮台企投资热潮,也带动了很多"老台企"的转型升级。

原来只做纺织的台商杨某从1996年开始步入IT产业,投资了"镒生"、"镒胜"两家企业,主要经营计算机连接线、电源线、机壳等配套产品,"投产至今两家公司年年成长,有些产品的销量已经占到世界市场的三成"。

据统计,目前昆山已有台资企业3 400多家,总注册资本达240亿美元,其中投资额超过千万美元的大企业有875家,逾亿美元的企业37家。

"台资高度集聚不仅直接成就了昆山经济的高速成长,而且为昆山的城市现代化和经济国际化提供了源源不断的推动力。"昆山市委书记坦承,昆山能否从"加工时代"、"制造时代"冲刺到"创造时代",大部分仍要取决于台资企业转型升级的成功与否。

"两岸关系和平发展的新形势可望为昆山协助台企扎根转型提供契机。"长期追踪研究"昆山模式"的清华大学一名教授表示,昆山近期提出的构建"海峡两岸经贸合作区"等构想,或许能成为下一步发展的新平台。

暮春时节,穿行在昆山市街头,各式台湾风味的小吃店、咖啡店、酒吧鳞次栉比;"桃园路"、"新竹路"等以台湾地名命名的街道随处可见;台资银行开办的第一家大陆办事处——彰化银行也落户在昆山,无不显示出这座苏南城市与宝岛台湾的密切联系。

展望未来,昆山市委书记说,昆山未来将进一步优化投资环境、人居环境,为台商、台胞到昆山投资、生活提供更加广阔、更加美好的天地。希望昆山人民与来昆的台胞能携手在这片昆曲的故土上,谱写出更多、更加动人的乐章。

巨变背后的政府企业公关

江苏昆山市吸引台资的方式与成效的记录从一个侧面展示了当代政府对企业公关的重要性与可行性。不仅在实践上成为各地政府公关活动的一个招牌式范例,在理论上也是一个极具研究意义的案例。

昆山市是如何从一个比较落后的农业县一跃成为中国百强县市之首的呢?从案例中,我们可以看到政府企业公关起了非常重要的作用。

政府官员公关常态化、责任化,这是昆山吸引台资的第一步。在上海虹桥机场组织队伍"守株待台","拦截"去长三角地区考察的台商,在各地都在积极招商引资,而昆山原不具备优势的条件下,不失为一种行之有效的办法。这看似简单,却充分体现了昆山市政府企业公关的主动性、积极性。用政府工作人员的热心、热情来打动感动台商,而这种行为"曾是20世纪90年代初昆山市领导的日常工作",更是从常态化上去保障政府公关的有效性和持续性。专门组建队伍则保障了这种公关的责任化。

公关活动的持续化、一条龙化、全方位化，是昆山政府企业公关的真正特点所在，也是其成效所在。昆山市政府设在昆山台协大楼的一间办公室叫"马上办"，反映了昆山市政府企业公关的持续化、全方位化，这与有的地方请来企业后便不闻不问的做法截然不同，也正因为如此，才能真正留住外来企业，有利于外来企业发展，从而保证了公关的成效。

政府企业危机公关及时。2008年下半年，国际金融危机袭来，处于世界制造业新兴高地的昆山台商也体会到了困难，昆山市及时对他们"嘘寒问暖"。"我们在风雨欲来之时，就率先推出了一系列扶持台资企业的措施。"昆山市副市长说，去年9月中旬，昆山市公布了推进台资企业转型升级的28条政策；财政注资2亿元成立非赢利性担保机构，可增加16亿元的贷款规模，一定程度上缓解台资企业融资难的问题。面对经济危机，企业的危机感和一定程度的恐慌是难免的，而昆山市适时的公关，用"嘘寒问暖"给企业增强信心，用一系列支持政策在实际上解决企业困难，自然增强和巩固了政府与企业的关系，保证了政府与企业的良好关系，从而共同促进昆山的发展。

政府对企业的扶助性公关，使政府公关活动实效化，走上新的台阶。帮助企业提高产品技术含量、创建品牌。从而使公关活动摆脱单纯的服务，迈上协助企业提升转型的新台阶。

政府公关的人性化。昆山不把台商当外人，昆山市很重视台资企业协会，每有重大活动，台协会长总和市委书记、市长同坐主席台上。台商中的荣誉市民可列席市人大和政协全体会议，共商昆山发展大计；可被聘为市政府高级经济顾问，为昆山的经济建设献计献策；子女就读中小学时，可自主择校……一系列的人性化措施使得台商能真正融入昆山，又进一步把政府的公关活动推向深入。

点　评

对昆山市招商中企业政府企业公关活动中进一步思考，我们可以从以下两方面深化和充实政府企业公关的相关理论。

一、在特殊情况下，政府企业公关必然具有不同的任务。一般情况下，政府企业公关主要是提供政策产品、保证企业的正常运行，汲取企业资源为社会服务，为企业提供必要的服务性信息，规范企业行为等。但在当前，中国逐步融入世界经济版图，为了经济社会的发展，政府对企业的公关，更多地具有发展经济、扶植企业发展的功能。这与西方国家政府企业公关大相径庭。

二、政府企业公关政策目标下的广泛性一定程度上可以弥补政策和法制的不足。对于企业的公关，具有一些难以克服的问题，因为容易涉及政府腐败和利益输送等敏感问题，因而在法治比较完善的国家和地区，对此规定是比较严格的，我国作为法治日益健全国家，这种严格性增随形势的变化而日臻完善。

此外，政府企业公关过程中的必要交易特点并不妨碍社会公正。从经济学角度来看，任何经济行为和活动都有交易成本。政府企业公关往往不具有经济性质，但无疑是要付出成本的。从昆山市的招商活动可以看出，该市为企业提供各种优惠政策，如对企业的经济扶持、家庭安置等，这些便是发展成本，但其目的是为昆山社会经济的发展，也是为当地广大人民群众谋福祉的。

拍案二　不涉私利

政府企业公关还有一种方式是向企业汲取资源，这在国外比较常见，在国内被俗称为"拉赞助"，这种政府企业公关往往比较敏感，我们来看一个案例：山西矿老板赞助800万元为警方买直升飞机事件。

"昨日，一架名为'兴旺号'的美国制造的贝尔212型直升飞机在武宿机场的上空进行首航。这架编号为'G-140001'的飞机是我省公安机关斥资3000万引进的第一架警务直升机。它的到来使山西省成为继广东省后全国第二个拥有警务飞机的省份。当天，警务航空队也同时成立。在首航仪式上，山西省公安厅厅长特别对赞助800万元购建警务飞机的某县一矿业有限责任公司董事长表示感谢。因为他对警务航空队的成立及这次首航作出了巨大贡献，并以捐助人姓名命名飞机。该省公安厅厅长表示，到2007年底，我省还将购建2架不同型号的飞机，这必将大大提高我省公安机关快速反应能力和整体作战能力。"

这是《山西青年报》在2006年9月27日的一篇报道。报道了企业捐助警方直升机一事。此项赞助有利于提高警察队伍的快速反应能力,也有利于政府机构更好履行职责,当地媒体宣传的目的无非是通过媒体公关,褒扬企业与政府的合作行为,但社会和媒体对此则议论纷纷。

在国际在线上刊载了一系列质疑的文章,一定程度上代表了部分公众的不满和质疑。如《"兴旺"公安局什么时候挂牌》,认为公安机关变相寻租,有违社会公平正义。《800万,会不会成为企业的"保护伞"》一文认为当公权部门与社会利益集团建立起紧密的利益关系后,为执法不公,徇情枉法埋下隐患。《"瓜田李下"的警用直升机》一文认为如果公共权力在一定程度上被个人欲望操控了,特定情况下,公共权力会成为个人欲望膨胀后肆意侵犯公共利益的工具。《当公共权力遭遇个人"参股"》一文指出,可能会导致公共权力可能在捐助的自己面前丧失其独立性和公正性。除此以外还有不少反对的个人评论。

点 评

> 这些情况有其特殊的背景,但也从另一个方面反映了政府企业公关,尤其是在汲取社会资源这一点上,如果操作不当,很容易引起社会的置疑。在公关时,尤其要做到不涉私利,一旦涉及私人(包括个别部门或单位)的利益,公关的效果就会大打折扣,甚至适得其反。

拍案三 妥协之道

近代以来,日本一直是个垄断性较强的国家,经济上的垄断和政治上的集权曾经是日本经济迅速发展,国力急剧提升的重要原因和有效动力,垄断背后有着深层的政治、经济和社会原因。

二战以后,随着日本战败,美国对日本开始实行反垄断政策,但随着国际形势的变化,美国逐渐放弃了这一政策。二十世纪六七十年代,日本颁布《反垄断法》开始了反垄断政策,并把《反垄断法》结合日本国情,有效地实行了《反垄断法》的本土化,取得了良好的效果。

在日本这样一个垄断土壤深厚、垄断现实严重、垄断势力强大而盘根错节的国家实行反垄断是一件艰难的事,甚至直接关系到政权的稳定和国家的前途,为此,日本政府进行了周密详尽的规划和审慎的行动,并进行了大量有效的企业公关活动,最终使得《反垄断法》得以顺利的实施。具体方法有如下几点。

1. 充分的事先协商与事后谈判。日本《反垄断法》立法与执法活动最显著的一个特点是,在《反垄断法》执行机构与企业之间有充分的事先协商与事后的谈判制度。首先,日本《反垄断法》的立法多以先期的调查、咨询为基础。注重发挥咨询、信息机构的事先调查和技术官僚、专家、学者的作用以及吸收民间人士的参与决策。其次,FTC(FAIR TRADE COMMISSION,公正交易委员会)为明确其政策取向,引导反垄断法实施,还就某些专门问题做一些"政策声明"或协助商会准备实施反垄断法的具体规则或指导性文件。其次,在具体制度安排上,设计了许多事先报告制度,如:呈报制度;清理制度;确认制度等。再次,公正交易委员会在执行《反垄断法》时也给企业留有与政府协商、谈判的空间。当公正交易委员会认为企业违反《反垄断法》时,一般不径直进入裁决程序而是先对企业提出劝告,若企业接受劝告而停止违法行为,案件即被撤消。

这些事先协商、谈判制度归结起来,与日本战后的官僚主导、大众参与的特点相符。在政府与企业间提供一个信息共享的机制,有利于政府与企业间达成共同的追求目标。其间的事先报告制度更是对企业既是有效的约束,又是良好的激励机制,促进企业积极配合政府实施《反垄断法》。

广泛的适用除外。日本的《反垄断法》一个显著特征,即是拥有许多排除适用《反垄断法》的内容,尤以卡特尔适用除外居多。这些适用除外规定绕开了《反垄断法》与本国经济发展的矛盾,或者帮助企业渡过经济萧条期的困境,或者起到保护企业培育国际竞争力的作用。但另一方面也给国际贸易造成了负面影响,目前日本正考虑改变其适用除外政策。SII会谈(结构性障碍立法提案权谈判)后,日本承诺取消若干《反垄断法》适用除外规定,并完善适用除外规定的立法程序。

2. 加强政府与企业的人员交流,从人的流动途径上实行了有效地公关。在日本政府系列,人员晋升上实行严格的资历制度。循序渐进、上升缓慢而稳定。当官员到达一定年限和在政府任职到一定时期,只要没有受到严重处罚就自然地升迁。但层级越高,职位就越少,众多的官员无法获得相应的岗位。面对实施《反垄断法》实施的困难,日本政府采取了一举两得的措施:派遣大量应该升任高级官员却难以安排岗位的官员去大企业任高级职务。由于日本企业与政府关系密切,日本大企业希望以此来加强与政府高层的往来,因而得到了大企业的欢迎。日本政府却以此加强了对企业的影响力,获得了企业更多的支持。这种现象在日本被称为"神仙下凡"。而这种人员的交流本身就是一种很好的公关手段。

3. 大量有效的社会宣传,日本民族有着极强的凝聚力和集体意识。日本政府针对这一特征,以"爱国"和"为了民族发展"为口号,运用媒介进行广泛的宣传动员。甚至政府高官在各种场合讲话中都多次提到这一问题。为反垄断营造了良好的社会氛围。

点　评

  案例中日本政府为了实施《反垄断法》采取了一系列公关措施,是比较典型的政府对企业公关。效果比较明显,方式缓和,具有较强的借鉴性。而归根到底,其《反垄断法》能否顺利实施,主要得益于政府对企业公关活动的妥协度。

  企业公关作为政府公关的重要组成部分,是由企业在现代社会中的重要作用所决定的。基于企业在社会财富创造和占有、社会能量的聚集、社会影响等诸多方面的基础性地位,因而任何政府都或多或少对企业采取不同形式的公关活动。

  政府企业公关的功能是多方面的,可以创造健康稳定而有活力的社会环境,促进经济社会发展;可以加强政府与企业有效的联系,从而更好地凝聚社会的公众力量和资源;可以规范与引导企业活动,使得企业的外部性问题尽量得到较好解决,从而使企业与公众之间达成某种社会均衡;可以维护社会公平正义;可以更好地实现政府自身的职能。

而政府企业公关的方式也是多种多样的。既可以单独有针对性的重点公关,也可以以政策法令等方式进行集体公关;既可以通过会议、倡导、信访、建议、听证会、指导意见、行业协会、产业计划、发展规划等方式进行,也可以通过提供资金、贷款、税收减免、政策、法令等手段进行。

而由政府企业公关的地位、功能、方式等特点所决定的政府企业公关活动具有与一般公关活动乃至一般政府公关活动不同的特征。结合当前国内外政府企业公关发展状况,我们认为,在研究和运用政府企业公关过程中应该注意以下四个问题。

1. 政府企业公关的必要性问题。政府企业公关在国外已经得到比较广泛的认可,而在国内,实际运用和学术界研究较少,因而加强理论研究,并以理论指导实践。

2. 政府企业公关的规范性问题。在西方国家,政府企业公关活动因为理论研究相对充分,民众接受度高,因而早已有一些法律或制度进行规范。但国内却很少有相关法律对此进行规范,这样一来,既使得实践没有法律依据,又为实践活动留下可能的漏洞,使得权力寻租和政企勾结现象可能出现。

3. 政府企业公关的范围和方式问题。政府企业公关在不同制度和环境里运用的范围是不一致的。一般而言,在西方国家,政府企业公关范围小,多采用倡导、法令、听证会等方式。而在东方国家,政府企业公关的范围广,采用财政、税收、资金补贴、产业计划等方式。至于何者更为合理,不同制度、文化和环境中的国家看法是不一致的,这与国情相适应。但需要注意的是,政府的公关活动必须遵循社会公平公正原则,必须坚持在法律允许范围内活动。

4. 政府公关成效的衡量问题。对于政府公关活动的成效衡量,必须坚持社会效益优先原则。以社会效益作为衡量标准,这是政府所有行为的标准,政府企业公关也不例外。

政府主旋律下的新城新貌

——上海浦东的开放与发展纪实

在公关活动中,无论是政府主体还是非政府主体,清晰稳妥的调研论证、明确的公关目标、积极主动的公关行动、科学合理的沟通始终是公关走向成功的不二法宝。

开篇导例

保障房运作范本：政府主导企业参与

保障房的两大部分——廉租房和经济适用房建设都要政府财政支付,当前完全由中央或地方一揽子包办是难以实现的。那么,钱从哪里来,房该怎么建？

上海房地产协会轮值会长张玉良认为,可行的方案是,"钱从市场来,保障房项目可以在政府主导下实行市场化运作,鼓励专业性、社会化生产、高效率的企业参与。"

解决方案有如下几点。

其一,廉租房可采用政府提供土地、由开发企业垫资的模式建设,建成后产权归政府,由政府出租给指定人群。开发企业按一定的年限,以逐年收取租金的方式回收成本及较低的既定利润。租金多少由政府和企业商定,由政府支付或者由租赁户支付部分,不足部分由政府补足。

1998年,上海一些高校学生住宿条件非常紧张,当时受亚洲金融危机影响,财政不可能拨款建校舍,学校力不从心。华东师范大学在全国第一个采用由开发商垫资代建、学校承租的方式,来建造学生公寓1.8万平方米(400多套)。上海最大房地产开发企业承接了这个项目。建造公寓的土地由学校提供,开发企业负责带资建设。

当时和现在情况比较相似,由于受金融危机影响,建筑成本较低,每平方米投入在1000多元。根据核定的造价及合理利润,校方给该企业13年租金(住宿费)收益期,以收回企业成本和利润。事实上,该企业只用了9年就收回了成本,还有4年多的收益期,属投资回报。现在每年收取的租金在1000多万元。

这表明,由政府供地、开发企业带资建设、分期收取租金的模式完全可以用于廉租房建设,这是"三赢"的举措,利用社会资源、借助市场力量,既可缓解政府负担、改善民生,也能让信誉好的专业公司获取较低但却是无风险的利润。

其二,经济适用房建设由政府主导、企业参与市场化运作。经济适用房该怎么建?张玉良认为,首先,政府对建设经济适用房的土地必须限价专项出售;其次,政府对经济适用房项目的收费(包括水电煤、通讯等配套费、各项附加费等)必须降下来。在此基础上,通过招投标方式,利用有资质、有能力、有信誉的专业开发企业的力量运作。房屋由政府按成本价加一定的管理费(一般在建造成本的1%~3%)和利润(建造成本的3%),统一回购。政府按照工程进度付款,譬如开工时支付30%、结构封顶时支付60%,验收交房时支付10%。建设过程中其他资金由开发企业自行筹措。

2006年,该开发企业就以上述模式,承担了上海动迁安置房(类似经济适用房)——上海"银河新都"小区的建设,建筑面积18万平方米。该企业从银行融资,带资建设,政府按成本价加3%管理费、3%的利润回购。此外,上海在宝山区顾村、嘉定区江桥的动迁安置房基地的项目,也是采用这一模式建设的。

张玉良认为,房地产中涉及的旧区改造、保障房建设部分,既可拉动内需,防止经济过速下滑,又能解决民生问题,如政府将其纳入信贷支持的产业范围内,以适度的信贷规模保证开发企业的流动性,那么,企业的资金问题也就迎刃而解。"我们坚信,在政策导向下,企业是可以实现合理利润的。"在这位房地产界低调的实力派掌门人看来,"保障"并不天然排斥"市场"。

如前所述,政府之所以注重公关策略,是由政府的性质和职能决定的,政府为实现一定的公共目标,必然与非政府组织建立联系,一旦这种联系建立起来,公关活动也就随之展开了。总的来说,政府公关活动的具体目标可概括如下:坚持改革开放,促进社会主义经济繁荣和科技进步;提高政府行政管理的科学化、现代化水平,树立廉洁、勤政、务实、高效的政府形象;从国家的整体利益出发,坚持国家、集体和个人利益的有机统一;政务公开,增强政府工作的透明度,与社会公众建立和谐的关系,促进社会安定团结的局面等。

通过保障房运作这个引子,我们可以得出以下几点。

首先,有清晰的目标支撑。保障房的两大部分——廉租房和经济适用房建设完全由中央或地方一揽子包办不现实。尽管如此,保障房的建设是必须要执行的政策性目标,是不得不为的行政举措,为此,政府的目标很明确,积极寻求资金的来源,确保这两类房子的顺利建设。在清晰目标基础上,为政府探求解决手段提供了方向和导引。

其次,多元比较,理性选择。案例中,廉租房采用政府提供土地、由开发企业垫资的模式建设,建成后产权归政府,由政府出租给指定人群。政府通过多方比较,赞成和采纳这一模式,不仅保证了政府在公共项目中的主导地位,还保证了市场多元力量的有效参与。是选择贷款还是和企业合作,通过自己主导还是亲力亲为,这在公关活动中,尤其是政府主导的公关实践中十分重要,政府在提供政策导引和选择合作对象时,必须经过多方比较,做出理性的选择。

最后,主导基础上的多层次合作是制胜的关键。案例中,开发企业成功地实施了上海高校校舍建设和上海"银河新都"小区建设,其成功的运营模式证明了该举措的科学性和有效性。政府作为政策目标的主体,必须要有甄别和筛选的能力,要从多元的对象中,选择对自身最有利的合作对象。这不单单是利益关系的博弈,更是合作双赢的结局。

史镜今鉴

多方的调研和论证,进而做出某项公共决策,是政府决策实现的基本路径,而这些并不是现代独有的。中国历史悠久,在历史积淀中,政府在不同时期开展不同的大型活动,这些大型活动都不是政府凭借自身力量完成的,而是通过一系列的、在今人看来是与公关紧密相连的策略,通过与其他组织或个人合作实现的。在一定程度上说,任何一个古代大型的工程都是政府主导完成的,但是政府作为项目的主导者,往往不是具体的操作者,实践政府项目的往往是与政府有密切联系的一些团体和不同于政府的组织。在古代,人们不知企业为何物,但是政府在与这些团体为完成特定项目而展开活动的过程中,政府与企业公关已初见端倪。

下面从历史长河中探寻政府主导、企业参与的案例,以期得到一些启发。

第一个是关于郑国渠的修建。秦国能够扫灭六国、实现统一、建立起空前规模的大帝国,显然得益于秦朝中央政府高度法制化的巨大组织干预能力。为了统一六国,建立强大的物质储备,秦始皇时期,兴修水利业已成风,在秦国已经形成了浩荡之势。郑国渠是公元前237年,秦王采纳韩国水利家郑国的建议开凿的。郑国在上书中,详细分析了在秦国修这条渠的必要性,从水文和作用上做了充分论证,在心理上契合了秦王关注的重心,因而得到了秦王的认可和支持。灌溉面积达18万公顷,正好符合了秦王要建立物质储备的心意,郑国渠的作用不仅仅在于它发挥灌溉效益的100余年,而且还在于首开了引泾灌溉之先河,对后世引泾灌溉发生着深远的影响。

修建郑国渠,主要是在调研论证的基础上,充分把握时局,是当政者的目标诉求在特殊时期的重要体现,在大的气候背景下,政府通过政策的应允和物质的支持来实现公共目标。

第二个是洋务运动的例子。1860年12月曾国藩上奏折说,目前借外国力量助剿、运粮,可减少暂时的忧虑;将来学习外国技艺,造炮制船,还可收到永久的利益。第二年他对上述看法加以发挥,主张购外国船炮,访求能人巧匠,先演习,后试造,不过一二年,火轮船必成为官民通行之物,那时可以剿发(指太平军)、捻(捻军),勤远略,这是救时第一要务(《曾文正公全集》奏稿,湖南传忠书局光绪二年刊第14卷,第11页)。1862年李鸿章到上海后,得到外国人帮助,训练洋炮队、设洋炮局。他认为,清军作战往往数倍于外敌,仍不能胜,原因在武器不行,枪炮寙(yǔ)滥,如能使火器与西洋相埒,则"平中国有余,敌外国亦无不足",今起重视,最后可达自主(《李文忠公全书》,1905—1908年刻本,朋僚函稿,第3卷)。恭亲王奕䜣看到曾李两人学造外国船炮,决定派员前往学习,在奏折中说,治国要做到自强,自强以练兵为要,练兵又以制器为先,"我能自强,可以彼此相安"(《筹办夷务始末》咸丰朝)。

奕䜣等人认为,只要在封建制度中加进一些西洋先进技术,可以镇压人民,可以自主自强,封建统治便可长治久安,并认为筹办洋务,必定能得到列强的支持。奕䜣作为政府核心代表,显然是把政府的目标摆在首位的,而这个目标的实现,必然的要以通过学习外国的先进技术为支撑,在这个过程中,政府的行动,不可避免地会遭到顽固势力的阻挠,如何说服顽固派站在变法的一边,消除变法的阻力,迎合统治者急于摆脱困顿的需要成为行动思考的基点,在统治者的摸索进程中,急需找到一个可以摆脱内忧外患处境的妙方,洋务运动恰恰击中痛处,因而,即便是最保守的慈禧,为了暂时的苟安也好,为了所谓的国富也罢,最终还是给这个政策上了保险,给大胆实施变革的洋务派们戴上了正当的帽子。

在洋务运动推行的过程中,从公关的角度来看可以从中得到以下几点启示。

首先,以政府的力量消解阻力。在公关活动中,无论是组织之间的公关,还是针对个人的心理公关,都不可能是一呼百应的,不同的人,由于身份、背景和立场的不同,一些人自然成为公关的阻力,在公关活动的开展过程中,消除阻力是一门不可或缺的艺术。以大学士倭仁为首的顽固派,高唱"立国之道,尚礼义不尚权谋,根本之图,在人心不在技艺",主张"以忠信为甲胄,礼义为干橹",抵御外侮。他们攻击洋务派学习西方先进生产技术是"陈甚高,持论甚正",然而"以礼义为干橹,以忠信为甲胄,无益于自强实际。二三十年来,中外臣僚正由于未得制敌之要,徒以空言塞责,以致酿成庚申之变"。可见,顽固势力是言之凿凿,自感理由充分的,在这样的条件下,洋务派选择了不正面冲突,而是通过实实在在的行动,让顽固派看到,变法势在必行,而且业已卓有成效了,这种以结果说话的做法使慈禧明白,在内外交困的形势下,要保持清朝的统治地位,必须依靠拥有实力并得到外国侵略者赏识的洋务派,慈禧自己终于找到了暂时的"出路"。这种一拍即合的做法,在公关活动中充分体现了攻心为上的策略。

其次,以政府的支持为后盾。统治者在找到这根救命稻草后,不遗余力地,至少是洋务运动的倡导者竭尽全力地去做了,初期也取得了不错的效果,可以说,在一定程度上保证了清政府的存续。足见,公关活动一旦建立了目标,取得了共识,从各个层面的支持和帮扶,是公关活动取得胜利的不二法门。

再者,团结一致的行动是保证。洋务运动在得到合法地位后,在政府的支持下开展了一系列的活动。从1861年开始,清政府设立"总理各国事务衙门",通过这个外交机构和洋人做外交周旋,设立专门培养翻译人员的"同文馆",这是清代最早的"洋务学堂"(1902年并入京师大学堂),设立"广方言馆",培养通晓外语的人才,设立船政公司提高海上作战能力等等,通过这些工程的开展,给顽固派上了很好的一课,这也给现代政府公关活动一个启示:不管某项公关策略在开展之初能不能达成一致,只要向反对者提供了策略实施的积极成果,让他们确实看到此策略的正面效应,这比策略开展之初费尽心思和力量去争辩要好得多,用事实说话往往是最好的应对对手的策略。

三刻拍案

同样以多元力量合作,以政府与企业的互动为基础取得成功的案例也不少,在拍案环节,节选了上海浦东开放发展这一国内案例,以及关于申奥一成一败的国外案例,通过国内外案例的比较研究,得出政府公关的一些启示。

拍案一 上海浦东开放新发展 政府参与新局面

如果说,30多年的改革开放是决定中国命运的重大抉择,那么,浦东开发决定了上海这个中国最大的经济中心城市的今天和未来;如果说,深圳等经济特区建设是破冰之举,那么浦东开发开放则是攻坚之役。浦东新区的开放,是政府的一个系统工程,需要各个环节和各方力量的共同参与,政府作为主导性力量,是如何调动多元力量主体参与合作?又是如何引导企业发挥其先锋作用的?

从阡陌农田到林立楼宇,从冷僻土地到繁荣都市,从默默无闻到世界瞩目。浦东依靠全市和全国的支持,实现了沧桑巨变式的跨越式发展,成为一座规模初具、活力尽显的现代化国际城区,这是谁也不能否认的奇迹。浦东的巨变,是中国改革开放的缩影;也是政府为主导的,动员多方力量参与,实现政府与企业合作以实现公共目标的典范。在浦东的开放发展中,政府决策是关键,但是动员不同社会力量的多元参与,尤其是在招商引资方面的努力,最终形成多元互动、共建浦东的局面,不能不说是政府公关的成功案例。

1990年4月18日,党中央、国务院作出开发开放浦东的重大决策。浦东这片热土立即吸引了世界的目光。时任上海市委书记的朱镕基指出,浦东是改革开放以来上海发生最大变化的地方,没有浦东的开发开放,上海就不可能有今天的巨变。"我们要进一步解放思想,振奋精神、敢闯敢试,围绕促进发展这个核心,形成合力,全力推进浦东综合配套改革,继续当好全国改革开放的排头兵。"

首先,政府掌舵。"抓紧浦东开发,不要动摇,一直到建成"。邓小平在浦东开发之初发出的号召,正指引着浦东继续在发展中国特色社会主义的伟大征程上,把开发开放的旗帜举得更高。作为上海经济的新引擎,浦东经济总量由1990年的60亿元飞跃至2007年的2 750亿元,年均增速达到18%。这份成绩单的背后,是浦东不断克服体制和机制的各种障碍,毫不动摇地坚持"开发浦东、振兴上海、服务全国、面向世界"的结果。

现如今,浦东的经济发展更是日新月异,即便是在经济危机的洗礼下,也能跃居前列。政府克服阻力,给浦东的发展创造环境,始终把握发展大局,做好战略规划,而在具体战略实施中,广泛调动参与力量,凝聚多元的智慧,为浦东的发展献计出力,是政府的点睛之笔,也是政府作为主体性力量,在公关中借多方之力来完成自己目标的典范。

其次,配套改革作支撑。任何公关活动都是动态的过程,必须适时因地制宜地做出策略调整,坚持渐进式的策略工程。为此,为了实现政府的公关目标,实现地方经济的腾飞和发展,浦东的行政管理体制改革一直走在全国前列,"小政府、大社会"的构架使浦东的政府部门少了一半。经过四轮改革,浦东区一级的审批事项已经大幅减少。浦东继续深化改革,推出"首处责任制",涉及不同部门的行政事项,由第一家受理的政府部门负责,并督促其他部门及时处理,从而预防部门间推诿的发生。浦东市民中心,市民的会所,老百姓的一切事务,都能在这里轻松解决。而背后设立的行政效能监察中心,对这里办理的一切事务都了如指掌,全程掌控,杜绝了踢皮球和低效率。这些举措,为吸引企业为主导性的力量参与奠定了宏观基础,也为企业的参与树立了信心。足见,政府的这些改革举措,是在为吸引和动员企业的参与做铺垫,也是为更大手笔的开放和发展摇旗呐喊。

从1990年到1992年间,中央10多个部委和全国20多个省市纷纷投资浦东,200多个内资项目陆续兴土动工,带来浦东开发开放的第一轮热潮。窗口的深度与成功,带来了更多的投资、更多的人才。证券、期货、产权、金融期货,要素市场逐步集聚,银行、保险、中介机构,服务功能逐步齐备,跨国公司总部、研发中心、高端人才、创新资源蓄积。

2005年6月国务院批准浦东综合配套改革试点。中纪委、国家发改委、原人事部、科技部、商务部、民政部、文化部、中国人民银行、银监会、保监会、国家外汇管理局、海关总署、质检总局、知识产权局等国家部委在浦东开展了20多项改革试点,浦东作为全国改革"先行先试"的排头兵作用更加明晰。

如今,要素市场、创新元素、金融资本在浦东集聚,已经蓄积了辐射的能量。浦东陆家嘴金融区的数百家中外资金融机构,成为长三角、长江流域乃至全国经济发展的重要助推器;"区港联动"后的外高桥保税区,区内进出口货物总量一半以上辐射长三角;许多国内企业在浦东设立总部或地区总部,为在全国乃至全球发展谋篇布局;上百家跨国公司地区总部则将浦东作为向全国各地延伸投资的平台。

点 评

创新是浦东开发与发展的不竭动力,所谓公关策划的创新原则,就是公关活动的策划者在尊重客观事实的前提下,发挥创造性才能,打破常规,不仅与自己进行过的公关活动相比有创新,而且比自己的竞争对手有创新,用新思想、新方法、新策略去打动公众,吸引公众,给公众留下深刻、难忘、美好的印象,获得预期效果。大量事实证明,一个成功的政府公关策划必须富于创新性。思想守旧、墨守成规、亦步亦趋、没有新意的公关策划,是不会收到好的效果的。政府公关策划的创新性还必须同连续性结合起来,坚持公关策划承上启下的连续性。一个政府树立起某种良好形象,应该是相对稳定的,这是因为一个政府的某种形象,必须长期坚持努力和反复宣传,才能被公众认识和接受。浦东能够成为上海现代化建设的缩影、中国改革开放的象征,归根到底,就是把解放思想落实到改革开放的先行先试之中,落实到经济社会发展的各方面工作中去,从中获得不竭的动力。

首先,解放思想是实现公关创新的思想导引。回望浦东,浦东人由衷地感到,"我们讲的解放思想,敢创敢试,不是鼓励闯'红灯',而是要研究用更加科学合理的方式方法取代那些不合时宜的东西。"中共上海市委常委、浦东新区区委书记说,这就是浦东综合配套改革的责任。

其次,强强整合见真招。用高起点的社会发展来支持经济发展,用更完善的社会发育来推动政府职能转变,这是浦东在社会改革上取得的新突破,也是政府进一步实现公共建设目标,促进地方经济繁荣发展的新举措。高楼林立的陆家嘴要向国际金融中心转型,创新企业数量众多的张江高科技园区要向自主创新示范区转型,货物流量巨大的外高桥保税区要向世界贸易基地转型,外资制造企业云集的金桥出口加工区要向生产型服务业集聚区转型等等,每一步的发展和规划,都浸透了吸引不同层面力量参与的决心和勇气。面向未来,浦东将以综合配套改革为中心,率先建立有利于科学发展的体制机制,以制度创新推动金融发展和自主创新,加快形成以服务经济为主的产业结构和创新推动为主的发展模式,聚焦金融城建设,聚焦科学城建设,推动社会和谐进步。

最后,公共关系观念贯彻始终。公共关系观念包括形象观念、公众观念、传播观念、协调观念、互惠观念、服务观念等。在浦东开发和伦敦申奥案例中,科学合理地运用了公共关系观念的集合。

拍案二 伦敦申奥成功归来看公关

2005年7月6日,随着国际奥委会主席罗格在新加坡的一句话,全世界媒介为之一惊,2012年奥运会的主办权名花有主,尘埃落定,英国的伦敦获得了主办权!对此,最大的竞争对手法国陷入了失落和悲愤之中,很多人对此不解,感到这样的结果有些突如其来,匪夷所思。实际上,英国能够获得2012年奥运会的主办权,绝不是偶然的,而是经过多方努力的结果。

为能够获得2012年的奥运会主办权,英国政府组建了由英首相布莱尔、英皇家成员安妮和曾参加两届奥运会金牌得主塞巴斯蒂安·科挂帅的极高规格的伦敦申奥委员会,在所有方面为成功申奥创造条件。英国皇室给予了巨大的支持。英女王曾亲自接见了伦敦申奥委的全体成员,传递给他们巨大的精神支持,增强了每一个成员的必胜信心。

2005年1月塞巴斯蒂安·科成功邀请国际奥委会成员出访伦敦,为最终国际奥委会成员的投票倾向作了重要的铺垫。在宣传和操作上吻合奥运理念。伦敦奥运会的场馆建设将旅游景点与体育设施进行完美组合,并将伦敦东部欠发达地区作为奥运会场馆建设的重点区域,体现了奥运会一贯主张的以奥林匹克运动推动城市发展的理念,深得国际奥委会成员的认同。努力探求奥运精神与英国民间体育的内在统一,创造一种殊途同归、久有心仪的期待心理。在奥运会的许多项目中,有数项发源于英国,如羽毛球赛、足球赛、马术等。在历史上,英国曾两次挽救过奥运会。一次是1906年原定罗马的奥运会因火山喷发而改为伦敦;一次是1948年二战结束后,大乱初定,伦敦主动请缨承办奥运会,力挽奥运会的断脉,使奥林匹克运动走出低谷,顺利传承。这一历史背景的宣传,在国际奥委会成员中必然留下较深影响。制作的宣传片《自豪》中,在展示从著名运动员、伦敦市长到电影明星的同时,更多地体现广大民众特别是青少年对体育运动的执著和热爱,对奥林匹克精神的理念作了更为精当的定位和阐述,动用极具人气的足球明星贝克汉姆夫妇作为伦敦申奥大使,赶赴新加坡与当地青年联欢,与街头少年们踢球,将外围人气打造得尽善尽美,为伦敦成功申奥营造了无形而强大的外部环境。

在影响投票上,布莱尔在投票前,亲赴新加坡,与每一位国际奥委会成员进行沟通,之后,虽不能直接参加现场陈述,但他的讲话录像独具魅力。在布莱尔的讲话中,他先用法语向在座的占多数的法籍评委问好,赢得他们的好感,然后才用英语阐述他作为政府代表对伦敦申奥所表达的姿态,非常具有感染力。申奥投票会上,英国的安妮公主进行了成功的陈述,中间插入英女王的亲切致辞。这一安排既体现了皇家贵族的大气风范,又反映了英政府对申奥的高度重视,给奥委会留下了深刻的印象。在努力争取中间选票上,通过前期大量工作的铺垫,英国成功地影响了来自美国、西班牙等国的评委,使他们在改投其他国家选票时,逐渐与英国形成组合,最终使这些国家将选票投向了英国,实现了英国的胜出。

虽然在夺奥过程中,法国的夺魁呼声最高,英国在某些方面也有明显的不足,如法国人曾在事后评论说,"英国实际上连像样的运动场馆都没有",但是,最后的结果却不是法国必然当选,而是英国胜出。这主要得益于伦敦奥组委在争取申奥工作中的积极主动性。尤其是首相布莱尔的工作成效,令人赞叹。正如伦敦市长利文斯通所说:"你无法想象任何其他领导人能够做出如此努力,帮助伦敦获得奥运主办权,如果你看过首相的工作,你就会意识到他的影响力是多么的强大。"在申奥的工作中,英国方哪怕是每一个细节,也努力做到最好。如主动邀请国际奥组委成员参观伦敦奥运设施;英皇室积极支持申奥工作;在新加坡的英国陈述阵容——安妮公主代表王室,前奥运冠军塞巴斯蒂安·科和路易斯代表运动员,体育大臣萨奇韦尔、伦敦市长利文斯通代表政府先后发言,而已经赶赴爱丁堡参加欧洲G8峰会的首相布莱尔的讲话录像,则是先用法语向在场的法籍评委问好等,这种积极的姿态奠定了英国取胜的重要基础。

国内民众非常支持政府的申奥活动。在外部公众即国际奥委会的成员方面,伦敦奥组委既准确地把握了不断发展和前进的奥运理念——运动的小区化与平民化,努力赢得国际奥委会绝大部分成员的内心认同,又注意由布莱尔出面与国际奥委会成员进行一对一沟通,并动用王室、政府、体育明星的三方影响力,悉心契合投票奥委会成员的心态,唤起他们的合作感,使国际奥委会成员在投票时,不是用脑子去投,而是用心去投,由此奠定了申奥的成功。

这次伦敦申奥的成功,沟通的有效性有目共睹。先是前期伦敦奥组委与国际奥委会成员在伦敦的交流,后是布莱尔亲赴新加坡与每位奥委会成员的直接恳谈,再加上投票现场英女王的讲话录像、安妮公主的慷慨陈词、贝克汉姆的场外造势,使这次公共关系活动的沟通达到了深入人心的效果,另外,从公开的投票资料来看,当纽约落败后16张选票中的12张流向伦敦,说明英国对国际奥委会成员的沟通是非常成功的,英国的成功使其成为历史上第一个获得三次奥运主办权的城市。

点 评

从以上分析中可以看出英国能够获得2012年奥运会的主办权,绝非偶然,这实际上是英国政府公关的成功,而这关键恰恰是多方力量的联合参与。

首先,组织上有条不紊,多方力量巧作用。其次,主体的积极性作动力。在这次申奥活动中,英国政府从始至终表现得十分积极,尽全力作好各方面的工作。再次,有针对性的客体做支撑。公关活动的成败在于目标公众的把握。在伦敦申奥的过程中,由于宣传媒体的大力配合,国内民众对伦敦申奥表示了极大的热情。最后,有效性沟通作保障。

拍案三　法国痛败启示多

成功的公关可借鉴的例子良多,失败教训的启示同样不可小视。同是申奥,在申奥前被看好的法国最终落马,对比英国的成功,来总结一下法国申奥的失败,以期能够起到警示作用。

对于巴黎的申奥,虽然舆论与法国民众的夺魁呼声极高,法国政府也为此作出了巨大的努力,但从政府角度讲,却委实没有英国政府方面下的工夫大。法国总统希拉克虽然也为巴黎申奥摇旗呐喊,并录制了感人的申奥陈辞,但在新加坡投票之时、亦即英方紧锣密鼓地开展公共关系工作的时候,他却以轻松的心态在私下与人嘲笑英国人的厨艺,结果被英国的媒体大肆炒作,丢掉了关键时刻的好人缘。

由于奥委会成员中有多名法籍人员,且西班牙、美国的成员也占相当的比例,故而法国人想当然地以为这些人应为法国投票,所以,放松了与他们的沟通工作。在投票的最后关头,法国政府拿不出有力的措施与英国人抗衡,眼睁睁看着布莱尔将本该属于他们的选票拉走而坐失良机。

法国奥委会在申奥活动中,曾进行了大规模的宣传活动,并举行了三个体育盛会,法国民众对申奥也给予了极大的支持,但法国政府针对国际奥委会成员和在新加坡投票的最后关头,却公关乏术,没有展示出精彩的沟通举动。有人认为他们只是在自我陈述和自我表演,并不知道听众和观众最需要的是什么,结果,评委们的心逐渐远离了巴黎。而这一次的失败让巴黎格外痛心,因为这是巴黎第三次申奥的失败。

正如国际奥委会主席罗格在接受法国《队报》记者的独家采访时说,在申办城市条件差不多的时候,其他因素会发生作用,其中最重要的就是国际奥委会成员要对申办委员会有信心,相信他们7年后能够成功举办奥运会,而这一因素是不能量化的,在申办报告里是没有的。

点 评

通过以上的叙述可以看到法国申奥的失败至少可以归结为如下原因:首先,政府主动性不足,失去人心所向;其次,与奥委会成员沟通不畅,失去直接支持;最后,表现失当,失去展示机会。通过总结,可以从中得到政府公关的一些启示:政府要积极主动进行公关;尊重公关对象;寻找沟通途径,与公关对象进行有效的沟通交流。

回味隽永

政府在公共关系中的特殊地位决定了政府的公关举措也与其他组织有着天然的不同,表现为力量的主导,以动员多方参与为重心,以实现政府的公共目标为基准。以上无论是上海浦东的开放与发展也好,还是伦敦申奥成功也罢,都彰显了政府主导下,多元合作的力量,从法国巴黎的痛败也让我们回味悠长。通过以上案例的分析,我们可以得出以下几点结论。

第一,公关信息的把握不可忽视。公关活动的开展,是建立在信息分析的基础之上的,任何公关决策的出炉,都是以信息为基础和前提的。在浦东开发的案例中,政府决策的拍板,要素市场、创新元素、金融资本在浦东集聚,许多国内企业在浦东设立总部或地区总部,为在全国乃至全球发展谋篇布局;上百家跨国公司地区总部则将浦东作为向全国各地延伸投资的平台等等,这一切都是在充分挖掘浦东开放和发展的各项策略信息基础上的举措。在伦敦申奥案例中,对信息的把握更是技胜一筹,从对评委构成国籍的分析到每一位评委可能侧重的方面,首相亲自挂阵到运动员代表的积极行动,每一步举措都恰到好处,深入人心,而真正做到这些,没有信息的完美把握几乎是不可能的,要满足不同国籍评委的口味,迎合不同国家友人的爱好,没有充分的信息调研,遑论其成功。

第二,公共关系观念深入人心。

首先,注重"形象观念"。表现为在决策和行动中高度重视自身的声誉和形象,自觉的进行形象投资、形象管理、形象塑造,将树立和维护良好的组织形象作为重要的战略目标,在浦东开发案例中,政府积极构建良好的投资环境,稳妥地推进行政管理体制改革,多方位塑造浦东新形象。在伦敦申奥中更是如此,英国从奥运理念的切合到宣传制作,从运动员的国际影响力到与公众打成一片,无不是形象的塑造与展示。

其次,"公众观念"为先导。表现为重视公众的利益,将公众的意愿作为决策和行动的根据,将满足公众的要求作为组织的重要方针和管理政策。在浦东发展的进程中,政府每一项决策的出台,都是为了繁荣经济,满足公众的利益诉求;伦敦举全国之力申奥,更是把申奥上升为全民参与的活动,把提高民族的优越感、自豪感作为精神导引,一切以民众的自觉参与为起点的举措,更是"公众观念"的显露。

再次,"传播观念"为路径。表现为强烈的传播欲望,自觉地利用一切传播机会影响公众、引导公众和争取公众,并善于运用双向沟通的方法去赢得理解、信任和好感。在浦东开发案例中,全力推进浦东的开放与发展,多渠道宣传中央和地方决策,多角度传播现代开放的做法和理念,是吸引外来投资的不二法宝。伦敦申奥案例中,通过与法国截然不同的处理方式比较,足见英国把宣传做得好、做的妙,不仅是评委们看到了英国申奥的信心和力量,也让公众感觉到了英国人的积极和热情。

最后,善于动员各方主体的积极参与。即善于调节、平衡和统一各种不同的关系、不同的利益、不同的要素,懂得"兼顾"、"统筹"、"缓冲"和必要的"调和"、"折中"的意义和价值,努力在矛盾中求和谐、求平衡,这在以上案例中都得到了具体的体现。凭借一方力量很难完成一个项目,要能够在项目上通过公关达到协调一致,在交往和合作中,将平等互利作为处理各种关系的行为准则,将自身的发展和对方的发展联系起来,通过协助对方来争取双方的共同利益。对他人、对社会保持一种奉献精神,使自己的存在和努力给社会、公众带来方便,用服务去赢得好感和信誉。

第七篇

政府危机公关中的信息传播和利用
—— 以安徽省阜阳手足口疫情为例

　　21世纪人类面对的最大公害和敌人就是各种突发性的公共危机,作为公共权力的拥有者,政府必须在危机来临时做好积极的应对。在众多的突发性公共危机中,公共卫生危机越来越多地引起了人们的关注。突发性公共卫生事件的显著特点,一是突然发生,猝不及防;二是涉及面广,影响巨大,极易引起社会恐慌,对经济发展、社会稳定和人民生活产生严重影响。建立健全突发公共卫生事件应急处置机制,对于维护国家安全和社会稳定有着重要的战略意义。

陕西12·2特大煤气中毒事件

2008年12月2日,陕西某县12名小学生发生特大煤气(一氧化碳)中毒事件。该校小学四年级一女生宿舍12名女生因燃煤取暖不当造成集体一氧化碳中毒,11人死亡,1人重伤。死亡的孩子中年龄最大的只有11岁。有关部门后来的事故调查表明:事发时,出事的学生宿舍内炉火已灭,没有炉温。宿舍内距离炉火东侧18厘米的床铺下堆有煤块。勘查人员赶到时,这堆煤仍有余烟,上方的床板还有发黑的痕迹。调查人员初步认定,事故原因系学生清理炉火时,不慎将未彻底熄灭的煤块溅入旁边的煤堆,引发煤气中毒。事故发生后,该县县委、县政府全力以赴,积极救治,在深入细致的工作基础上,妥善解决了善后问题。

第一,在事件发生后不久,事故信息就在第一时间上报,使得各级管理部门得以在最快的时间内应对事故,组织善后工作。县委、县政府高度重视,主要领导和分管领导于第一时间赶赴现场指挥抢救,上午10时,县委书记又与县上的全体县级领导、各相关部门负责人在镇医院召开紧急会议,进一步部署抢救及相关善后工作。一是全力开展抢救工作,要求医护人员尽最大努力抢救中毒学生。二是对事件当事人进行行政控制,对事件原因进行认真调查。三是立即启动特大安全事件处理预案,紧急成立了救助工作领导小组,下设医疗救助、善后处理、事故调查等工作组,立即开展紧急救助工作。县安全生产委员会针对本次事件,再次印发《关于在全县范围内紧急开展安全生产事故大检查的通知》,要求各级各部门立即再次开展地毯式大排查,重点对各中小学校冬季取暖情况进行安全检查和安排。五是开展家属稳控及善后处理工作,安排12名县级领导和县有关部门、镇、村干部组成12个工作组,分别做好家属安抚工作。4日上午,县委常委会议研究决定:免去教育局局长及事故发生地镇镇长两位领导的职务,该县检察机关对该镇中学的负责人、所在班级的班主任刑事拘留。该县人民政府常务会议研究决定:由县财政从项目建设资金中切出1500万元,改造全县中小学校还没有集中供暖的暖气设备,用以解决全部架设集中供暖设备,在改造期间采用煤炉供暖的教室、实验室、宿舍安装一氧化碳监控报警系统,以及解决其安全领域的迫切问题。

第二,当地行政部门在了解基本情况后,及时向下级部门和群众通报事故原因及具体情况,防患于未然。事故发生后的第二天下午3时,县委、县政府又召开县级领导扩大会议,对12·2煤气中毒事件及处理情况进行了通报。要求全县上下要进一步贯彻省市领导指示精神,吸取惨痛教训,举一反三,坚决防止各类安全事故再次发生。要以对人民负责的精神,高度重视安全工作,在全力抓好学校安全工作的同时,集中力量抓好重点行业和领域的安全生产工作,要进一步明确职责,加大安全责任追究力度;继续抓好这一事件的后续工作,这次在善后处理工作中负责包扶12名学生家属的12位县级领导,要继续负责包扶这12个家庭一年以上,随时了解这些家庭的生产生活情况,从心理上、精神上、生活上予以安抚和帮助;在认真吸取这次教训的同时,要稳定情绪,集中精力开展好各项工作,确保完成全县年初确定的各项工作任务。

第三,利用一切教育资源,加强对学生及公众的安全教育,提高安全意识,从根本上杜绝此类事件的发生。各学校在开展自查自纠的同时,结合这次学生煤气中毒事件,向学生讲解一氧化碳的相关知识和预防措施,增强其安全意识和自我保护意识。学生们被要求晚上睡觉前要仔细检查取暖设施,尽量确认熄灭炉火和断电后再上床休息,并及时配合家长或老师做好室内安全隐患排查工作,确保人身财产安全。此外,大多数学校还会同当地安监部门,着手编印拟向学生和公众发放的冬季取暖注意事项手册。

可见,政府在处理危机时,必须要明确自身所掌握的信息真实性,掌握第一手资料,并将信息内容及时传播。美国危机管理权威顾问劳伦斯·巴顿认为,公众在每一次危机中都要问三个问题:"发生了什么?""事情是怎么发生的?""为了确保类似事件永不发生,你将采取什么措施?"这一论断说明政府传播的内容信息又包括事实性信息和行动性信息两个方面。危机传播行为也是一种对信息的筛选过程,政府所发布的信息必须要具有较强的针对性和可行性。在危机环境下,公众的心理处于高度紧张状态,选择性心理需求促使他们主动搜索与自己相关的信息,来自政府的权威信息自然成为他们的首选。在危机传播中,并不是传播的信息越多越好,关键是什么样的信息,而这些信息要有助于公众采取正确的危机应对行为,否则就是无效信息。通过提供行动性信息,政府使公众获知了事件的真相以及提供相应的指导。在危机发生后,公众会产生不同程度的心理恐慌,危机传播要对公众在心理上进行疏导和安抚,此时,内容信息传播拉近了政府与公众的心理距离,也增强了政府作为权威信源的影响力。同时,还要充分利用此次危机显现出来的问题,将信息处理后得到的启示快速的向相关部门和群众传达,进行危机教育,以达到举一反三,杜绝此类事件再次发生的效果。

总之,政府的危机公关作为一种信息传播活动,应充分尊重信息传播的规律和公众的心理需求,通过危机中对信息的合理使用减少负面的社会影响。

陕西"12·2"特大煤气中毒事件的顺利化解,向我们展示了政府在面对危机时能够处理好传播信息。接下来同样从这样的角度出发,对以下两个案例进行分析,说明在公共危机发生时,进行信息控制的重要性。

1918年年初山西的肺鼠疫流行,这场来势汹汹的特大疫情,虽然蔓延28县,导致2 667人死亡,但是,疫情在蔓延74天后,即被扑灭,这是与当时阎锡山政府在疫情爆发后对信息的有效传播和对国民的教育分不开的。表现在以下三个方面。

第一,疫事初起,北洋政府内务部即嘱山西省政府须将防疫一事,布告于民。北洋政府在面对特大疫情时没有视而不见,而是从中央到地方迅速反应,在第一时间通过地方各级组织向群众明确疫情的状况,并做出防疫的准备。在每次有重大突发性公共危机时,中央政府的抉择常常决定了事态的发展和信息的传播速度。

第二,设置防疫讲习所,在基层专设防疫宣讲员,组织防疫会,并"刊布白话布告多种,电饬各知事随时晓谕"。在疫情发生之初,群众因无法把握全局,对相关知识欠缺,因此最易造成恐慌。作为掌握公共权力和最大限度资源的政府部门,应尽快研究疫情,通过各种途径向群众讲明疫情的严重性和防疫的知识。当时,在一些地方宣讲员会深入村庄进行宣讲。1月25日,阎锡山电告一二防线内各县知事:"本署已派宣讲员携带公文前往该县办理宣讲防疫方法,俾人民均有普通防疫智识。应由该知事先分路选定防疫宣讲员二十人以至六十人,俟该宣讲员到时,即先讲明防疫办法,以便分赴各村宣讲"。

第三,政府还采取分发文告,即散发传单的方式,向民众普及肺鼠疫流行及预防知识。中国自古人口众多,聚居而居,当大的疫情来临时易传播,速度快,受害面积大。因此,政府要最大限度地将信息传播出去。当时,因条件有限,只能通过电报和传单这样原始的方法传递信息。1月28日,阎锡山给防疫前线的县知事、县佐和警佐的一份电报,指出迅速将防疫文告张贴至村庄的重要性。另外,"特谕村长副,两单各印二十余万张,遍寄乡村。据委员调查报告,各村庄自行防范之严,得力于印刷物者居多"。如果以每个村庄50人计,20万个村庄包括1000万人口。1918年,山西全省人口大约1200万,如果每个村庄的人口更多一些,20万通过分级宣讲,通过传单发放,民众动员的目的基本达到。

上述各种事实证明,1918年年初山西防疫的展开,是中央政府与山西阎锡山政府通力合作的结果,也是一场没有硝烟的信息战争,通过讲习所、宣讲员、分发传单等方式充分体现了在应对公共危机时应该做到怎样的"说什么"和"怎么说"。

政府危机公关中的信息传播和利用的案例不仅在现代社会被广泛运用,而且在我国古代也可以找寻到其踪影。东汉末年的大瘟疫当时人通称其为"伤寒"。有关史料记载,这种疾病的主要症状为:由动物(马牛羊等)作为病毒宿主传播,具有强烈的传染性;发病急猛,死亡率很高;患者往往会高热致喘,气绝而死;有些患者有血斑淤块。在瘟疫流行期间,家破人亡者比比皆是,曹植《说疫气》记载这样的惨状:"家家有位尸之痛,室室有号泣之哀,或阖门而殪,或覆族而丧。"而当时著名的医学家张仲景回忆道,他的家族本来人口众多,达二百余人口,但在不到十年的瘟疫流行期间,竟有三分之二的人死去了,而其中又有七成是死于伤寒。三国末年,人口仅及汉代的十分之一。

在赤壁之战中,该疫情也有所体现甚至在某些学者看来是导致最终曹操兵败赤壁的主要原因。曹操士兵都是北方人,对这种流行病没有免疫力,成了易感染人群。在疫情爆发的初期就已经导致数百人丧命,即使当时在曹操军中有历史上最有名的神医华佗。面对如此严重的疫情,曹操并没有听取华佗的建议,慢慢用汤药医治。而是以一个"军事战略家"的眼光将死去的数百具尸体漂向东吴,以此扰乱对方军心,将疫情扩大化。我们尚且不论他"宁可我负天下人,不可天下人负我"的扭曲人格,单单就在处理公共卫生危机时的做法,其失误在于以下两点。

第一,不尊重专家意见,不能做到对疫情信息进行专业的分析。为了稳定军心,曹操并没有等待华佗的耐心治疗,而是用巫术迷惑军心,掩盖疫情真相,导致更多的人在缺乏正确的认识情况下患病,而嫁祸于人的做法只能使军心涣散。

第二,未对军士进行科学的教育,信息未得到科学的应用。一般当疫情发生后会造成大的恐慌,在这样的情况下,只有普通人了解疫情,知道自己在疫情前能怎样防御,才能消除不必要的恐慌,最终稳定军心,减少扩散。普及有关疾病知识的信息、加强医学教育是预防瘟疫的重要环节,这点其实各朝各代都十分重视。两千多年前成书的《黄帝内经素问》就以对话的形式讲述了很多预防疾病的常识和方法。唐朝的太医院相当于国立医院,设有医学、针灸、按摩等学科,另外还有地方的医学教育机构培养医师和防疫人员,当时还把瘟疫的预防知识和简单的药方刻录在石板上,放置于病坊、村坊和路边,以示民众,供紧急情况时使用。中医百科全书《医宗金鉴》记载了接种人痘的详细理论和方法,此书传到日本后,对人痘预防天花的普及起了重要作用。

三刻拍案

公共卫生危机一般分为自然性危机和人为性危机,它们都具有突发性,让群众和政府防不胜防。在面对这种情况时,作为权威机构的政府应充分利用自己手中资源调查研究,并及时地将信息传播出去。不然,作为对信息掌握处于劣势地位的更加感性的大多数民众来说,就极易被流言所误导,造成不必要的心理恐慌和社会恐慌。以下三个案例我们将进一步说明信息传播在政府应对公共危机时的重要意义。

拍案一 手足口疫情,挡不住的恐慌

2008年春,安徽省某市婴幼儿手足口病疫情发生后,当地政府未及时通过主流媒体向社会发布信息,导致流言四处扩散,政府的形象受到严重损害。

2008年3月上旬,该市人民医院接收了5例症状相同的患病儿童,3月27日死亡1例,3月28日死亡两例,3月29日又死亡两例。在短时间内连续死亡5例患病儿童,医院感到不同寻常,于是于3月31日上报有关部门,安徽省派出的专家组很快赶赴当地,而患者仍在增加。4月15日,当地政府在本地媒体上刊播了《市医院儿科专家就出现呼吸道疾病问题答记者问》和《有关人士就近期出现呼吸道感染症状较重患儿问题答记者问》。"答记者问"称经疾控中心专家流行病学调查,表明这几例病没有相互传染联系,至今未发现类似症状的患者。直到4月25日,当地媒体才集中刊播了题为《广泛发动,全民参与,积极防治小儿肠道病毒感染疾病》的新闻。报道第一次将此病确定为肠道病毒EV71感染。

而在此之前的近一个月的时间里,关于"怪病"夺取儿童生命的传言已大量传播,死亡人数有"几例"、"十几例"等等各种不同的说法。没有官方的关于"怪病"的任何信息,民间的"谣言"变得肆意而扭曲,恐慌情绪开始在市区蔓延并持续发酵。与此相伴的,是网络愈演愈烈的舆论暗流,各路媒体就手足口病(EV71感染)提出种种质疑。一起公共卫生事件,因对处理过程的不了解,让质疑与愤怒,迅速通过网络与手机短信弥漫着。从3月27日出现第一例死亡病例到4月25日官方通过主流媒体发布新闻将此病确定为肠道病毒EV71感染,其间经历了28天,而流言及大范围的社会恐慌正是在当地政府及主流媒体集体失语的这28天里蔓延开来的。尤其是4月15日,当地政府通过媒体发布新闻,宣称该病不具有传染性,未再发现类似症状的患者,然而事实证明并非如此,人们开始怀疑甚至拒绝接受政府所提供的信息,导致政府公信力缺失,流言伴随着疫情继续扩散。

点 评

安徽省爆发手足口疫情事件,给政府妥善处理危机敲响了警钟,可借鉴之处主要有以下三方面。

1. 及时发布准确的信息。危机事件发生后,社会上普遍存在着不安心理和紧张情绪,公众对信息极度渴求。如果这种需求得不到满足,人们将会通过其他渠道去寻求信息,流言便会产生,因而政府应在第一时间通过媒体向公众发布信息,满足其需求,让流言消灭在萌芽状态中。而手足口病发生之初,政府和主流媒体在公众面前集体"失语",错失了控制流言产生的先机,使得流言这一畸变信息堂而皇之地成为引导公众的舆论。后来虽然政府出面做了大量工作(包括宣传上的努力),但由于公众已形成一种思维定势,其效果大打折扣。

2. 保持信息公开透明。在手足口病发生早期,信息的不透明产生了严重的后果,恐慌随着疫情继续蔓延,流言也肆意扩散。而当真实的情况完完全全向公众展现出来后,人们知道了真实的疫情,连起初怀疑的人也产生了信任的心理,流言自然不攻而破。

3. 保持信息的持续发布。危机事件发生时,政府是信息的拥有者,政府有义务将一些可能给社会带来不稳定的信息及时、准确地传达给公众,让公众正确认识流言、及时化解流言,继而从流言中摆脱出来。然而,由于受传统思想的影响,政府某些官员在处理危机事件时总是瞻前顾后,害怕真相的公布会引发社会的不稳定。其实不然,只有及时、全面、持续地向公众公布事实的真相,才能让流言无法流传。我们不能消极地等待"流言止于智者",而应积极主动地让流言止于真相。

拍案二 登革热,封不住的愤怒

2006年印度爆发大规模登革热疫情,据当时英国《泰晤士报》报道,"每年9月到11月,登革热这种由蚊子叮咬传播的血液疾病都困扰着印度,但今年形势尤其严峻。到目前为止,印度全国有2 056人被证实感染登革热,其中有38人已经死亡。南部的克拉拉邦有713人感染,首都新德里也是重灾区,目前有超过500人感染,16人死亡"。印度首都新德里以及邻近地区正在遭受登革热疫情的困扰,已经造成数十人死亡。10月5日,印度总理辛格的官邸也遭到登革热疫情的袭击,他的多名家人相继感染了登革热病毒。据印度媒体报道,辛格的女婿维贾-坦卡哈、11岁的孙子罗汉以及17岁的外孙马达哈夫均感染了登革热,目前正在医院接受治疗。他们上周末刚刚在辛格的官邸中聚会,但从10月4日开始出现高烧、头痛、肌肉与关节疼痛,而这些都是感染登革热病毒的典型症状。辛格随即将他们送入印度医疗科学研究院接受治疗,医生们称这些感染者目前的病情均十分稳定,但仍然需要进行进一步的观察治疗。

虽然登革热疫情已经非常严重,但印度政府一直拒绝宣布国内已经爆发了疫情,坚称登革热感染仍然在控制之中。印度卫生部长拉马多斯向新德里、马哈拉施特拉、北方邦、拉贾斯坦、旁遮普等邦的卫生官员发出通知,宣布将召开紧急会议讨论控制登革热在全国大爆发的问题。作为此次疫情重灾区的新德里市政府专门拨款2360万卢比,用于在市内每个社区消灭蚊虫。由于当时正值印度的传统旅游旺季,印度政府担心此时宣布疫情将会阻止外国游客前来印度旅游,并会使得国内本已拥挤的医院更加不堪重负。

点评

面对日益恶化的灾情而不传播最新的信息,必然会导致疫情的扩大。国民在没有正确的权威信息的引导下必然会轻视现有的状况,当感染和死亡人数不断上升时,一般民众必然会产生对现状的怀疑,因为不能确切的把握状况从而造成内心的恐慌。这种恐慌易造成社会不安,即使之后政府采取相应的补救措施,政府的形象尤其是信任度也必然受损。这种为了一时之利益,而无视千万国民生命安全的做法,必然害人害己。

拍案三 西安新生儿死亡事件

2008年9月3日起,西安某医院新生儿科9名新生儿相继出现发热、心率加快、肝脾肿大等临床症状。其中8名新生儿于9月5日至15日间发生弥漫性血管内凝血相继死亡,1名新生儿经医院治疗转好。事件发生后,医院未按有关规定向卫生行政部门报告。9月23日,接到群众关于该事件的举报信息后,卫生部立即组织专家调查组赶赴该院,与陕西省专家调查组共同开展实地调查,经专家组调查,认为该事件为医院感染所致,是一起严重医院感染事件。9月24日,陕西省委、省政府得知此事后,高度重视,相关领导立即作出指示,要求立即采取应急处置措施,尽快查明原因,严肃处置,加大防范力度,确保婴幼儿患者安全。陕西省委、省政府追究相关人员的领导责任。

我们从这件事可以看出,在政府面对危机进行公关时信息的重要性。当事情发生后,作为事故单位的医院应及时将事故报送相关部门,但为了自身利益瞒报或干脆不报,无形中造成了非常不好的社会影响,使公民对医院这样直接关系人民生命安全的公共组织失去最基本的信任。纸包不住火,一旦被揭发必然会受到更大的惩罚。同时,我们对了解到实情后政府部门的做法应该给予肯定,及时调查,处理相关当事人,对受害群众进行安抚和补偿。

现代社会是一个高度信息化的社会,信息不仅是社会及其成员生存与发展的重要资源,而且成为影响社会及其成员进一步发展的重要因素。政府在应对突发性公共卫生安全时必须要正确的处理来自各方的信息,及时准确地将信息传递给人民群众,使人民能迅速的了解真实情况,配合

政府做好应对危机的准备,只有这样才能避免像手足口疫情爆发时的流言四起,才能避免进一步爆发社会性的动乱,也只有这样政府权威的形象才能在人民群众中树立并不断地巩固。

政府危机信息处理中的及时、公开和透明是解决危机的有效手段。政府如何通过危机信息的透明化,及时控制社会因危机而产生的恐慌、动荡情绪,做好与民众的沟通,维护国家长远利益和政府公信力等,是现代政府非常重要和必须解决的问题。正如约瑟夫·斯蒂格里兹在其题为"透明化在公共生活中的作用"的演讲中指出"公民有知道和被告知政府在做什么以及为什么要那样做的基本权利。保密是具有腐蚀性的;它与民主的价值背道而驰,并且削弱了民主的进程。它是建立在治理者和被治理者之间互不信任的基础上的;同时,它又使互不信任更加恶化。"政府通过及时、公开和透明的危机信息处理就具有重要意义。

危机的发生往往是"大风起于青萍之末"。故在危机发生初期,包括政府和民众在内的整个社会必然对危机发生的真正原因以及危机本身发展状态无知或所知甚少。而政府作为最大的信息收集者和信息源,就应该迅速收集到相关的危机信息,根据实际情况,有针对性地向社会公布和公开,力促妥善处理。

现代公共危机,如欧洲疯牛病、"非典"、禽流感等这类大规模公共卫生疫情所具有的迅速扩散和连续性、连锁性的特征,往往会令一场地区性危机迅速升级为全国乃至世界性危机,因此,政府对公共危机信息的及时公开,不仅是对本地区本国民众财产的负责,也是对人类文明及其安全所必须承担的道义责任。它不仅关系到政府在本地区、本国民众中的公信力与权威之合法性,而且直接影响到国家和政府在国际社会中的声誉、形象与地位。

城市之光点亮政府形象

——城市形象推广策略定位

  任何一种商品品牌要想得到消费者的认可，就必须要建立具有战略意义的品牌形象。同样的道理，任何一个地方政府要想树立自身良好的形象，在一定程度上必须依靠公关手段，通过塑造城市的形象，进而提升政府的形象。在公共关系模型中，如果将政府视为主体，那么公众将被视为客体，在这二者之间存在着一种客观的社会关系（中介），也就是所谓的"公共关系"。要想使这种联系产生作用，必须有人或事物作为媒介，而塑造城市形象即成为政府公共关系主客体之间的重要媒介之一。

开篇导例

世界都市计划的杰作

  北京市作为我国的首都,在城市形象推广上有许多值得其他城市借鉴的地方。北京有着悠久的历史,这座千年古都按照历代王朝统治者制定的城市规划一步一步建立并完善起来。我国著名的建筑学家梁思成先生认为北京是"世界都市计划的无比的杰作"。在新的历史时期,作为新中国的首都北京正逐步跨入世界特大城市的行列。如何让古老的北京城焕发出新的生机与活力,成为北京市政府提升自身形象的主要课题。

  北京市政府在2010年城市总体规划中明确提出要创建"世界一流的历史文化名城与现代化的大都市",这也是北京要向全世界推广的确切的城市形象。有了这一定位,北京市政府开始着手规划经营崭新的北京城市形象。问题的关键在于使拥有数百年历史的古民居与现代休闲商业实现共生共赢。在这一点上,北京市政府对前门大街的改造无疑具有鲜明的代表性。

  北京前门大街及周边区域有着大片的古老民居遗存,是北京市重点历史文化保护街区,这里的每一块雕砖刻石都饱含着深厚的历史文脉和文化底蕴。前门大街的城市形象价值早已超越了其街区本身的概念,北京市政府为了让这一城市名片符合自身定位,体现北京内在形象,在规划改造过程中颇费心思。最终成功地将茶坊、酒肆、客栈、会馆、商铺、手工作坊等现代商业形态以一种和谐的方式植入到这种古老的胡同文化环境中,新旧景致自然融合,不仅营造出响亮的商业文化品牌,更让北京城市形象品牌实现进一步的推广。在2008年成功举办第29届夏季奥运会后,北京市政府更是顺利完成申奥成功不久所提出的"借奥运之机重现古城风韵,提升北京城市形象的文化品位"的目标。而通过这一系列政府职能的行使及政府公关手段的运用,北京市政府自身的形象也在公众心目中得到提升。

树立政府形象，维护政府形象，推销政府形象，是政府公关的主要努力方向，而推广城市形象则是实现这些目标的途径之一。一个城市的形象指的是城市整体化的精神与风貌，是城市全方位、全局性的定位之所在。只有将城市整体的精神风貌等特质予以提炼、升华，准确把握城市特色，充分发挥城市功能，才能够塑造独特的城市文化形象，打造出独特的城市形象，当地政府的形象也才能够随之获得提升。北京市政府在对前门大街的改造过程中充分认识到，北京土地上留存着的大量优雅的历史遗迹正是标志北京历史空间环境的人文景观，只有将它们合理有序地规划好，才能够提供给人们一个清晰愉悦的公共空间环境，才能较好地塑造独特明确的城市形象。

史镜今鉴

虽然政府公共关系是现代才出现的名词，但在中国古代，那些帝王将相同样明白树立封建王朝良好形象的重要性，当然那时强调的政府形象更多的是官员自身的口碑，与今天国家行政机关的形象塑造不可相提并论，然而通过规划设计城市格局体现城市及政府形象的做法是古今相通的，将传统文化理念融入城市形象塑造之中的做法在我国也由来已久。

在中国古代城市史中，唐代的都城长安无疑是最为引人注目的历史城市。唐长安城是当时世界上最大的城市之一，规模宏大、规划整齐，被认为是我国古代城市规划史上的一座里程碑。

众所周知，唐朝国力强盛，经济繁荣，文化灿烂。它的高度文明影响了日本、朝鲜等许多国家和地区，是当时世界上最强大、最先进的国家之一。唐朝的统治者们推行开明、兼容的治国方略，对内政治清明，对外交流频繁。他们进一步继承了科举制度，大力兴办学校，不拘一格选用人才，打破了门第出身的限制，吸引外商前来互通有无，在思想文化上兼收并蓄，无论外来的佛教文化，还是本土的道教文化，唐朝大多数皇帝都能两者兼重,大力弘扬。

唐朝的统治者在规划设计长安城,塑造城市形象及整个唐王朝形象的时候,也从多方面体现了中外思想文化的交融。中国儒道两家传统的礼制思想、堪舆观念、周易哲学思想在长安城的城市面貌上彰显无疑。整座城市呈现出等级分明、街衢整肃、宫阙雄壮、市坊划一的肃穆气氛。唐朝统治者通过修建佛寺、佛塔、楼阁、道观等建筑将宗教的影响施加于长安城之上,如至今仍保留完好的大雁塔、小雁塔,和城市西南隅以一坊之地建造的两座巨型寺庙。而这些宗教建筑对城市的整体形象也起到了重要的影响作用,突破了坊墙的遮挡,使街道景观得以丰富,从而打造了长安城独特的城市形象。

长安城形象的塑造不仅仅是中国传统文化的集中体现,更彰显了大唐王朝广博开放的胸襟。由此可见,城市的文化内涵与其外在规划是相辅相成的。一方面,长期的文化积淀会对城市的设计构造产生重要的影响,整座城市规划往往受其所承载的文化传统影响,这一点在古代表现得更为明显;另一方面,城市最终的形态布局因为兼容并蓄各种文化的影响又会反过来为原有主流文化注入新鲜血液,促进其全面发展。

福建古泉州城的城市形象也颇具特色,其规划设计体现了中国传统文化中"取象比类"的思想。所谓"取象比类"就是指将整座城市按照某种事物的形状来建造,比如春秋吴都即今天的苏州和唐代的昆明城都有龟城之象、明代的开封城有卧牛之称,明代大同酷似凤凰,清代江苏盐城形似葫芦等等。早在宋元时期泉州就被称为"鲤城",泉州地方官府之所以将城市建造成鲤鱼形状,是有其特殊含义的。当时泉州地方官府注重发展海外交通,将泉州城打造为"东方第一大港",并成为"海上丝绸之路"的起点。泉州城因此声名远扬,城市里聚集了海内外的各色人种,不同国家、不同宗教、不同民族的人们在这里繁衍生息,平等友好和睦地相处着。长期的国际文化交流,极大地丰富了泉州的历史文化内涵,逐步形成了中原文化和闽越文化交融,中西文化交汇的地域文化特征。

泉州地方官府把这种城市文化特征具象到城市的规划建设中,使整座泉州城好似一条有着体形气质、生命活力、灵魂个性的鲤鱼,并且不只停留在形似这个层面,还用鲤鱼的温存个性来象征泉州人爱好和平,友好平等的特征,用"鲤鱼跃龙门"的精神来象征泉州人勇于开拓,积极进取的品格,泉州经济文化的繁荣发展全都被概括在这一鲤鱼精神里,"鲤城"泉州的形象深入人心。至此,泉州地方官府的形象塑造取得空前的成功。

在古代,许多城市都有着各种各样的别称,这些别称生动形象地概括了城市的特点,同时也赋予了城市更多的文化内涵。如今,政府部门在进行城市规划设计、城市形象塑造及城市文化名片制作过程中,不妨深入发掘所在城市的历史文脉,从其曾有过的别称中探寻独具魅力的城市意象,以便更好地突出城市特色,彰显城市个性。

与中国早期的城市形象塑造注重彰显传统文化不同,国外早期的城市形象研究把更多的精力放在城市建筑景观设计上,更强调实用性与美学艺术。在古罗马时代的一本古典名著《建筑十书》中就已提出:"建筑还应当造成能够保持坚固、适用、美观的原则。"这是追求形式美的城市形象研究思想最初期的萌芽了。气势恢宏的罗马城无疑是最典型的代表了。两千年前,古罗马帝国的第一位皇帝屋大维·奥古斯都在古罗马进行了颇具规模的城市化运动,可以说对整个欧洲城市的兴起产生了极为深远的影响,尤其在城市规划与建筑方面罗马城更是其他城市借鉴的典范,城市形象可谓深入人心。

作为帝国首都的罗马城深为奥古斯都和罗马贵族所重视,他们把打造罗马城看成是提高自己声望和威信的有力途径,通过塑造罗马城的城市形象树立帝国统治者的光辉形象。奥古斯都把主要精力放在改善罗马城市的基础设施建设方面,尤其注重公共建筑的设计与建造。整座城市采用矩形棋盘格局形式,那些有拱廊和骑楼的街道、广场、市场、竞技场、浴室、公厕、下水道、供水管成为标准设施而散布于城市之中。这些公共建筑已成为罗马各个城市日常生活中不可缺少的部分,为城市的正常运转及居民生活提供了比较完备的条件。

罗马伟大的建筑在一定程度上反映了奥古斯都好大喜功的心理,同时这些雄伟壮丽的建筑也促成了歌剧这一伟大艺术形式在罗马的发展。除此之外,奥古斯都还修建了有柱廊的拉丁和希腊图书馆,以大量的纪念建筑物来装点城市,也为城市增添了浓厚的文化气息。

奥古斯丁不断地发展管理员制度,有条不紊地管理着他精心打造的罗马城。由于在建造城市的时候充分考虑到生活在其中的居民的感受,因此享受到便利舒适生活条件的罗马居民对于奥古斯都及其统治集团赞誉有加,统治者的形象通过一座城市得到空前提升。

三刻拍案

拍案一　广州城市形象推广策略

　　塑造个性鲜明的城市形象,继而提升政府的形象,首要的是准确把握城市定位。有了准确的定位,才能进一步提升城市的知名度和美誉度,而一个城市经济和文化的繁荣与发展,在很大程度上则取决于它的知名度和吸引力,这一切都要靠政府有意识地去推动和实践。如果说组织是公共关系的主体,是公共关系的策划者、实施者和受益者,那么在政府公关中,一个城市的政府机构及其相关职能部门就是进行公共活动的重要主体。

　　只有政府部门注重了城市形象的塑造及自身形象的提升,一个城市才能够获得更多的无形资产,取得更好更快的发展。在确立城市定位、塑造城市形象方面,广州市政府采取了一系列行之有效的措施,使广州的城市品牌在全国乃至全世界范围内打响,增强了广州市民对这座城市的认同感和使命感,为更好地建设广州尽自己的一份力。

　　广州的政府公关从推广城市形象入手,在城市定位方面下足了功夫。广州,不仅是一座有着两千多年悠久历史的文化名城,还是一座引领着当代中国经济发展潮流的先锋城市,更是一座不断迈向繁荣、发达、国际化的大都市。它所需要的不仅仅是城市规模的不断扩大、经济总量的不断增加,同样更需要一个不断积极向上的正面城市形象与之相匹配。在政府切实有效的公共关系政策指引下,广州正在不断焕发出新的魅力。总体来说,广州市政府高度重视城市定位和城市形象建设,积极打造"文化广州,岭南古郡;商贸广州,国际都会;活力广州,体育强市;生态广州,山水名城"的独特而良好的大都市形象。

　　虽然上述城市形象的定位概括了广州这座城市的特点,却没能清晰确切地把广州的城市形象表述出来,给人的印象仍然是模糊朦胧的,不够鲜明,因此在2009年4月中旬,广州市政府启动城市形象表述词征集活动,要动员民众的力量,集思广益为广州城市形象进行准确定位。一条条表述词,承载着五湖四海的朋友对广州的浓情厚谊,承载着他们对广州的美好期盼,承载着他们五彩缤纷的遐思,从世界各个角落纷至沓来。自广州市政府启动此项活动以来共收到来自海内外的40533条作品。经过专家初评、公众投票、专家研讨会终审三结合的方式,最后广州大学副教授陈咸瑜提交的"千年羊城,南国明珠"一枝独秀,成为广州城市形象表述词。

"五羊衔谷"的神话传说在广州可谓家喻户晓,说的是在很久以前,广州城遇上了天灾,到处都是饥民,就在人们不知所措的时候从南海飘来五朵祥云,然后又化作五只颜色各异的羊,嘴里衔着稻穗。每只羊背上都骑着个仙人,这五个仙人为广州人民祈福消灾,祝愿广州从此以后五谷丰登,免受灾害,之后就飘然而去,留下了五只羊化作石头,保佑着广州城,因此,广州被称作"羊城"由来已久,以"千年羊城"作为广州的城市形象定位是相当准确的,既不会与别的城市混淆,一提到"羊城",想到的就只是广州这一座城市,同时又能唤起广州市民的认同感与亲切感,更揭示了广州悠久深远的文化历史。

以"南国明珠"比喻广州,首先标明了广州的地理位置,也是对广州在中国近现代历史上发挥重大作用的写照,更是对广州社会发展所取得的成就的一个真实写照。表达了对广州美好未来的希望和愿景。同时一个"珠"字也指代了流经广州城的那条珠江,流动的水让整个城市充满了灵性。

当今世界,城市的核心竞争力已经从单纯经济和技术的竞争上升到包括文化和品牌的综合实力较量。一座城市如果没有鲜明的城市形象,没有文化和品牌来支撑,那么这座城市也就失去了灵魂和色彩。一个城市自身形象的形成是一个历史过程。城市形象首先应该包括的就是城市的内涵,即一种城市精神,其次才是城市外在的、感性的一些元素。

广州市政府开展的城市形象表述词征集活动可谓是一次极为成功的政府公关活动。从民众的角度来讲,征集城市形象表述词活动的目的和价值在于,它有助于凝聚人心,有助于增强广州市民的自豪感、认同感和归属感。当一个城市的居民对其所在城市的形象定位有了一个明确的概念之后,就会产生一种为城市文明建设做事情、贡献自己力量的使命感和紧迫感。从对外宣传的角度来讲,有了明确的城市形象定位,可以有效地推广城市品牌,提高城市知名度。

除了征集城市形象表述词之外,广州市政府借塑造城市形象进行政府公关的做法由来已久,并且几项具有国际影响的活动已经形成传统,被打造成广州市的城市名片。其中最负盛名的当属已有五十多年历史的中国出口商品交易会,即享誉海内外的广交会。海洋文化开放性的特点,决定了广州人具有很强的开创性和进取精神。敢为天下先的"羊城"人在两千多年前就漂洋过海到海外去,争做领头羊,筑建了海上丝绸之路。而始于1957年的"广交会",更是举世闻名的"中国第一展",是目前我国历史最长、层次最高、规模最大、商品种类最全、到会客商最多、成交效果最好的综合性国际贸易盛会之一。广州市政府利用每年春秋两季的广交会这一良好契机,诚邀世界各地的客商云集广州,互通商情,增进友谊,强化广州商都的历史地位,进一步推广广州市开放包容的城市形象。

"五羊衔谷"的传说不仅为广州带来"羊城"这一名号,那五只仙羊嘴里含着的稻穗,也使得这座城市被称为"穗城"。古人以"穗"为"味",食以味为先,广州得天时、地利之优势,食物资源十分丰富。而秦汉时期就开始与海外进行的商品和文化交流,更使得广州的饮食发展空间得到无限延伸。广州人讲究饮食,"食在广州"名传四海,悠久的饮食文化也是广州成为历史文化名城的深厚底蕴所在。

为了使广州"祥和鲜美"、"食在广州"的饮食文化的形象更加深入人心,广州市政府自1987年起组织一年一届的广州国际美食节,展示优秀饮食文化,擦亮"食在广州"招牌。广州国际美食节以"餐饮业的盛会、老百姓的节日"为办节宗旨,吸引大批海内外游客前来观光,招徕国内外饮食界同行前来商讨烹饪技艺。不断发展壮大并不断增添新内容的广州国际美食节逐渐被各界人士认可,甚至被海内外人士公认为广州的"名片",成为广州美食大都市的缩影与聚焦。作为广州一年一度的旅游与饮食盛事,它吸引了大量海内外专业人士和广大普通市民的参与,对弘扬中华饮食文化,尤其是广州独具特色的岭南饮食文化,加强海内外旅游饮食界的交流与合作,拉动内需,刺激消费,促进广州社会经济和旅游业的发展,丰富市民节日生活都起到了很好的推动作用。最关键的是借此契机使得广州市的城市形象以及广州市政府形象得到进一步的推广与提升。

处于亚热带地区的广州地理位置优越,四季如春,整个城市始终处于花团锦簇之中,因此广州也被称为"花城"。广州市政府充分利用这一优势,举办一年一度的迎春花市,继承并发扬广州市千百年来种花为业的传统。每年春节前夕,广州市的大街小巷就摆满了鲜花、盆橘,各大公园都竞相举办迎春花展,特别是除夕前三天,各区的主题街道上搭起彩楼和花架,四乡花农纷纷涌来,摆开阵势,售花卖橘,十里长街.繁花似锦,人海如潮,一直闹到初一方才散去,这就是广州特有的年宵花市。一年一度的迎春花市早已被广州市政府打造成在国际上都叫得响的城市品牌,"花城"广州的城市形象更因此被海内外民众深锁脑海。

"羊城"、"穗城"、"花城",正是这些将广州城市特点恰当归纳的独特名字赋予了这座城市别具一格的城市形象,准确地概括了广州的灵魂。城市的灵魂就是城市的个性、城市的特色、城市独有的历史文脉和文化主张。正如著名城市学家刘易斯·芒福德所言:"城市不只是建筑物的聚集,它更是各种密切相关并经常相互影响的各种功能的复合体——它不单是权力的集中,更是文化的归极。"

政府公关运作的核心之一,就在于如何采取积极有效的手段进行舆论引导,这种引导必须是积极的、双向的、互相理解的,而不能仅仅通过行政命令实施。城市品牌形象与企业品牌形象一样,同样有着成长、成熟、衰落的过程,同样需要管理与维护,而这些都是政府职能部门所应履行的责任。公共关系的缺位必然会导致城市品牌资产不断下降,甚至成为负资产,政府形象的提升更是无从谈起了。

如果将一座城市看做是一个企业,那么社会的风气就等同于企业的文化,而政府部门所要扮演的就是引导、构建、塑造企业文化的管理者。香港人具有一流的职业精神,这得益于香港政府长久以来所推动的公共职业培训、公关宣传。同样的道理,广州市要想扭转负面的城市形象,就必须得由政府制定一系列切实可行的措施并以长久的公关宣传作为支撑。

在提升城市形象方面,除了以上形成传统的定期活动,广州市政府也有过许多大手笔的投入,比如申办亚运会时的万人长跑、签名支持活动等等,这些政府公关活动都在一定意义上促进了城市形象品牌的推广。

2010年亚运会将是广州有史以来承办的最大型的综合性国际体育赛事,也是我国继北京获得2008年奥运会承办权、上海获得2010年世博会承办权之后的又一具有重大国际影响的事件。2010年亚运会的举办不仅仅关系到广州城市本身的发展,而且还会影响到广东和珠江三角洲地区的发展。广州市政府早在2001年就制定了城市总体发展战略规划,确定以体育为提升大都市形象的基本途径,展开了新一轮发展体育的战略,因此亚运会的建设必然会极大地推动城市的规划与实施。

从2005年开始,广州市政府就全面启动各类体育场馆、亚运村、新闻中心以及港口、地铁、飞机场、火车站、城市主干道等城市基础设施和环保、文化教育等建设项目。为确保这些场馆和设施今后能够成为城市的宝贵财富,能够长久地为广大市民提供便利,广州市政府把城市总体规划、市政建设与体育行业国际标准充分结合起来,着眼于未来,借鉴2008年北京奥运会的成功经验,积极探索出一条既符合体育竞赛客观需求,又能够带动地区建设发展,并且与城市公共配套相结合的体育场馆发展路子。

点 评

　　由此可见,2010年亚运会在广州举办,留给广州最大的财富将是综合竞争力和城市形象的提升。亚运会这一备受国际社会瞩目的重大事件,更是广州市政府借以推广城市形象,提升政府形象的绝佳机会。研究广州这座城市的特质,寻找城市形象传播的最佳定位,为国内外的游客、投资商塑造优良的目的地形象,寻求主办城市的最大回报,是广州市政府公关的主要目标,也是制定广州亚运会传播战略的基础,更是留给子孙后代一笔精神遗产。

拍案二　齐齐哈尔市巧妙城市形象定位

　　位于嫩江平原的齐齐哈尔市在城市形象定位及塑造上也进行了一系列较为成功的政府公关。

　　齐齐哈尔市不但是东北地区重要的中心城市、全国重点培植的老工业基地和军工生产基地,也是多个少数民族集聚的旅游城市,还因为是世界珍禽丹顶鹤的栖息地而被称之为"鹤乡"。政府部门充分利用自身特有的城市属性开展政府公关活动,塑造富有个性的城市形象,将城市形象的目标定位为建设经济发达、产业鲜明、环境优美、文明卫生的文化旅游城市和现代工业城市。

　　齐齐哈尔市政府主要通过众多的盛大活动推广城市形象。例如每年8月12日开始的"齐齐哈尔观鹤节";每年12月下旬开始,到第二年2月中旬结束的"齐齐哈尔冰雪游览会";每年9月初召开的"那达慕大会及敖包大会"及每年6月28日举行的"中国·碾子山登山节"等等,具有极强的欣赏和游憩价值,汇四方宾客,迎八方友人。齐齐哈尔市政府在2009

年 4 月启动"全国百城旅游暨热爱家乡,畅游绿色龙江宣传周齐齐哈尔分会场",组织市内各大旅行社开展"畅游鹤城 热爱家乡"鹤城一日游活动,推广特色旅游项目,宣传齐齐哈尔城市形象。此外,还与黑龙江扎龙国家级自然保护区管理局及齐齐哈尔丹顶鹤保护志愿者协会合作,连续十二年成功举办"爱鸟周"宣传活动,利用独有的丹顶鹤资源举办这样形象生动的宣传展示活动,无论从形式上还是内容上都受到广大市民的热捧,这是齐齐哈尔市广大市民爱护鸟类、与自然和谐相处的一种表现,同时也成为鹤城独有的一道美景。2009 年 7 月 17 日,齐齐哈尔市委、市政府在大连市星海会展中心举行了"齐齐哈尔——大连首航庆典仪式暨重点项目重点企业推介会"。两市联动,召集各方媒体,通过重点介绍齐齐哈尔市丹顶鹤放飞情况,并在活动现场进行放鹤,成功地推介了齐齐哈尔的城市形象,提升了政府形象。

点 评

通过举办盛大活动来推广城市形象,已经成为各个城市宣传自身行之有效的方法,与城市形象相关的盛大活动,已成为城市发展的"动力因"。政府部门在进行政府公关时应善于利用举办盛大活动来催生城市的新型资源,把城市资本转化为经济与社会资本,再由经济与社会资本转化为城市文化资本,积淀成为城市的无形资产,从而提升城市知名度和美誉度,推广独特的城市形象。

俗话说"三分建,七分管。"城市的形象很大程度上取决于政府部门的规划和管理,这同样是政府公关必不可少的环节,良好的政府形象可以通过有特色的规划得到体现的。而成功的城市规划都必须坚持因地制宜,并尊重城市发展的历史和现状的原则。城市的外部形态、内部形态都是城市空间特色的前提和基础,历史文化、经济、政治则直接影响着城市的时代特色和文化特色。塑造城市形象可以从政府公共关系的重要职能角度来定位,城市规划则是公共关系的重要程序之一。强调塑造特色城市形象,必须强调城市规划。

拍案三 "山水文化"——厦门的城市之魂

厦门,这座中国东南海滨的港口旅游城市,其城市规划设计的理论指导思想即中国传统的"山水文化"。厦门的滨海位置,使其拥有了丰富的人文景观和文化内涵,形成了独特的渔港文化;由于海运的顺畅及开发建设而引入的西洋文化与本地文化结合,形成了中西合璧的建筑形式;以及特有的民俗、风情等,所有这些共同构成了厦门特有的城市地域文化和历史文脉。厦门市政府认识到进行"山水城市"的规划建设离不开自然风貌的依托,必须充分利用城市丰富的自然山海资源以及独特的历史人文景观,将无形的文脉蕴涵于有形的景观中。让人文景观特色与自然景观特色相互统一、互补,从而产生具有"地域性"、"生态性"相结合的城市新景观。厦门市政府这种既尊重历史,又考虑未来变化的做法,在创造经济价值的同时,也给予城市居民归属感和认同感,成功塑造了城市形象品牌。

厦门市最大的资源就是遍布全岛引人入胜的旅游资源,厦门市政府在进行政府公关时也牢牢抓住旅游这一宣传重点推介城市形象。2008年10月组团参加在上海举办的亚洲邮轮大会宣传厦门的邮轮旅游;2009年春节前夕赴广东开展"厦门名优产品海西行"旅游宣传促销活动,以进一步宣传厦门旅游形象和"海峡旅游"的重要口岸优势;并宣传了"走进厦门感受中国年"春节黄金周系列活动,与当地旅游局及近百家旅行社联系互动,交流合作。2009年5月赴台参加"台北两岸旅游观光博览会"并开展宣传推介活动。

点 评

厦门在城市形象推介过程中,因地制宜,积极挖掘,逐渐形成独具"山水文化"特色的城市"标签"。这其中,厦门旅游城市的标签特别确切鲜明。总的说来,城市形象定位的准确及政府部门积极有效的公关活动是成功推广厦门城市形象的根本原因之所在。

回味隽永

公共关系作为一种品牌塑造的有效手段,正在不断介入到很多商业领域的运作中,而在政府层面,许多具有敏锐品牌意识的政府部门,也在不断运用公关手段去提升城市的形象与美誉度。政府公关的目的就是为了塑造良好的政府形象,而达到这一目的的一个重要手段就是推广提升城市形象,树立鲜明独特的城市品牌。

何为城市品牌?美国杜克大学富奎商学院凯文·莱恩·凯勒教授在他所著的《战略品牌管理》一书中给城市品牌下了这样一个定义:"像产品和人一样,地理位置或某一空间区域也可以成为品牌。城市品牌化的力量就是让人们了解和知道某一区域,并将某种形象和联想与这个城市的存在自然联系在一起,让它的精神融入城市的每一座建筑之中,让竞争与生命和这个城市共存。"

通过上述案例,可以总结出几点塑造城市形象进行政府公关的注意事项。

第一,塑造一个城市的形象必须要和当地的历史文化相结合。一方水土养一方人,一方水土也塑造一座城市形象。一座城市历经千百年打造,必然融入本区域的环境因素和人文因素,必然与自然风貌构成依存关系,体现人们的审美取向,所以要寻根究底挖掘这个城市的文脉,即城市文化与地域特色,然后体现在城市形象上。一个城市的历史文化脉络早已从骨子里为城市形象打上深深的"烙印"。"云里帝城双凤阙,雨中春树万人家"是盛唐时代长安的城市形象;"千年羊城,南国明珠"是历史文化名城商贸之都广州的城市形象。因此,在进行城市形象策划时,必须对一个城市的历史文化与地域特色进行全方位的理解,然后提炼出城市灵魂。

第二,塑造一个城市的形象必须要有准确的定位。塑造个性鲜明的城市形象,继而提升政府的形象,首要的是准备把握城市定位。有了准确的定位,才能进一步提升城市的知名度和美誉度。上述各个案例中城市形象塑造成功的原因在于当地政府部门准确把握城市的定位,充分利用当地独特资源,才得以打造鲜明个性的城市品牌。

第三，推广一个城市的形象必须要结合大型活动，以人为本，调动群众参与的积极性。首先要强化城市主导产业与城市形象的关系，在城市主导产业企业参加的各类国内外博览会、交易会及其他推广方式中，应标注"城市品牌"，相互借助以扩大城市和企业的影响力。其次要加大城市形象广告的投入，通过影视、杂志报纸等载体，分期有重点地投入。利用节庆、赛事、论坛、典礼等事件营销城市，有意识地形成新闻媒体舆论关注的话题。最后还可以举办以城市形象为主题活动，譬如征集反映城市形象的各类作品，提炼城市文化内涵，来推广城市形象，将各种城市形象元素作为"城市名片"推出去。

城市品牌实际上是一个城市核心竞争力的外在表现。城市的核心竞争力是城市所拥有的，同时又是别人没有也无法复制的东西，也就是城市特有的"魂"。通过立"魂"，让公众感受到城市的个性和魅力，进而对其广泛传播，并对其他公众形成强大的吸引力，那么一座城市便创出了自己的城市品牌，至此政府公关才能取得真正的成功，城市形象及政府形象才会长久地深入人心。

第九篇

借人文气息　造城市之魂

——城市营销案例

　　城市，是一个地区政治、经济、文化的汇聚中心，也是人类聚居和展示自身文明成果的窗口。特色鲜明、形象良好的城市，能够在本国人民，乃至全世界面前展示魅力，进而为自己带来良好的社会效益和经济效益。然而，从商业角度看，城市也需要根据自身特点进行有效经营。近年来，随着城市间竞争的不断加剧，城市公关作为一种全新的城市经营模式，正越来越受到城市管理者的重视。在我国，许多大中城市纷纷开展城市营销活动，从而掀起了一阵城市公关的热潮。

开篇导例

成都城市营销书写精彩之笔

在我国,许多大中城市纷纷开展城市营销活动,从而掀起了城市公关的热潮。其中成都作为一个地处西部城市,抓住了一系列机遇并脱颖而出,打造了"休闲之都"的城市品牌形象。

成都的城市公关最核心的是打"休闲牌",这一城市品牌的崛起并非一蹴而就,而是经历了近十年的四次"跨越式"公关而成的。

成都城市公关的第一个阶段是从打造中国"第四城"开始的。在20世纪90年代,成都在中国的定位仅仅是一个人口大省的省会。在沿海地区的高速发展之后,成都并没有赶上改革开放的早班车;在重庆受中央支持而于1997年升格为直辖市后,成都的前景也并不受人瞩目。成都的第一次城市公关从2000年开始。这一年,《新周刊》做了一期成都专辑,评价成都是继北京、上海、广州中国三大城市之后的"第四城",成都因"第四城"而大热;再后来,"第四城"尽管只是一个没有公论,引人关注的焦点,但却成了城市包装的经典案例。2003年9月,国内十大畅销杂志之一的《中国国家地理》推出《四川专辑》,杂志中应用人文地理的思路介绍了川菜、川酒、川茶外,还有川戏、"两蜀"(蜀锦、蜀绣)、摆龙门阵等,将成都人的休闲生活丰富多彩的一面尽情展现。

除了这两次专业杂志的话题公关外,举办各种关于成都发展的论坛和展会则是这一阶段的另一种形式。其中包括,在成都举行2000年首届"西部论坛"和2001年"中国休闲经济国际论坛",让各界参与成都的讨论,为成都"把脉","成都是中国第四城吗?"、"成都、重庆和西安,谁是西部的中心城?"、"成都为何不用'休闲'名片"、"要水电还是要生态和景观?"这一个个问题的提出,把传播并非定格在问题的结果,而是问题的过程中。这一阶段的最大亮点则是2004年邀请张艺谋拍摄的电视宣传片

《成都,一座来了就不想走的城市》。短短五分钟的广告宣传从2005年开始在中央电视台播出,其产生的效应可想而知。应该说,第一阶段从"第四城"开始的成都议题的运作,既是成都形象传播的一次"预热",又为成都"休闲"要素的崛起夯实基础。

成都"休闲"公关的第二个层次是以蜀地旅游作为城市形象的着力点。在城市营销中,大众传播的公关宣传和人际传播的亲身旅游是相辅相成的,当外地人因良好的宣传而纷至沓来时,对当地各种正面信息的汲取又会使其进一步扩大宣传,而形成更广的"口碑效应"。

就成都来看,最主要的旅游特色有三点:"大熊猫、蜀文化和近郊游"。近郊旅游的目标群体主要是国内市场,蜀文化对国际市场虽然有一定吸引力,但还不够"重量级"。而国宝熊猫在国际上的影响力远远大于成都,因此在旅游公关上,首先自然是运用大熊猫的名片来展开成都的国际营销。例如,在2007年7月,成都市利用联合国教科文组织将中国四川大熊猫栖息地列入《世界自然遗产名录》的契机,组成了20多人的成都大熊猫全球恳亲团。恳亲团前往美国、法国、日本等多个国家,所到之处掀起了一阵熊猫和成都的热潮,在西方媒体报道中丰富了人们对成都的了解。其次,注重更大范围内的整合程度的旅游内涵。成都周边有着许多中国顶级的旅游资源,包括黄龙、峨眉山、三星堆、九寨沟、乐山大佛等旅游资源。然而这些旅游内容处于一种零散的状态,游客缺少一种游历和文化的框架来统一认识这些景点,于是作为地理枢纽的成都,自然不能缺失对这一扩大自身旅游内涵的角色。于是,成都提出了"发挥门户功能,强化辐射作用",这样,一个大成都旅游圈的魅力在世界范围势不可挡。再次,做好旅游公关过程的细节控制。一个好的城市形象,有时候仅仅取决于厕所、标志牌这样细小的环节。成都在景点发动了"厕所革命"、"双语革命"、"信息革命"等,在众多不起眼的环节提高硬件水平。此外,在软件细节上,则通过对餐饮、住宿等的人性化改造、人文化融入,同时大力提高成都市民的文明素质,受到世界旅游专家好评。最后,是建立市场化的旅游推广机制。让旅行企业参与到政府的公关主体中来成为成都对外传播的一大特色。通过对旅行企业的放权和激励,政府对城市宣传和特定景点的形象促销分解到各个旅行社、旅行团,使得成都的营销做到见缝插针,无处不在。

近年来,各种文化产业可以说是方兴未艾。如果说大的文化产业发展趋势给成都的城市公关提供了必然的借力,那么小的文化事件的出现,则为成都形象发展提供了偶然的助力。

影视业是文化产业中的一个重要领域,然而影视作品中的场景和地域叙事也可以使一个地方从默默无闻到声名鹊起。一部《大宅门》让人认识了老北京四合院,一部《齐家大院》铸就了山西平遥古城,一部《少林寺》让人们更加熟悉河南嵩山少林寺,回顾中外,此种借作品塑品牌的案例不胜枚举。那成都又能借助怎样的影视作品呢?2006年,成都整合了多家文化企业成立了成都传媒集团,力争在占领市场的同时,也为成都的形象宣传主动出击。集团成立不久,便开始酝酿和参与多部精品影视的制作。其中比较典型的反映成都文化的是讲述三国蜀文化的电影《赤壁》和讲述"成都故事"的电视剧《死水微澜》和《一品天下》。前者具有成都本土的历史文化底蕴,而后两部则深入到成都平民的生活、心态和川菜的风雅文化。这种引导本地文化产业的行为,既利用了影视的强势传播属性,又能形成体现成都性格文化的优质城市名片。

而湖南电视台的"超级女声"选秀节目的出现和兴起,则构成成都的城市营销另一力量。2005年一场轰轰烈烈的超女比赛过后,上亿观众记住了李宇春、张靓颖、纪敏佳和何洁,也记住了她们所代表的城市——成都!之后的一段时间里,成都迎来了"超女经济效应",无数超女的粉丝纷纷来成都或是在网上嚷着要到偶像生活的城市去看看。成都美食节、成都的酒吧、成都的超女演唱会经过各种媒体的传播,在为成都做了一通免费的广告之后,也让不少成都的商家挣得盆满钵满。在这股风潮后,成都市又邀请一些超女做城市形象代言,例如李宇春推出了一首《蜀锦》,用现代的音乐形式推广了"蜀地文化"。

应该说,2008年的四川汶川大地震中,成都并不是主要地震区,所受的破坏和经济损失并不很严重,但在文化和精神方面的损害却无法忽视。例如,不少人认为这次地震中"大成都"范围内是受灾的,在地震发生之后可能心理上产生对成都灾难的恐惧心理,进而影响到日后成都的旅游和引资的形象。面对这种不利的传播局面和潜在的形象破坏,成都在地震发生之后很快开展了几方面的公关活动,力图扭转影响,将危机转变为机遇。

首先,成立专业的城市形象公关团队。在重建规划之初,就迅速成立了"成都城市形象提升协调小组"专项办公机构,下设综合组、城市组、旅游组、投资组、都江堰组、国际民间组织联络组、本地宣传组等七个工作部门。专业的政府公关组织积极引导,主动出击,力图尽快减小汶川大地震对城市软实力和品牌造成的影响,进一步加快城市形象提升。

其次,突出"感恩"元素,展现一个有仁有义的成都品格。成都发起了城市感恩行动,比如说中央电视台的《新闻联播》《实话实说》都对此作了相关报道。此外,成都还以"面对英雄家人,成都爱的实在"作为公关报道点,即通过派人专访救灾英雄家庭了解情况;请英雄跟成都市民一起过中秋节;把灾区重建的一些街道用救灾英雄命名;以及把救灾故事编入乡土教材等等,力图把民众情感上升到一个城市对英雄的感恩。同时在这个公共宣传主干上,延伸出许多吸引诸多媒体报道成都的新闻事件。

再次,创新公关口号,力求再次超越。开展了"成都依然美丽"为主题的短信、博客和E-mail的征集活动,编写者均出自民间普遍大众。民间话语传播既保留了轻松诙谐、幽默风趣的特征,又保持着民间话语质朴真切的生活体验。如"成都人很拽,日子依旧麻辣烫,余震当成慢摇吧,照样喝茶搓麻将"的描述,把成都市民基本的生活状态和心情常态,发挥成一种"淡定、从容、乐观"的城市精神。而这种精神借助公关活动和新的媒体也向世界传播,并且感动世人。

如果说成都富有人文气息的城市营销是一个连贯、有机的过程,那其最大的营销特色则是"大胆"和"细腻"。"大胆"是说其敢于创新思想、坚持方向;"细腻"则是其精益求精、力争完美。

成都的"大胆"特质表现在三个方面。首先是敢于明确执行"休闲"主题。休闲对于人生正如劳动对于人生一样,它们是一块硬币的两面。休闲是生命的本质,是人类对自身的人文关怀,是对真、善、美与自由的追求。于光远先生认为"休闲是生产的根本目的之一"。我国已进入全面建设小康社会的新阶段,随着可支配收入和闲暇时间的增多,国民对休闲方面的需求愈来愈大,休闲经济实际已成为中国新的经济增长点。应该说,成都高举"休闲"旗帜,既有着独特的城市文化背景,又符合现代城市经济趋势的题中之意。其次是敢于运用"大公关"的视野。例如,旅游产业往往是城市公关的受益者和目的,而成都的公关正是将旅行社、酒店等纳入公关的主体,变目的为手段,变受益者为参与者,并暗合整合传播之意。同样的思路也表现在地震后将赋有社会责任的外商,变为成都的城市宣传员。可见,成都的公关是大气的,也是包容的,因为勇于接纳"每一条公关的支流",才最终汇聚成"壮阔的传播大河"。最后是敢于转危为机、未雨绸缪,主动把公关融入灾难渠道。当一场浩劫发生之时,你还有没有勇气思考一个城市的形象问题?当灾难夺去生命之后,你还能不能主动设计乐观的话语向世界传播?成都做到了,而且是用平静有序的民间大众语调,做得如此无惧无畏,如此荡气回肠。

成都宣传的"细腻"则表现在三个方面,第一是精雕细刻下的人文气息。再好的文化和景点、城区都只不过是块"胚玉",而成都所做的是对老城街道的精心设计,对中心游憩区的精致规划,对青城山景点的精确覆盖,只有高标准的打造,才能让千年遗产焕发青春气息。第二是借力打力中的暗使"巧劲"。包括借讲述本土历史文化的电影和电视剧之力;借好莱坞热卖电影《功夫熊猫》之力;还有借网络搜索全球平台之力。所有这些都说明成都公关的心细如丝,以"四两力"拨"千斤重"。第三是一点一滴后的臻于完美。"公关的成败永远取决于细节",成都的城市公关能够从厕所入手、从双语标志牌着眼,把每一个旅游团、每一位游客都接待好,通过积累形成良好口碑,也体现了良好的执行力。

史镜今鉴

要学习成都的城市公关营销是不容易的。因为仅仅做到"形似"不难,难的是如何才能将其吃透而做到"神似"。成都的精髓其实在于用人文的美感来滋润一座城市,培养它的气质。遍览古今中外,我们同样能发现有这样一些地方,它们也通过挖掘出或营造人文气质,使自己成为吸引同时代人的胜地。

我们先回望一下两千多年前的齐国都城临淄。此时正处于战国时代的齐国是东方大国,尽管西面有强秦的崛起,但齐国却以其浓郁的文化氛围,使临淄成为吸引列国人才的文化圣地。齐国吸引人才的创举之一就是兴办稷下学宫,招贤纳士,以提升临淄的文化品位。稷下学宫起于齐桓公,发展于齐威王,鼎盛于齐宣王。其性质类似今天的大型文化学术机构或高等学府,有着较为自由宽松的思想氛围和较好的待遇。其中诸子百家,汇聚一堂,辩论争鸣者有之,著书立说者有之,开馆收徒者有之。如此"百家争鸣"之景象,无怪乎司马光在《稷下赋》中描述为:"致千里之奇士,总百家之伟说。"

要说齐威王和齐宣王发展稷下学宫也并非仅是好大喜功,粉饰太平之举。稷下学宫可以说是一次古代城市营销公关的经典案例,为齐国塑造"海滨邹鲁"的形象的同时,也带来了可观的经济、政治和社会效益。经济上,稷下学宫吸引了大量的人才来到齐国,繁荣了临淄的商贸和经济,增加了赋税收入。那些冲着齐国的文化开放而来临淄拜师的、经商的、探亲访友的,对齐国的国力增长不无裨益;政治上,稷下学宫事实上也扮演着齐国王室智囊团的角色,这些人才感念齐王的知遇和厚待,当齐国有难时自然以"国士"相报,这使列国必然在侵齐前有所忌惮;而社会效益上看,当时稷下学宫的荀子等人享誉列国,其在临淄明显是给齐国做了最好的代言广告,为其城市品牌价值加分不少。

战国时,齐国的稷下学宫以其超前的模式,成为中国历史上的文化繁荣的一个奇迹,也为我们当今的城市公关营销提供了借鉴意义。而放眼西方世界,也有不少城市以其独特的文化气息吸引着世人的目光和脚步,本案例试图从中发现同样赏心悦目的经典案例。

城市作为一种商品需要根据自身的特点进行有效的经营。国外的城市有许多成功营销的经验,有的利用地域性,有的利用社会性,有的利用经济性,而奥地利首都维也纳则与成都相似,很好地利用了自身的文化性,从而打造出有自己特色的城市名片。

维也纳的城市营销也同样是注重宣传城市的人文气质,希望把城市塑造成一位"不显粉黛"的气质美女。只是相比较成都的"休闲文化"包装,维也纳表现的更加婉约,也独具特色。首先是主打"音乐牌"。"音乐之都"的历史美誉,使维也纳具有城市营销的先天优势。为了发挥这种优势,维也纳主要从两方面来建立文化名片:一方面是营造"音乐家天堂"。历史上许多音乐大师,如海顿、莫扎特、贝多芬、舒伯特、约翰·施特劳斯父子和勃拉姆斯等曾在维也纳留下足迹;海顿的《皇帝四重奏》、莫扎特的《费加罗的婚礼》、贝多芬的《命运交响曲》《月光奏鸣曲》《英雄交响曲》、舒伯特的《天鹅之歌》、约翰·施特劳斯的《蓝色多瑙河》《维也纳森林的故事》等著名乐曲均诞生于此,为此,维也纳通过在公园和广场上矗立着他们的雕像;将街道、礼堂、会议大厅以他们的名字命名;维护好他们的故居和墓地常年为人们参观和凭吊等方式,借音乐家们的光芒来宣传自己。另一方面则是创立了"维也纳新年音乐会",并使之成为世界性的传统节日。维也纳新年音乐会从20世纪40年代开始于每年元旦上演,1959年进行第一次电视转播通向世界,不久便成了欧洲文化的盛事。音乐会由维也纳爱乐乐团演奏,电视转播中,维也纳歌剧院芭蕾舞团还为新年音乐会配上了古典的维也纳舞蹈。音乐会固定在以豪华、典雅、高贵闻名全球的国家歌剧院金色大厅,每年的电视实况转播在使人们享受天籁之音的同时，又将维也纳塑造成世界音乐的神圣殿堂。

在音乐文化这一龙头的带动下，维也纳还从以下方面增加城市魅力。一、保护和开发城市历史建筑。维也纳因为风格各异的建筑而有着"建筑博览会"的称号，特别是巴洛克风格尤为典型。代表的历史建筑如舒伯鲁恩宫、霍夫堡家族的皇家城堡花园和哈布斯堡王朝的美泉宫等都被很好地保存，并作为市民和游客散步的好去处。二、加强城市绿化，培养绿色意识。一个绿意盎然的城市有着天然的吸引力，维也纳一方面加强城市绿化布局，包括对城市维也纳森林等的维护，使绿化与城市的历史文化间有机协调；另一方面重视对绿化宣言的教育，开办了森林学校，在培养市民绿色之心的同时，也提高了市民的人文素质。三、吸引联合国等国际机构和国家会议。维也纳通过完善自身城市的软硬件，让联合国和诸多国际组织将总部搬来，等到"金凤凰"被引来之后，自然八方宾客也会随之而来。四、打造城市美好的故事和传说。好的故事能为城市的文化价值添色不少，例如，丹麦的哥本哈根有"王子和美人鱼"，意大利的罗马有"狼孩"和"撒尿的小男孩"，维也纳也通过电影《茜茜公主》等讲述着自己的故事。

维也纳的城市公关体现了"润物细无声"的至高境界，其成功地增强了维也纳的软实力，也拉动了奥地利的经济发展，带动了教育业、旅游业的共同发展。无怪乎，某全球著名咨询机构在其2009年全球城市生活质量调查报告中，将维也纳列为第一位。

三刻拍案

如果说成都的人文公关，其弥漫的是休闲的触觉之美，那在战国时代的齐都临淄有着学术自由的嗅觉之美，而中欧的维也纳则是轻吟旋律的听觉之美。在穿越了千年时间和万里空间之后，让我们回到当代的中国，再来看看三座不同地域城市的自我营销过程中的点滴。

第九篇 —— 借人文气息　造城市之魂

拍案一　大连："不求最大,但求最好"的浪漫之都

大连是国内较早开始品牌塑造的城市,早在20世纪90年代初,就开始了提升大连城市形象的大手笔。然而与成都等国内诸多有文化积淀的城市不同,大连市区原来仅是一个数十户人口的小渔村,城市发展只有一百多年的历史,其中一半的时间由殖民者所统治,是列强纷争之地。在20世纪90年代以前,大连仅仅是作为较早实行开放的沿海城市和东北的老工业基地,既没有深厚的历史文化积淀,又缺少浓郁的商业氛围。

为了跳出既有的劣势,摆脱旧的发展老路,大连市开始了城市文化和城市名片的打造。对大连的城市营销,主要是从"滨海浪漫文化"、"展会商务文化"和"精致宜居文化"这三个层面形成自身的城市特色。

大连最大的自然优势是滨海而建,如何在"大海"这一要素上做文章呢？大连首先由海联想到一个容易得出的主题——浪漫。因为国人大都了解大连的滨海地理位置,也对"浪漫"这样一个词汇有着相似的认知,因此,大连将营造浪漫气氛和提升城市环境相结合,开始了自己的文化培育。首先是建造滨海广场,大连建设了多个依傍天然海湾的城市广场,其中包括全亚洲最大的星海广场,这些广场成为游客和市民的流连之地；其次是发展海洋文化产业,包括港口文化、海洋教研、海洋运动产业和海洋博览业；再次是保留或创建城市特色,包括设立红衣女骑警、修葺德、日、俄式的殖民建筑、保存有轨电车等等；还有建海洋主题公园和海岛度假村；最后是与旅游渠道结合,做恋爱和婚庆旅游宣传,拍摄"浪漫之都"的城市宣传片在中央电视台滚动播放。

举办"展会和商务节"是大连努力打造的另一大特色。大连已成功举办了十二届国际服装节、十届赏槐节、十二届国际马拉松比赛,此外还有国内外的越来越多的政府、商业和学术会议在此举办。大连的招牌活动还有大连啤酒节、烟花爆竹迎春会、大连出口商品交易会等。大连已经逐渐形成会展文化,尤其是其举办的服装节和时装周,更是突出了"时尚"风格,为大连的城市文化增添了不少"国际基因"。

在营造"精致宜居文化"方面,主要是从软硬件入手。硬件上,开始大力改进城市的布局、交通和道路,将原有的工厂企业搬迁出市区。另外在城市设计上以人为本,加强城市绿化,打造"海上花园",通过广泛植树种草,全市森林覆盖率达到38.2%,城市人均公共绿地9.8平方米。同时,兴建博物馆和艺术馆等,吸引文艺团体演出,丰富城市文化生活氛围。在

软件方面则是实施高效精干的政府管理服务,并全方位提高市民素质。从学校教育、家庭教育、社区教育等全方位着手,改变东北人一些负面形象,形成文明而环保的道德价值观念和行为观念。联合国颁布的"最佳人居奖"便是对这方面成绩的最好表彰。

评价大连的城市营销,我们看到它也试图将浓重的人文气息融入整个城市,然而,他的融入是"入世"的,也是主动的。因此,大连的城市营销总体是成功的,但是必须走可持续发展道路。

拍案二　营销创意的城市——丽江

如果说北方大连重在追求城市品质的话,那么世外之城云南丽江则开拓了另一条独具特色的文化创意营销之路。

上天对丽江这个中国西南部的边陲小镇无比眷顾,赐予她神奇壮丽的自然景观和悠久灿烂的纳西文化。景观、文化造就了丽江与众不同的魅力与特色。然而,直到20世纪末,丽江在中国的无数城市中还是默默无闻,尽管有个别西方旅行家游历丽江之后将见闻出版传播,但其还仅仅像一片未开垦的"处女地",藏在滇南深山而"无人知晓"。丽江的决策者为了把这个小镇的品牌打响,而开始了五方面的紧扣原生异域"文化"的城市营销。

首先是经过调研后对城市自身的公关定位。在深入研究城市的历史、文化、人文、自然和地理资源后,丽江认为自己的城市文化内涵独特,具有显著的差异性。而在城市营销上应该注重保留城市的文化精华,注重对城市"根脉"的保护。具体丽江而言,其拥有世界文化遗产丽江古城、三江并流世界自然遗产、世界记忆遗产东巴文献古籍,有东巴文化、纳西古乐、摩梭风情等知名旅游文化品牌,这些都是城市独一无二的资源。为此,丽江确立了建设"国际旅游文化名城"的目标和突出古老民族文化保护和开放这一城市定位。

其次是考虑整合现有文化资源。保护古城如果不能合理地以城市品牌为核心有重点地整合起来,丽江的资源只能是一盘散沙,没有整体形象、没有个性、没有灵魂。丽江对其各种文化要素采取了改革体制、民间开放和有效保护三种途径。也就是通过对文化产业进行体制改革,有引导性的推向市场,成立各种的演出公司、生态景点企业等,使文化资源被激活。同时也引导社会力量挖掘、保护和弘扬古城、民间手工艺等资源,遵照谁整理好文化,谁受益的原则,将文化资源形成合力。

再次是发展独特文化产品。城市品牌的特色非常需要有差异化的文化产品加以表现。丽江依托颇具吸引力的民族文化资源,不断创新文化生产,出现了纳西古乐、东巴乐舞、《丽水金沙》等文化品牌。起步较早的纳西古乐产业与旅游市场紧密结合,仅宣科的大研古乐会平均每天接待游客逾500人,开发制作了纳西古乐图书及音像制品,应邀访演20多个国家和地区,利润可观。东巴文化作为对外来游客极具吸引力的异质文明,以丽江东巴文化博物馆为例,其成功地对白沙壁画文物景点和2500多件东巴文物藏品进行了产业开发。从街头象形文字、对联书写到东巴宫、东巴万神园、东巴王朝等一大批服务企业,从各类东巴仪式到东巴旅游工艺品、文化图书音像品,东巴文化产品成为丽江最有优势的文化产品之一。

还有是借助文化事件影响。一个城市品牌的建设,也可以借助事件营销这一利器,尤其是利用文化事件来进行。2004年11月,张艺谋和知名演员高仓健到束河古镇影视基地拍摄电影《千里走单骑》,影片所展现的丽江街道、石头城和长桌宴给观众留下了深刻的印象,以艺术的手段诠释和表现了纳西文化的古朴与独特,充分展现了丽江的独特魅力,提升了丽江的国际影响力,吸引了大量海外游客。此外,包括电视剧《一米阳光》、《茶马古道》、《钱王》在全国的热播,《印象·丽江》的实景演出,以及联合国评丽江为"中国最美小城市"等,无不是丽江利用媒体宣传、名人权威影响而创意事件公关的经典之作。

最后是建立文化传播渠道。一切文化都是在传播中发展的。文化对丽江来讲是最瑰丽的价值所在,但文化又不应是脱离游客、深奥且难以接近的。丽江通过一系列的文化创意活动,将文化的概念通俗易懂地传递给世界,让人们在接受丽江山水和文化的同时,还不知不觉地欣然接受了丽江整个城市。无论是招商引资、科学考察、学术调研还是各类专题旅游,都成为宣传丽江的契机。且丽江一开始就将传播放眼到世界,进行国际考察和演出,以至于国人一开始由于国际社会而了解丽江。此外,丽江还注重互联网影响,通过电子政务、"数字丽江"、旅游网推、同新浪网品牌合作等,从网民关注及感知角度出发,打造一个围绕丽江资源与信息、多媒体、高互动的网络公关平台。

总结丽江的城市公关,最大的特色是"出世"的文化渲染,也就是说与大连急于改造文化内涵相对,丽江更着眼于"无为"和"守成"式的营销。如果打一个比喻,大连的文化品牌仅仅是一张白纸,可以往上任意涂抹,使之更为靓丽。丽江的文化品牌则是一件瓷器,只能为其搭一个台子或者置一个展柜,尽管希望它能更引人注目,但整个过程却必须遵守着"小心轻放"的原则。应该说,丽江的城市营销是更成功的,因为它把朴素的东西演绎成最美丽的,为全世界所向往的作品。

拍案三　某市"中部崛起"式公关

　　作为华中地区的大城市,该市可以说并不缺乏硬实力,其无论是工业、教育和科技实力都可称得上是较发达地区。然而,该市近年来的城市形象却不太令人满意,与前文所提到的成都的形象崛起相差甚远,因此,有必要分析该市城市公关的得失。

　　突出差异化不足。该市经常对外宣传的概念是几个基本地理概念,而对历史名胜则提及较少。即使是已有的对外旅游推介,也感觉有些即时性和功利化,看不到能趋向沉淀的文化要素,给人感觉就是一个缺少识别度的大城市。

　　体现文化性不足。以"中部崛起"为主题,一下就为城市形象增添了浓重的物质色彩,但找不出文化的注脚。其实其文化性被隐藏了很多,翻开中国历史的画卷,该市扮演着重要的文化角色。且不说古时候的楚国文化、赤壁文化、道家文化,单就从中国近代的洋务运动、辛亥革命和国民教育等,该市都写下了浓重的一笔。如此辉煌的文化养料,如果不作为今天城市印象而得以传播,那么这不仅是浪费,也必然是一道城市公关的"硬伤"。

　　创造新渠道不足。该城市传播太缺少创新的渠道运用了。大连能够用展会来烘托自己,成都能够借超女来产生人气,丽江也懂得让国际舆论为自己助威。可却鲜见该市有什么新颖的信息传播方式,即使是城市的网络宣传方面,也应向这三座城市学习。因此,对该市而言,不仅仅是要"装新酒",也得"换新瓶"了。

　　应该说,该市这几年也在不断试图寻找城市形象公关的突破口,不少市民也自发在网络论坛上献言献策。

　　仅就公关传播角度看,该市城市营销先得摒弃"酒香不怕巷子深"的旧路,把城市文化气息亮出来,设法留住人、吸引人和改变人。所谓留住人,是要打破集散地角色,在来往旅人的视野和足迹中,进行口碑和体验式传播,例如可以借鉴打展会牌、节日牌、论坛牌等。其中,很重要的是对城市环境和设施的建设,而这也是一种无形的公关。所谓吸引人,主要学着借势和造势传播。城市可以创新打造产业文化和交通文化。例如可以拍摄一部展示富有艺术特色、人文景观和城市精神的形象片,以增进公众对该城市的了解。对城市而言,其特有的历史文化必然要在塑造城市的营销过程中起着重要作用。只有当城市真正做到对其文化色彩的尽情绽放之时,人们才会选择驻足留下,而不只是驿站。

回味隽永

　　在穿越中外时空后,又通过以上三个城市案例的"拍案点击",我们的足迹可谓踏遍中国的东北、中部和西南。面对这些城市营销的典型案例,我们深刻感受到人文气息直接影响了城市公关的传播效果,如成都案例中"休闲品牌"的崛起,又让我们认识到这种文化属性是可以被精心设计和执行的,只是践行这一过程仍需注意以下几点。

　　第一,不能单纯依赖著名景点。有的官员将城市形象宣传狭义的等同名胜古迹的宣传,殊不知景点只有旅游属性,无法完成城市的品牌张力。像在音乐维也纳、浪漫大连等案例中,并没有过多突出某些具体景点的推广,同样成功的塑造出自己的独特城市文化。即使是有众多古迹的成都,其也只是在通过借事件造势之后,才真正驶上城市品牌的快车道。

　　第二,不能含有太多商业色彩。城市营销尽管有营销之本意,然而在手段和方式上决不可过显功利意味。如果外来者认为该城市对他的欢迎,仅仅是为了"掏他的腰包",那又怎么可能喜爱这座城市呢?故而,城市营销应该遵循公关戒浮戒躁的特征,商业色彩要让位于文化内涵。

　　第三,不能忽视与公众的情感交流。海尔集团总裁曾说过,"仅仅质量和特色不能完成品牌的艺术塑造,真正的品牌是建立在与消费者无数次情感交流之上"。因此,城市品牌公关的最高境界应该是公众对这个城市的一次次发现、惊奇和感动。就如同成都在汶川大地震之后,推出的一系列城市感恩行动一样,只有以心换心的城市,才能赢得最终的喝彩。

　　其四,不能缺少搭载文化的有效管道。21世纪互联网时代的到来,表明信息非但不是日常生活中的稀缺资源,相反是过剩的,相对于过剩的信息,只有一种资源是稀缺的,那就是人们的注意力。一个城市要想吸引人们的注意力,越来越需要耀眼的平台和抢眼的话题。而除了主流媒体和新媒体之外,事件营销作为一种特殊的传播手段,集新闻效应、广告效应、公共关系、形象传播、客户关系于一体,也当之无愧地成为弘扬城市文化的"杀手锏"。这便是为什么我们看到,在成都公关案例中借一位"超女"偶像远胜过拍一部城市形象片。

其五,不能摒弃城市原有的个性价值。城市的特色蕴于多种多样的内容与形式之中。有历史的、传统的特色,有民族的、地方的特色,也有新兴的、时代的特色。目前我国城市发展,普遍存在的问题是趋同化,城市面孔大同小异。而要想成功地进行城市营销,历史文化浓厚的城市应多提供历史文化产品;自然景色迷人的城市应着重开发具有观赏价值的旅游文化产品;时尚文化鲜明的城市需要有引领文化潮流的文化产品。只有这种对城市个性的彰显,才能使城市形象引人注目,独具魅力。

第十篇

双向互动中的政府公关

——以某开发区为例

  政府公关在实现目的中需要规范，这是政府企业公关的重要特征。除此之外，还有其他的一些特点需要注意，如政府企业公关的技巧性、近年来的发展趋势等。当前的中国政府企业公关，多体现为经济目的的公关，如招商引资等。在这些过程中既有一些卓有成效的措施和方法，也有不足之处。改革开放30年来，我们取得了举世瞩目的成就，但就政府企业公关而言，我们仍然有很长的路要走，中国古代和国外的一些先进经验值得我们借鉴。此外，政府企业公关的功能远远不止于招商引资和为经济服务等，实现政府公关目标多元化，是我国各级政府，尤其是地方政府公关变革发展的重要方向，以实现政府对企业的公关能更好地服务于综合治理、更好地服务于民生、更好地服务于和谐社会。

开篇导例

美国政府接管"两美"

2008年,美国爆发了次贷危机,由此像多米诺骨牌一样引发了全球金融海啸。到了四五月份,市场曾一度乐观预期次贷危机最坏的时刻已经过去,情况在逐步好转。然而,伴随着房利美和房地美的轰然倒塌,一切乐观的预期被证明不过是美梦一场,次贷危机好似打开的"潘多拉"魔盒,麻烦接踵而至,股市暴跌、银行倒闭……

资料显示,房利美和房地美是美国第一大和第二大住房抵押贷款融资机构,持有或担保约5万亿美元住房抵押贷款,占全美国12万亿美元抵押贷款的42%;其中,超过3万亿美元为美国金融机构持有,1.5万多亿美元为外国机构持有。二者都是公开上市机构,也承担支持房屋市场的政府职责,曾被很多市场人士看作是"大到不可能倒"的"最安全"公司。然而,在过去四个季度中,两家公司都连续出现亏损,累计亏损金额高达140亿美元,二者的股价更是跌势惊人。房利美股价已从一年前的70美元降至目前的73美分,房地美的股价则从1年前的45美元降至当前的88美分。

面对"两美"危机对金融、房地产市场、美国实体经济、政治乃至全球经济所造成的重大威胁,美国政府再也坐不住了,推出拯救计划。正如美国总统布什发表的声明中所表述的那样:困境之中的房利美和房地美给美国经济带来了无法接受的风险,今天,它们的监管机构——联邦住房金融局断定它们无力继续安全和健康地经营下去并履行其公共职责,从而为整个金融体系和我们的经济构成无法接受的风险。

2008年9月7日,美国财政部部长专门召开新闻发布会,宣布美国政府接管房利美和房地美。然而,面对美国财政部这一有史以来的最大金融救市行动,市场各方的看法并不一致,可谓褒贬不一。各国官方言论对此普遍表示认可,认为美国政府的举措是"先发制人,试图力挽狂澜";但以海外基金经理等为代表市场人士的看法则显得有些不那么"合群"。在他们看来,这种做法是"换汤不换药,治标不治本",政府对"两美"的救赎将在短期内推升股市,却不太可能阻止房价下滑并扶助美国经济真正走出下滑泥潭。

点 评

任何一个企业要生存和发展,都需要一个有利的环境,只有这样,企业才能顺利实行自己的战略,并达到相应的经营目标。其中,政府对企业的影响是毋庸置疑的,在这个案例中,如果没有美国政府伸出援手,很难想象房利美和房地美会怎样。美国政府适时地接管了房利美和房地美,为"两美"的生存和发展提供了保障和可能。

史镜今鉴

晚清政府的招商引资、募集商股活动始于 1872 年轮船招商局的创设。从 1872 年轮船招商局设立并招商引资募集股份开始,到 1880 年上海机器织布局向社会公开招股已经获得较大成功。

招商引资、募集股份制度在 19 世纪 70 年代的中国尚属创举,人们对它的认识相当模糊。清政府又一贯推行重农抑商政策,官与商交涉较少,隔阂较深,所以由清政府出面招商引资、募集商股并不十分容易。为改变这种状况,李鸿章认为:"宜物色为殷商所深信之官,使之领袖,假以事权,"达到"官为之倡","商民可无顾虑"。即要利用商人资本,就须有半官半商、亦官亦商的人物牵线搭桥。

按照半官半商、亦官亦商的标准,1872年7月李鸿章招致经办海运10余年的浙江候补知府、淞沪巨商朱其昂全权负责筹设轮船招商局。11月招商局在上海成立,李鸿章拨借制钱20万串(合银13.5万两),作为"设局商本",以为倡导,希望借此招徕那些依附洋商的在沪各省商贾。朱氏虽与买办势力有联系,但在大买办商人中声望不高,号召力有限,各地商人对招商"多方忌阻","难遵合同"。因此开局之初,响应者寥若晨星,尽管朱其昂多方努力,招商引资仍不见起色。

招商局资本有限,朱氏又不熟悉新式航运业务,仅半年就亏损4万余两,人言籍籍,李鸿章不得不进行改组。财力雄厚、熟谙航业的粤籍买办商人唐廷枢、徐润被招揽入局,委以总办、会办重任,负责招集商股业务。唐、徐皆为买办出身,与华商有着广泛联系,特别是唐廷枢,是外资企业中"华股的领袖和代言",极具号召力。唐、徐入局后,立即提出一个"预算节略",向社会广泛宣称招商局有相当把握与外国轮运业相抗衡。为开展业务,招商局还在国内外选择19个较重要的商业港口,如在天津、香港、新加坡等地设立分局,揽载货物。经过此番改革,招商工作有了较大进展,1874年招商局集资47.6万两,唐廷枢"尽将自己所有及邀集亲友极力附股"。1877年招商局股本增至75.1万两。同期徐润一人投资约12万两,到1881年增至24万两。第一期100万两股本已招足。

到19世纪80年代,由于官督商办企业所作的一些努力,多少改变了社会视听。如轮船招商局从成立后第二年就按章程规定发付利息,初创时购买一股,到1880年股息计达70两,这在很大程度上推动了私人资本的活跃。恰在此时,织布局进行了改组,翰林院编修戴恒受命出面主持。他请太古洋行买办郑观应入局,又延揽与各方商人有广泛联系的经元善入局。于是,改组后的上海机器织布局由戴恒、龚寿图、郑观应及宁波富商蔡鸿仪、苏北大盐商李培松等主要创办人订立集股章程,规定招股4000(每股100两),半数由主要创办人认购,半数向社会公开招募。经元善在通商口岸、内地城镇及华侨集中的地方委托钱庄商号,分设36个代收股份的地方,并在报纸上公布投资人的姓名。这一措施在社会上引起广泛关注,招商工作有了突破性进展。自章程公布后不到1个月,招商数额便达到30万两,旋即又增加到50万两,远远超过原定计划。第二阶段:从1881年到1883年7月,招商募股进展比较顺利,企业股票市价保持在面值之上。

进入19世纪80年代,情况有了新的变化,西方资本主义残酷掠夺使中国旧有经济结构遭到更严重的破坏,资本主义生产方式获得人们更多的认识和接受。先前开办的轮船招商局、开平煤矿、上海机器织布局,其筹建、经营都进入正常运行轨道,这种无声的宣传增强了官督商办的吸引力。从19世纪80年代初开始,上海各大中外文报纸开辟专栏,专门刊登企业股票的行情。这些因素大大有利于招商工作,募股较前段更为容易和顺利。正如《申报》所说:"现在沪上股份风气大开,每一新公司起,千百人争购之,以得股为幸。"

趁着股市势头正旺,一些老企业纷纷增资以扩大经营规模。轮船招商局1876年只值40余两的股票市价,到1882年涨至200两以上,最高达253两,招商局趁此再次增资100万两,1年内收足。

晚清时期,随着中国社会自然经济的逐渐解体,从事大工业生产的企业先后出现。作为洋务运动的重要内容之一,清政府创办了一大批民用工业。但当时的清政府财力有限,如何筹集大量的资金,是洋务官员们必须面对的重要问题。

对此,清政府展开了具有特色的企业公关(主要是针对商人、买办)活动,而且效果比较明显。其措施主要有以下几点。

1. 以在工商界有威望和影响力的人物代表政府出面对工商界进行公关。基于当时政策和传统层面的原因,政府与商人、买办的关系疏远,因而以商引商、以商募资便成为比较可行的公关策略。

2. 广泛宣传、扩大业务范围,造成事实上的影响和良好的预期效益。企业、商人、买办投资洋务企业,其主要的目的是为了赢利。以招商局为例,广泛宣传轮船招商局可以与外国公司相抗衡、并且把上海、香港、新加坡等东亚、东南亚的主要港口纳入运营范围,无疑让众多商人和小企业主看到了赢利的希望。

3. 制定现代企业章程,并且严格按章程分红。使得投资者的利益得到保证,也确保了招商活动持续的可能。

4. 巧用形势,乘机宣传造势也是招商局招商成功的措施之一。

从政府企业公关的角度而言,从轮船招商局募资比较成功的事例可以得出如下结论。

首先,政府公关的直接运行者可以是政府及其工作人员,也可以是政府委托授权的企业或个人。有影响力的企业或企业家在业内的影响力和示范作用巨大的,委托或授权这些企业或企业家,可以打消疑虑,按照行业内部规则办事,同时他们比政府官员更加熟悉业务,能起到更好的公关效果。

其次，政府企业公关效果的决定因素依然是被公关者对利益的预期和判断，因而政府在公关过程中必须考虑到企业的利益。

最后，公关的渠道可分为有形与无形，无形的主要是氛围营造，当政府对企业的公关能形成一股潮流的时候，其效果反比具体公关更好。

三刻拍案

拍案一　某开发区发展中的对外公关

某经济技术开发区于1992年3月16日经国务院批准设立，是国家级经济技术开发区，享受国务院规定的沿海开放城市经济技术开发区的所有优惠政策。十几年来，该经济技术开发区始终把加快利用外资、完善投资环境、大力发展经济作为工作的重点，坚持唯实、创新的开发建设思路，探索出一条切合实际的发展道路，为下一步发展奠定了坚实的基础。在坚持"以工业为主，以利用外资为主，以出口创汇为主"建区方针的前提下，从实际出发，探索出一条切合实际的招商引资和对企业的公关新路。

招商引资和项目建设过程中，始终把软环境的建设与改善放在工作的首要位置，强化管委会机关的服务职能。一是实行"六局两室"一幢楼联合办公，简化审批手续，提高办事效率，并建立了"两公开，一监督"制度，即公开办事程序，公开办事结果，随时接受监督。二是建立客商投资咨询服务中心，为内外客商洽谈、投资提供方便，一般项目一星期内就可办理审批手续。三是建立岗位目标责任制，对各部门和各个岗位的工作实行量化考核。四是提出"人人都是投资环境，人人都做开发区的主人"的要求，使每个工作人员以新的思想观念、新的精神状态、新的工作作风和新的工作方法全身心地投入到工作中去，使开发区的投资软环境有一个根本性的转变。

以引进外资为主，内外并举。坚持"以利用外资为主"的办区宗旨，并根据本开发区的实际提出"内联打基础,外引上水平"的招商思路,做到内外并举、以内引外。首先引进皮件、箱包、制衣、低压电器等"短平快"项目作为起步工业,并设法帮助其同外资嫁接。随着投资环境的不断完善和经济实力的日益增强,又把重点放在投资规模大、技术含量高、加工程度深、产品外销能力强的外资项目和国内大中型骨干企业上,以外为主,逐步提高区内企业的整体素质。到目前为止,已有香港、台湾、日本、美国、德国、法国、意大利等16个国家和地区的商家来区投资办厂,外商投资占总投资额的40％以上。以发展工业项目、基础设施为主,适当发展第三产业。

在招商过程中,开发区采取了多渠道、多层次、全方位的招商形式。一是"请进来"和"走出去"相结合。在扩大对外宣传和联络,热情接待内外客商的同时,主动出击,先后赴香港、日本、美国、法国、英国、新加坡等地招商,取得了较好的引资成果。二是在招商力量上,开发区的干部职工"人人都是招商窗口",而且发动全市社会各界积极支持和广泛参与招商,形成全社会招商的大局面。三是"以外引外",充分利用现有外商的力量,以他们自身投资成功的范例,为开发区引来更多的外资。

十几年来,该经济技术开发区正逐步成为全市对外开放的窗口、出口创汇的基地和经济的重要增长点,对地方经济的发展起到了强烈的辐射和良好的推动作用。开发区的城市化水平明显提高,基本实现城乡一体化,并融入大城市发展格局之中,初步建成一个综合开发有序、功能配套齐全、经济技术协调发展、生产生活环境舒适的综合性、开放性、现代化的新城区,为城市的二次创业和经济腾飞作出更大的贡献。

点 评

该开发区和全国各城市的开发区一样,担负着城市发展驱动力的作用,也是城市发展的主要增长极。在如何促进开发区的发展上,该开发区开创了属于自己的模式。

首先是开发区企业公关中对开发区的定位。该市把"以工业为主,以利用外资为主,以出口创汇为主"作为开发区建设的指导思路,事实上也是在向各企业(主要是外资企业)做出的导向性公关。明确外资的主体性地位,无疑是在向外商发出一种召唤。从而打消了当时国外企业的政治怀疑和现实疑虑。

其次是该市政府企业公关中的环境公关。创建良好的投资硬件和政策环境,以良好的投资环境和合理的规范管理来吸引外资。以优良的政府办事作风来增加外企的信心和满意度。

再次是公关的针对性和切实性。公关时依据该市的实际,引进内资打基础、引进外资上水平。针对性明显。重点放在引进有水平有技术的外资企业上,从而使得该市产业结构比较传统、生产水平较低的状况得以改变。

最后是政府企业公关的多渠道多维度。既主动热情的吸引内资,又主动走出国门,进行海外公关。既强调政府公关,又重视民间和社会公关,形成全社会的一种自觉行为。

在该市开发区的企业公关过程中,可以思考和借鉴如下。

1. 政府企业公关不同于私人公关、一般社会组织公关,其对象具有广泛性,是一种"一对多"的公关。这种"一对多"公关更多的体现为政府自身的政策和形象,具体对象模糊的公关多于具体对象清晰的公关,因而公关必须具有长期性和自树形象的特征。

2. 公关中的以点带动,以外商带动外商。以成功的大陆外资为典范,吸引其他外资,树立成功企业形象来进行榜样公关。以一个个成功的企业事例来刺激更多外国企业来投资。

3. 综合公关。政府企业公关一般是多对象多角度的,是一个系统的、参与者众多的活动过程。只有通盘考虑、立足实际,才能取得预期成效。

拍案二　美国政府在企业合并中的公关

从20世纪60年代末期开始,美国经济日渐衰落,日本、西德及一些发展中国家迅速崛起,对美国经济形成巨大威胁,因此,摆脱衰落、调整结构的相关举措必须指向提高美国国际竞争力的目标。进入80年代,里根政府经济政策的一个重要思想就是放松管制,政府对企业购并的态度发生了根本性的改变,主要是更多地强调购并行为的积极作用,而淡化其消极作用。美国司法部制定的1982年购并指南认为,购并能够调整企业生产结构,改善企业管理,提高企业效率。购并虽然在一定程度上会有损于市场竞争,但与企业经济增长相比,仍然是有利的。在1982年购并指南的基础上,1984年购并指南主要强调两点:一是企业效率问题,凡是有利于提高企业效率的购并都是合理的,不应予以干预;二是国际市场竞争力问题,凡是能够提高企业劳动生产率,增强企业在国际市场竞争力的购并都是合法的,应当予以鼓励。可以说,80年代掀起的规模空前的企业购并潮,与里根政府的政策导向有着不可分割的联系。美国政府鉴于本国银行在世界银行业中地位逐步下降的现实,曾在1987年提议组建2~3家规模巨大、业务多元化、机构遍布全球的巨型银行,并在以后逐步放宽了对银行业的监管,特别是新联邦法案放宽了对跨州设立分行和扩大业务范围的限制,推动更多银行相互购并,从而造成大型银行的诞生。

克林顿在第一任期内努力实现的战略目标,也是他连任的重要原因之一,就是促使美国经济在全球具有更强大的竞争力。美国历来严格禁止飞机制造商和军火承包商进行大规模的合并,但在1996年批准波音和麦道的合并后,1997年又批准了美国最大的防备承包商洛克希德公司和诺思罗公司的合并。针对波音和麦道合并案,美国政府有关人士明确表态:一旦相关的市场成为世界性的,横向合并就无可指责;为了在全球具有竞争力,企业的规模必须变得更大。

在波音与麦道合并案中,政府不满足于幕后策划,而是从后台来到前台,直接导演了这次合并。麦道公司既生产民用客机又生产军用战斗机,美英两军一半的战斗机是由麦道公司供给的,是英美两国政府最大的军火商之一。由于它的处境并不十分困难,所以对与波音合并并不情愿。在这种情况下,美国政府就出面进行了干预。它的干预不是行政命令,而是经济手段。五角大楼把研究和开发下一代战斗机的任务交给了没有从事战斗机的波音公司,这对麦道公司来说自然是当头一棒,逼得它不得不就范。新的波音公司刚建立,美国两家航空公司就把今后20~25年所需采购飞机的订单交给了新的波音公司。业内人士指出,交易的背后有政府的身影,波音和麦道的联合是一个很大的战略行动。

点评

美国作为一个典型的资本主义国家,极其信奉经济自由主义和自由市场。历来对市场和企业的干预很少。虽然20世纪30年代以后随着罗斯福新政的实行,美国政府也开始一定限度的干预市场,但相对其他国家而言,其干预无论是力度还是范围都不大。然而本案例中克林顿政府在波音和麦道公司合并等一系列合并活动中,却发挥了重要作用。其公关的力度是很大的,其作用也是十分明显的。

为了促成这一系列合并,美国政府首先是在企业界造成支持合并的政策氛围。事实上这就是对企业公关的过程,通过以并购指南这种有政策倾向的公关,让企业界了解政府对并购的基本态度,也是在鼓励和倡导企业进行合并改组。

在舆论宣传的公关以后,美国政府接下来就是为企业合并进行法律上的"松绑",并作出进行企业合并的提议,这在美国是很少见的。这种提议是对具体企业的公关。

在波音和麦道公司合并问题上,首先是通过政府内部人员发布消息:就市场本身而言,政府不反对合并。接下来是具体措施帮助解决合并中的问题,从而最终促成了这起令世界关注的企业合并。而帮助解决问题的方式是通过订单转移,非常巧妙地以公关而非政府行政命令来达成合并的目标。

在这一案例中,政府公关手段事务化是一个非常突出的特征。具体而言,通过把军事订单交给波音公司,以这种利益输送式的公关向麦道公司说明:政府需要两家公司合并。麦道公司看到这种情形,自然只能就范了。

政府对大型企业公关的特征在这里得以体现:当普通的政策引导和政府鼓励难以实现的时候,政府就需要采取具体的手段了,而经济的甚至是实际利益的引导就成了最为直接的做法。

拍案三　伊拉克战争期间的美国政府对企业的动员性公关

优厚的条件以调动和刺激企业生产的积极性是美国经济动员主要方式之一。军品生产的利润平均高出民品生产的1.5倍还多。伊拉克战争消耗了美国大量库存的"战斧"式巡航导弹,为保障战争需要,美国一些大型军火企业先后接到美军的大批订货。如雷神公司2003年4月7日宣布,在开发移动式弹道导弹防御雷达方面接受了3.5亿美元的订货;洛克希德·马丁公司也在当天宣布接受了2030万美元的订货。随着军火采办费的大批投入,大型军火企业的股价也扶摇直上。雷神公司的股价伴随着伊拉克战争而上涨,2003年4月10日升至27.98美元。生产"爱国者"导弹的洛克希德·马丁公司的股价也在这个月上涨了9%左右。

伊拉克战争前,为了弥补军用侦察卫星的不足,美军面向社会租用了两颗"伊科诺斯"商业遥感卫星,加强对伊拉克战场的侦察,这两颗高分辨率的卫星能够拍摄巴格达等重要城市和美伊双方激烈交火地区的清晰图像。伊战中,为美军提供服务的90多颗卫星中,有近半数是军方根据军事需求,通过这种招标方式募集到的商用卫星。在战前和战中,美国军火业生产订单应接不暇,陆军器材司令部还同1500多家承包商签订了2.3万余项合同,价值近40亿美元。国防后勤局也同1 000多家主要承包商签订了9.4万余项合同,价值近50亿美元。

五角大楼一直试图把军事运输承包给企业,通过市场经济来保障运输的效率。伊拉克战争后的统计数字表明:民间空中和海上运力承担了战争期间的美军人员、装备物资运输总量的70%以上,弥补了军队自身运力的不足。据五角大楼估算,通过把军事运输合同外包,当年节约运输经费近1.7亿美元。

伊拉克战争期间,美国民用后备航空队输送了近2/3的参战人员和1/4的作战物资,还承担了一些诸如空运邮件和机场间倒运货物的任务。民用后备航空队使得美军既能保证在战时获得强大的空运能力,又节约了大笔的飞机采办与维护费用。根据美军方公布的研究结果,在过去30年里,民用后备航空队为军方创造了900亿美元的经济效益。

为了更省钱、更方便,五角大楼开始把海上补给线向外国海运公司开放。在阿富汗战争期间,美国租用了其他国家的远洋货轮,把军用物资运到战区。美国一部分军事专家认为,今后美军在全球各地发动的军事行动,必须及时依靠经济手段吸引更多的民用运输部门支持,由他们把大量的装备物资送上前线。

企业是以经济效益为中心的。然而,政府和军队的优惠政策和利润终究是有限度的。那么,战时若遇到比政府和军方利润空间更大的订单,商家们怎么办?为了妥善解决商家的利益和国家利益之间的矛盾,美国则采取了制定军品优先制度等有效辅助措施,最大限度地避免经济杠杆失衡,保障战争急需。

美国以《国防生产法》为依据,平时注重国民经济动员准备,经常性地对生产厂家进行管理和制约。在政策指导下,国家利用税收、信贷、原材料供应等经济杠杆对军事订货进行市场调节。

战争期间,美国政府要求在人力、物力、财力的分配上向军事领域倾

政府公关

斜,优先满足军事及军品生产的需要。对军用物资,根据其重要性、紧缺程度、替代性等因素,制定出生产顺序级别,优先保证关键性的、紧缺的、不可替代的军用物资的生产;各经济部门和企业在生产活动中优先安排并按照完成军品生产任务,不许无故或借故拖延军品交货期,不许减少军品生产数量和降低质量。政府要求"为了符合国家安全需要的商品、产品和材料迅速发货,政府可以发出订单,并且要求厂家优先完成这些订货"。

正因为如此,伊拉克战争中,军方签订的数千项物资生产的合同,动员上千个承包商,数千条生产线,夜以继日地生产军品,没有一家企业或公司发生毁约,拖延耽误军用物资的供应。

点评

政府对企业公关的目的在于使政府目标达成,而战争期间对企业的动员也属于政府企业公关的范畴。在整个伊拉克战争期间,美国政府的企业公关也凸显出动员性的政府企业公关的重要性和一些特征。

战争时期动员性公关比较特殊,既具有一般政府企业公关的实质特性,那就是通过政府对企业的活动而实现政府的预期目标,同时手段上又不是简单的行政方式或单纯的经济活动方式,而是在带有某种行政或经济特色的同时,通过沟通和信息交流,建立彼此比较稳定的信任关系,从而确保实现最终目标。这就明显的具有政府公关的实质特征。同时又具备一般政府公关所不具备的特征,由于特殊时期和形势,其采取的方式或多或少又带有行政命令或经济交换的色彩。

在这里我们主要从政府企业公关角度分析美国在伊拉克战争期间的做法从而深化我们对政府企业公关的认识。

优厚的条件调动和刺激企业生产的积极性是美国经济动员的主要方式之一,也是美国政府战时对企业公关的主要手段。企业以经济效益为最终追求目标,而以优厚的条件自然能刺激企业,从而保证企业的生产与服务能更好地满足政府的要求。尤其是满足政府在战争期间的各种设备生产与运输。伊拉克战争中,军方签订的数千项物资生产的合同,动员上千个承包商,数千条生产线,夜以继日地生产军品,没有一家企业或公司发生毁约,拖延耽误军用物资的供应。这都可以很好地说明了这种以利益为基础的公关的作用。

但这种优厚的报酬并不同于普通的商业往来,由于战争期间各种物资和设备的重要性,必须要保重这种供应的万无一失。但这种保障并不是单单依靠优厚的价格就能保证的。这就必须建立长期的相对固定的关系,在这里面公关的作用就显得尤为重要了。平常就要对厂商进行经常性的持续公关和有效调节,如国家利用税收、信贷、原材料供应等经济杠杆对军事订货进行市场调节,就是这种公关的重要方式。

战争期间,美国政府要求在人力、物力、财力的分配上向军事领域倾斜的措施也是一种带有强制性的公关。这种有约束力的制度安排向企业表明了军事物资生产的重要性,并用利润和优先供给原料、燃料、资金、人力物力等方式来公关企业,从而使得企业不接受这种公关都是不容易的。

政府企业公关并不排斥利益的输送,通过运用经济效益这种企业最看重的目标来进行卓有成效的公关在特定情况下是政府企业公关的重要选择之一。

回味隽永

通过古今中外的几个政府对企业的公关案例我们可以看出,政府对企业公关是一个系统的、多方面的过程。其复杂性和综合性、公共性和权威性都是其他公关所不具备的。

首先,奉行"组合拳"理念。政府公关具有系统性,很难像企业公关那样找出最主要的手段和方式,很难有某个单一的主题概念。政府不会为了某个暂时的局部利益而采取单一手段的重拳出击进行鲜明的主题公关。政府对企业的公关也是如此,其公关的手段更加综合,更注意长久的结果。

其次,政府对企业公关的"中庸"特征。政府工作的一个基本特征是力求稳妥,必须考虑多方面的因素,采取多方面都能接受的措施,因而,在政府的企业公关中,公关必然具有某种"中庸"的特征,不可能过于偏向某一利益群体,必须采取各群体各方面都能接受的方式,而公关的结果也必须力争让各阶层各团体都能够接受。

再次,政府企业公关具有某种程度的间接性。因为政府更多代表的是公共利益,因而在对企业公关过程中,往往不是代表某个组织和个人的利益去进行公关,但在公关过程中却具有潜在的利益受众。同时,任何公关都有一定的风险性,而政府基于其地位和形象考虑,在对企业公关过程中在其手段和过程上往往具有一定的灵活性。在有些情况下,政府机构基于政治或其他方面的考量,或出于其他的要求,或关乎重大利益,也不得不采取灵活的企业公关。

同样基于政府本身的特性,部分对企业的公关不宜由政府或政府工作人员直接出面,此时往往是以授权或委托的方式进行,具有间接的特征。政府公关并不像企业公关那样具有直接受益的特征,因而不必要直接出面采取直接的公关,动用其影响力和政策导向进行间接公关。

最后,政府公关具有其他组织和个人公关所不具备的权威性,这也是政府的重要特征。政府背后是强大的政治机器和雄厚的经济实力,因而,即使政府对企业的公关采取非常平和甚至简单的暗示,都会受到企业比较积极地响应。而在政府所代表的社会利益和企业利益发生冲突时,政府所采取的强势的具有压倒性的公关更是企业所必须考虑的。

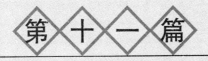

社会舆论风潮的应对和利用

——华南虎事件公关案例

  在一起生活的人们在"茶余饭后",往往会饶有兴趣地谈论某些事情。对事件的原因、发生、发展及至结果,人们彼此之间激烈讨论,形成一种社会舆论。虽然目前对舆论的定义还不统一,但是很多学者对舆论特征的总结过程中,都认为舆论应该由若干要素构成,其中最基本的就是"议题"、"公众"和"共同意见"这几个要素。目前信息技术迅速发展,特别是网络媒体发展一日千里,其广泛的影响力和快速的传播速度,使得其具有在短期内就一个"议题"引起"公众"的"共同意见",掀起"舆论风潮"的巨大威力。对于这些社会舆论,如果有关政府应对稍有失误,就会引发人们更强烈的质疑或批评,轻则使政府形象受损,重则破坏社会稳定。对这一种新型公共危机事件,有必要进行相关的研究,因此,在本篇中将论述政府如何应对社会舆论危机公关的有关问题。

开篇导例

山西政府回应"问题疫苗"事件

自2010年3月17日山西"疫苗事件"被媒体"揭出"以来,广受舆论关注。山西省卫生厅有关负责人当晚通过新华网发布消息,称"报道基本不实";22日下午,山西省政府召开了首场新闻发布会,回答了3名记者的提问后,只开了10分钟就草草结束,当场引起记者非议。

显然,山西有关部门这两次应答,都没有满足公众的信息期待。就在山西省卫生厅17日应答,称调查查实10名孩子与"高温暴露"疫苗无关后,18日一些家长就通过媒体认为,患儿症状与接种疫苗有关。22日山西方面的新闻发布则通报了三方面的内容,一是说明媒体报道的问题疫苗是三年以前的事情;二是当地正在迅速寻访媒体报道所提及的15名儿童,调查组也分赴各地调查核实,并将邀请省外有关专家进行鉴定分析;三是安抚社会情绪,称目前当地对疫苗的监管严格。同时,山西方面终于承认,北京华卫时代公司进入山西疫苗市场,没有经过严格的招投标程序。

虽然山西承认疫苗招标违规,但却没能回答疫苗与孩子生病是否有关、疫苗标签由谁贴标、疫苗当下的生产方式是否合法、检测报告缘何不公开、疫苗抽检如何保证检品的同一性等一系列问题。碰到了危机性事件,政府有关部门的应答,理应建立在严肃认真调查的基础上,要拿出有说服力的证据,以及详细的调查资料,向公众说明,取得大家的信任。最关键的,是要有实事求是的精神,要有诚恳积极的态度。但山西方面参加新闻发布的有关人员,记者问问题,要么回应"要请有关方面的专家及主管部门来回答",要么换个说法称"将由相关部门来告诉大家",再问,就说"我是主持人,不清楚",或者干脆说"我是想告诉你,(但)我是主持人,这事我不清楚"。这样的结果,只会弄得公众一头雾水,疑点频生。

点评

山西政府面对"问题疫苗"事件,应尽量去缓解、消除对其不利的舆论,最根本的一点,是落实好各方面的政策,而不能侵犯到民众的利益。"问题疫苗"事件留给我们的思考仍在继续,只有地方政府各方面的工作做到位了,才能赢得公众的信任,也才能消除对当地政府造成不利影响的舆论。

史镜今鉴

随着时代的发展,当今社会已经是一个全方位开放的社会。政府作为传统的社会管理核心和权威的信息中心,其在新时代条件下必须有所改变。社会的高度信息化,对一些事件政府已经不能垄断和掩盖了,政府更应该考虑的是如何针对公众的关注,以更宽阔的胸襟,更开放的姿态、更具关怀的责任心,回应公众的关注,解决公众的疑问和猜疑,掩盖和避而不谈只能让公众对政府更加失望。

美国第37任总统尼克松,为中国人民所最为熟悉的几位美国总统之一。1972年2月的他首次访华,成为访问中国的第一位美国总统,访华期间中美两国政府发表了著名的《上海联合公报》,为打开中美关系大门并为改善和发展中美两国关系作出了重要贡献。然而1974年8月8日,尼克松因"水门事件"辞职,这与他在应对公共舆论上的失误有莫大的关系。

1972年的"水门事件",总统尼克松唆使手下对自己的政敌采用了非法窃听手段,顿时引起舆论哗然,各种大小报纸纷纷登载。尼克松极力否认水门大厦的窃听事件和自己有关,在面对舆论和公众质疑时不以为然,下令手下保持沉默,"我们对此少说为妙,传闻自会过去,不必为此忧虑"。而司法介入其中展开调查,引起各方强烈关注时,其拒绝调查、试图掩盖真相的一系列活动又引起众怒,一步步地将他自己推向深渊。

首先,尼克松命令助手开列了一份记者中反政府人士的"敌对分子名单",他认为,直接盯住这些特殊的人,就能瓦解他们揭开"水门事件"真相的努力。另外,在"水门事件"大陪审团和联邦调查局的调查中,尼克松政府采取各种掩盖事实真相的做法。在对水门大厦窃听事件的调查中,调查人们怀疑总统直接参与其中,有犯罪行为。1973年初,参议院"水门事件"调查委员会请总统和他的助手接受调查,但尼克松用"行政特权"拒绝了调查。1973年7月16日某前白宫工作人员揭露:在总统办公室的谈话都录了音。最高法院要求尼克松交出他在办公室谈话的所有秘密录音带,遭到拒绝。10月,总统命令司法部长解除特别检察官的职务,司法部长和司法副部长辞职以示抗议,这样"水门事件"被重新燃烧。群众抗议的怒涛迫使尼克松于10月24日交出了录音带。但最高法院要的是9盘,尼克松只交出了7盘。白宫声称另外两盘根本就不存在。

1974年7月8日,最高法院以八票对零票通过了对尼克松不利的裁决,尼克松因"妨碍司法程序,滥用职权不肯交出秘密录音带犯了蔑视国会罪"。与此同时,报纸社论发出要他辞职的舆论,国会也不停地呼吁,要对他进行弹劾。尼克松于8月7日在给别人的电话中说:"我简直得不到国会的政治支持,而我要继续担任总统是需要这种支持的。我不能眼看由于6个月或更长时间的弹劾审判,国家陷于分裂,我们的对外政策遭到破坏。"于是他在第二天宣布辞去了总统职务,成为美国历史上第一位辞职总统。

可以看到,首先尼克松在水门事件中犯有过错,但是在事件被媒体曝光之后却不以为然,轻视媒体和公众的力量,和媒体记者为敌,这对自己在媒体传播中的形象极为不利,从而使自己在更多受媒体影响的普通民众中间印象不佳。其次,蔑视国会,拒不配合国会调查,反而利用自身权力解除特别检察长的职务,以期望逃脱法律审判,而这一行为只能进一步引起众怒。对国会、媒体、民众的漠视,使得尼克松一步步走入绝境,最终孤立无援,黯然辞职。

舆论焦点事件看起来关注的只是一个小小的个案,但是其背后隐含的往往是公众和全社会的一种"共同意见",不容忽视。政府应该正确地对待舆论焦点中所显现出来的社会问题,采取适当积极的措施解决,以免矛盾进一步积累,最终爆发出难以估计的严重后果,因此,政府正确应对

第十一篇 —— 社会舆论风潮的应对和利用

社会舆论的危机公关具有十分重大的意义。

再来看看我国历史上维新变化运动中对舆论风潮的成功运用。回顾一下维新变法运动中的举动，它成功地在力量弱小的情况下引起人们的关注，对人民进行了一次现代政治民主思想的启蒙，使更多的仁人志士走上了立志救国图强的道路。

1894年甲午中日战争，中国在战场上一败涂地，被迫求和，李鸿章代表清政府远赴日本签订停战和约。1895年春，北京举行科举考试，乙未科进士考完试，等待发榜。《马关条约》内割让台湾及辽东，赔款两万万两的消息突然传至，在北京应试的举人群情激奋。台籍举人更是痛哭流涕。4月22日，康有为、梁启超写成一万八千字的"上今上皇帝书"，十八省举人响应，一千二百多人连署，反对和日本签订的丧权辱国的《马关条约》。史称"公车上书"，被认为是维新派登上历史舞台的标志，这也被认为是中国群众政治运动的开端。"公车上书"打动了当时的光绪皇帝，光绪皇帝将康有为等人召到身旁开始推行变法运动。康有为为了给变法铺平道路，先后撰《新学伪经考》与《孔子改制考》2书，前者指斥古文经学为刘歆所伪造，后者将孔子断为改制先驱，6经为孔子改制所假托。维新派非常注重利用报纸和学会等组织扩大其影响，推动变法运动。维新派还在各地办学会、学堂、报刊，积极向人们宣传变法思想，他们要求民权、发展资本主义。

遗憾的是，维新派在变法过程中过于急进，其实力也十分薄弱，因而在以慈禧太后为首的顽固派势力的反扑下，维新变法很快就失败了。但是，以他们微弱的实力，在短暂的时间内，就能在全国掀起变革求新的社会风潮，议会、民主等观念由他们首次向全社会宣传开来，启发了更多的仁人志士，其在引起社会舆论和利用社会舆论力量方面的表现令人惊叹。另外，维新派的历史意义更在于其作为中国革命的时代先潮，打破了暮霭沉沉的晚清政治局面，使政治局面为之一新，他们成功地将西方政治民主理念第一次在中国传播开来，因而，可以说维新派在全国引起的舆论风潮意义更加重要，影响更加深远。

维新变法运动虽然失败了，但在运用舆论，大造声势，宣传本派主张方面不可谓不成功。首先，"公车上书"打动光绪，光绪将康有为人等召到身边开始变法，通过这一行动在北京引起巨大轰动，同时通过来自各省的举人们的传播，使得刚显露的维新派开始在全国为人们知晓，其勇担国家救亡图存责任的举动在公众之间也享有很高声誉。其次，康有为先后撰写《新学伪经考》、《孔子改制考》，这样又引起人们尤其是那些士大夫和知识分子的热议,掀起了新一轮的舆论风潮。在热议的过程中,维新派的主要主张逐渐为广大知识分子所了解,扩大了其影响。再次,维新派在各地办学会、学堂、报刊,积极向人们宣传变法思想。如此一系列举动使全国上下变法举动层出不穷,吸引了不少有志之士都参与到这一变法活动中来,维新变法运动的高潮随之到来。从这个事件中,可以看出政府要想造成一定的舆论影响必须抓住社会的热点,将有一定才华和声誉的人吸纳进来进行舆论的宣传,大造声势,引导并推动舆论的走向。

三刻拍案

拍案一　华南虎事件公关

周某,陕西一个普遍农民,过着简简单单的生活,一直默默无闻,然而这个名字却在2008年突然却成为全国的新闻热点。在这之前,所有人包括周某自己都很难想象,他能引起如此多人瞩目,在全国引起如此强烈的反响。

2007年10月12日,陕西省林业厅对外宣布,周某于十月三日下午,在文彩村神洲湾拍摄到野生华南虎的珍贵照片。这是43年来,陕西省秦巴山区发现华南虎的首次记录。经过有关专家的反复考证后,陕西省林业厅于10月12日像展示宝贝一样将这组照片对外公布。在此间举办的新闻发布会上,目击拍摄者、专家、研究人员脸上无不洋溢着激动的笑容。这组照片不仅有力地证明野生华南虎在中国境内没有灭绝,甚至可以证明在当地极可能存在一个野生华南虎的繁殖小种群,这一消息的公布立即石破惊天,引起巨大轰动。

华南虎,又称为中国虎,是中国特有的一个虎种,是一种十分凶猛的大型食肉动物。曾经在中国有广泛分布,也为广大中国民众所熟悉,在民间的许多广为流传的故事中都有华南虎的身影,被人们成为"山中之王"。

但近些年来中国境内的华南虎数量急剧减少,原来的华南虎栖息地大部分已经多年未闻虎啸、未见虎踪,华南虎极有可能已经灭绝。因此,当"陕西一个村民拍到了野生华南虎的照片!"的消息一经公布就引起了社会的广泛关注。既出于好奇也出于一种欣喜,然而,当这些照片呈现在公众面前时,公众顿时产生诸多疑惑,照片中的老虎总是让人有种时空错乱的感觉,繁密的野外丛林,极为罕见的正面镜头,难以思议的近距离,与老虎温顺的姿势,总是让人难以相信照片中就是那威风凛凛的"山中之王"。

自此以后,华南虎的真真假假就成为人们挥之不去的噩梦,社会上争论不断,新闻媒体也不断地进行跟踪报道。当中国科学院植物研究所首席研究员傅德志以一个从事植物研究二十余年的权威科学家的身份,"敢以脑袋担保"照片有假时,周某也毫不示弱,同样拿人头担保,并且赌咒发誓、呼天抢地地保证是真的;而当华南虎年画现身义乌引出新一轮争议时,挺虎派的代表人物朱巨龙、关克等人,齐齐拿头上的乌纱作赌注,为周某撑腰打气——朱副厅长第一时间赶到周某家里,给他送去春天般的温暖;关克从摄影学、动物学、野外拍摄等专业角度,连篇累牍发表文章,论证周老虎的真实性,并义正词严地宣布,年画虎为抄袭周老虎。在沸沸扬扬的那8个月期间,老虎两次上了世界权威的《科学》杂志。国家林业局两次前往实地考察,但都强调和照片真假无关,国家林业局也不会"越位"鉴定华南虎照片的真伪。事件发展总是真真假假、虚虚实实又反反复复,雾里看花总是让人看不清楚。

照片是真是假只能由权威部门来鉴定,人们一直在等待权威机构的权威鉴定,也在等待真相的水落石出。2008年6月29日上午,陕西省政府新闻办向外通报了"华南虎照片事件"调查处理情况。宣布所谓"华南虎照片"系假照片、"拍照人"周某因涉嫌诈骗罪将被依法逮捕。

但是,随着事件的发展,华南虎事件已不是关于照片是否造假、周某是否撒谎的问题,事件的核心更在于周某谎言背后的当地林业局以及其他官员的所作所为,追求真理和正义的道路为何如此艰难。在面对网民锲而不舍的追问、舆论铺天盖地的质疑时,政府和公权究竟应当如何处置?"华南虎"事件的影响之大,波及面之广,决定了并非戳穿一只"周老虎"就能"真相大白",需要追问的问题仍然不少,需要深思的地方自然更多。

 点 评

华南虎事件中,被人们反复提及的,是网友们的理性和成熟。正是他们严谨的追寻和持续关注,华南虎的真伪才浮出了水面,华南虎的真相才大白于天下。当网络民意推动"华南虎"事件从科学问题走向公共事件,跌宕起伏的"真假之辨",发展成政府与民意的互动过程。虽然这种互动起初非常艰难,此后也时有脱节,但在峰回路转的每个瞬间,我们都能体味互联网上"听取民意、汇聚民智"的时代要求,也能看到保障人民群众表达权、监督权的艰辛努力——这让这场民众皆知的全民关注,不仅只是信息时代的"集体打假",更是文明社会的自我提升。

华南虎事件终于水落石出,让人看到了公民有序政治参与的现实意义。一波三折的华南虎事件能有今天的结局,不仅显现了网络的力量,更见证着中国社会的文明进步。在长达8个多月的时间里,从最初坚决否认,到后来的躲闪回避;从部门出面厘清责任,到法律介入拿出结论,人们看到了面对公共事件有关方面的迟疑和犹豫,也看到了在这其中的变化与成长。当"华南虎"跃出虎坪镇,成为政府公信力的一种符号和象征;当无数人在漫长的等待中产生疑惑感到失望,到最后见证陕西省政府的"正本清源",又让人们重拾信心——世界上没有一个政府能永不犯错,重要的是面对错误,能够有勇气纠正,有责任担当。

拍案二 杭州七十码事件

2009年5月7日晚8点05分,杭州。25岁的谭某走在斑马线上,一辆红色的三菱跑车飞驰而来。瞬间,他的身体飞向空中,生命戛然而止。

肇事者胡某,只有20岁,他那辆火红、拉风的跑车,十分醒目,只有有钱人才买得起这样的车。而死者谭某,是个湖南出生的阳光小伙,家中的独子,2002年考入浙江某大学,2006年进入杭州某通信有限公司工作。发生在5月7日晚上的飙车撞人事件引起了民众的广泛关注。

而杭州本地的新闻媒体,在结束了事件的第一波报道后,因为"接到了有关部门的通知",出现了"集体性静默",大部分媒体选择了低调。就在人们期望有关部门能够尽早还原事件真相的关键时刻,权威信息发布

却缺失了。

5月8日,杭州警方举行新闻发布会,根据飙车人的自述,宣布改装三菱跑车的车速为70公里,人们对此严重质疑,70码的车速根本不可能将谭某撞飞5米高20米远。之后,有传闻说,肇事者仅仅得到了交通违章扣3分的处罚,并传闻说肇事者对撞死人的事满不在乎,还跟飙车同伴抱怨:"昨天飙车本来不会输给你的,要不是撞了那个人,本来领先你一车位呢。"之后,又有传闻,说肇事者已顺利从保险公司获赔12万元。部分传言无从证实,也许只是民众的一种情绪。

5月8日晚,谭某的同学、朋友、老师、同事捧着菊花点着蜡烛,出现在事发地点,为逝者默哀。因为有大量的学生参加,至此,一起看似普通的车祸,走上了舆论的风口浪尖。一场普通交通事故,演变成了一起公共舆论事件。法律和道德、财富与生命,在一条公共的马路上,拷问着人的理智和良心。

谭某被撞后,大学论坛流传出一封公开信,"我们所谓的休闲之都不再安全,我们每次过马路买一瓶酱油也许都有生命之忧。这样的城市,真的适宜我们居住吗?还是只适宜那些有跑车的贵族们嬉戏?"社会矛盾问题就这样被公开宣泄了出来,"富二代"、"漠视生命"……道德和法律的双重谴责,交织在一起。"富二代"的涉入,加上报导的沉默,促使一起普通交通事故成为全国关注的焦点。

点 评

面对此类突发事件,当地政府应凭着公平、公正的原则去处理事件,并将处理过程和结果及时公之于众,让群众了解事件的走向。只有信息透明、公开,当地政府才会得到大众的广泛信任,从而更好地避免一起原本能够很好处理的交通事故因为牵扯到"特殊人群"而将被推向舆论的风口浪尖。

拍案三 舆论走向中的政府影响

在2003年的"非典"疫情中,可以看到政府发布的信息对于公共舆论

的走向,稳定公众的情绪具有极大的影响力。在"非典"疫情爆发初期,社会上信息传播的失真现象时有存在。以某市的情况为例:2002年11月该市出现第一例非典病人,这种新的病毒显现出极强的传染性和较高的死亡率,当地政府为避免社会恐慌,并未向社会及时通报,提醒公众举行有效预防和应对。但是,政府的未及时公布并不能使这一信息不被公众知晓,反而使得消息通过小道消息的方式逐渐传播起来,引起人们的密切关注和恐慌。

2003年2月8日,"该市发生致命流感,春节以来在几家医院有数位患者死亡"的消息开始悄悄传播,手机短信和口耳相授是这个消息的主要传播渠道,此时社会上恐惧情绪开始滋生。这个时候,人们期待的官方信息尚未出现。2月10日上午,有媒体"模糊"地报道:近期该市患"感冒"和"肺炎"的病人增多……10日中午,某网站谨慎地发布了官方信息:本省部分地区先后发生部分"非典型性肺炎"病例,该病主要表现为"急性起病,以发热为首发症状,偶有畏寒,有明显的呼吸道症状,该病有一定的传染性。"预防措施包括:保持空气流通、醋熏、勤洗手和谨慎接触病人。

一时间,大半个城市都动起来了。人们言语中提到最多的就是"非典","买药了吗?"和"买醋了吗?"成了城市的见面语,一时间,"非典"成为市民最为关注的焦点。当地政府越是避而不谈,市民越是担心,缺乏权威的信息的指引,公众只能相互询问如何预防病毒,通过小道消息传播的偏方也大范围传播。板蓝根和抗病毒药物成为人们哄抢对象。从2月10日起,相同景象几乎同时出现在国内各大中城市。

在这种情况下,当地政府不得不表态,2月11日,该市政府和省卫生厅针对非典恐慌分别召开新闻发布会。会上首次公开说明的确有一种病毒引起了"非典型肺炎",并且公布了详细的患病人数,总共有305例,其中该市226例,医务人员感染发病的有105例。在新闻发布会上,政府官员和传染病专家承认,病源和病因还没有分离出来,病原鉴定工作尚未能做出确切的结论,而且到目前为止,还没有特效药可以治疗,临床上采纳的主要是对症治疗,同时专家们也介绍了患病的主要特征和一些预防措施等。尽管情况并不理想,这些消息并不算是好消息,但是通过这次政府主办的新闻发布会,市民对非典型肺炎的认识逐渐清晰起来,公众开始明确了需要采取的应对措施,也自觉地依照政府的建议来有序地应对这一突发病毒传染。在这以后,整个社会情绪基本稳定下来了,人们对非典依然关注,但是通过政府公布的信息已经基本了解了有关"非典"的基本情况。

第十一篇 —— 社会舆论风潮的应对和利用

点 评

　　在此次案例中,可以看到,舆论固然是由于社会公众对一问题的共同关注,但是当地政府的不当行为在舆论的形成和发展走向方面具有重大的影响力。虽然网络技术发展,人们获取信息的能力较之以往大大增强,但是人们对政府权威的信任和依赖仍较强,在所有的信息源中,政府所发出的信息依然是公众最信任的,即使是遇到一些无法解决的问题,所有的公民也都相信只要有政府在,就有所依靠,问题终究会得到解决。因此,政府可以在舆论初期发布权威消息,消除群众疑虑,引导舆论向积极方向发展,这样才能有利于事件的解决。

回味隽永

　　通过对以上众多案例的阐释和分析,可以从中得到以下几方面的启迪。

　　首先,坦诚面对媒体,科学利用媒体引导舆论走向。

　　当前,我国处于社会经济发展转型的关键时期,发展过程中产生的种种问题开始浮现,信息技术和网络技术的迅速发展,使得公共舆论往往能迅速生成。在面对突然的舆论危机时,政府首先要学会如何面对媒体,科学地利用媒体引导舆论走向。媒体在某种程度上是代表民众的呼声的,而民众渴望的是真相,因此,政府将真相公诸于众无异是对民众呼声的回应。

　　为此,必须强化政府中有关人员的公共关系意识培训,掌握政府公共关系危机处理的有关知识,适当地了解政府公共关系危机的应对原则和应对策略；坚持以诚相待，坚持第一时间把真相公诸于众，或者至少在危机事件发生之后能够及时更正，及时给公众合理的解释。积极利用媒体来引导舆论走向，使人们能够及时了解真相，谣言、猜疑和媒体的不实报道也能得以消除。

其次，特别注意倾听民众的意见和呼声。

在危机事件中，政府必须特别注意迅速传播的舆论以及其中的民意表达。在信息技术发达的当代社会，舆论更加不能忽视，面对公众的疑惑与质问，政府应该认真地对问题加以分析，找到公共舆论危机的根结，才能更好地引导舆论走向、消除社会舆论危机。政府必须特别注意倾听民众的意见和呼声，对自身存在的问题要坦诚改进，主动解决，对民众的社会认知、态度和行动等偏差要进行适当纠正，使舆论朝着真相大白方向进发，安然渡过社会舆论危急时刻。

再次，本着公正、公平、公开的原则，妥善解决社会舆论焦点问题。

应对社会舆论风潮必须首先解决舆论焦点问题，处于风口浪尖的舆论焦点事件，必须得到妥善解决，才能平息舆论风潮，一味地压制人们对事件的议论往往适得其反，进一步引起民众的愤慨，进一步激发民众的热议，因此要先从源头入手，妥善解决舆论焦点事件。政府应该本着公正、公平、公开的原则，采取合法合理的措施，很多时候对情与理要予以更多考虑。在情理与法律冲突的两难境地下，要以法律为依据，同时也可以对情理适当地予以照顾，在执行过程中更具人文关怀，彰显政府亲民之心。另外，在舆论焦点事件解决以后，并不意味着问题的结束，政府一方面需要做好善后工作，安抚社会同类群体情绪，进一步完善政府的公众形象。另一方面是吸取教训，深入研究危机发生的原因，分析舆论风潮背后隐藏的社会问题，争取在制度上、法律上进行完善。

最后，重视政府危机公关，制定完善的管理模式和具体应急机制。

当公共危机突然发生时，尤其是同时面临着巨大的社会舆论压力时，往往会加剧政府解决问题的复杂程度，这就需要政府在平常重视政府危机公关意识的培养，完善相应应急机制，妥善安排有关应急保障制度，做到在危机来临时，使掌握公关知识和意识的有关人员和机构进行危机处理，从而化危机为转机。重视政府危机公关不仅能在危机发生过程中发挥作用，更能够起到"未雨绸缪"的作用。在危机尚未发生时就能够提前预警，把危机化解在孕育期，这样不仅减少了政府应对危机的困难，同时减少了在危机中造成的物质与精神损失，所以在加强政府危机公共关系处理能力的同时，更要重视政府危机公关的预警能力，真正做到"防患于未然"。

第十二篇

人民的政府
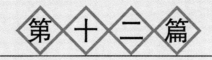
——从无锡市处理太湖蓝藻事件说起

  正如每个人都需要面对生死祸福的考验一样，社会也必须要面对繁荣和危机的瞬息转变。在这样一个信息发达的时代，政府应对公共危机的能力日益凸显出来。如何及时处理危机，将危机控制于全面爆发之前，或是在危机发生后对危机进行有效处置和应对，将危机所造成的影响减到最小，这些问题都逐渐呈现在当今政府面前。

开篇导例

广东省政府应对北江镉污染危机

俗话说:"水是生命之源"。在地球上,哪里有水,哪里就有生命,一切生命活动都起源于水。水对于人类的重要性已经是毋庸置疑的,难以想象如果人类没有了水,或有的也只是受到污染的水,人类该如何继续生存下去。虽然人人都知道水的重要性,但是依然有人不惜以水为代价谋取自身利益。2005年12月,广东省就发生了一起严重的水污染事件,牵动上下所有人的心。

2005年12月15日,广东省韶关市环保局在北江高桥断面监测时发现,江水中的镉浓度超标近10倍,此事立刻引起了韶关市环保局的重视,因为20世纪"世界七大环境公害"之一的日本富山县神通川污染事故便是因镉污染所致,更为重要的是,韶关市境内的河流主要属珠江水系北江流域,全城的供水主要依靠北江,而韶关位于北江上游,上游发生污染,必将直接影响着下游清远、佛山、广州等城市上千万群众的饮水安全!因此,尽快解决北江污染问题,确保广东省数个城市的供水质量成为当务之急。在了解清楚实际情况后,广东省政府进行统一部署,采取各项应急措施对这一事件进行抢救,最终使该事件得到圆满解决。从过程上看,广东省政府在解决这一事件过程中进行了三个层面的工作。

第一,调查真相。2005年12月16日,在发现北江受到镉污染后,韶关市环保局向省环保局紧急报告。接到报告后,广东省环保局立即展开调查,于18日凌晨2:30初步确认这起污染事件是由于韶关冶炼厂设备检修期间超标排放含镉废水所致。第二,治理污染。18日—19日,广东省相关负责领导对污染处理作出批示,要求坚决整治超标排污的企业,确保群众饮水安全。19日上午,在省政府常务会议上,成立了北江水域污染事故调查处理小组,研究事故处置方案。22日下午,在充分听取专家论证意见后,启动白石窑削污降镉工程和南华水厂除镉应急工程的决策,并要求有关部门立即通知沿江居民不要直接饮用污染水源。同时,省三防总指挥部为配合北江污染事故处理,在12月20日至31日期间接连下发五道调度令,从别处紧急调水以有效稀释污染水体中的镉浓度。第三,各方同步。事故应急处置期间,广东省在北江流域共设置了30个监测断面,进行24小时监测,共产生数据6000多个。同时,从12月16日开始,一支由6人组成的小分队开赴韶关,全面排查所有排放含镉废水进入北江干流及其支流、影响北江水质的各类企业,并将43家违法排污小企业全部关停,以确保北江不再次受到污染。

2006年1月1日,北江韶关段镉浓度下降到正常标准,全面恢复原水质,为附近近一万户居民献上一份厚重的新年礼物。2006年1月27日,北江水域污染事故调查处理小组召开工作会议,总结北江水域镉污染事故调查处置工作。鉴于北江各监测断面水质镉浓度已达到国家地表水水质标准,事故调查处理小组宣布北江镉污染事故应急状态终止。为此,北江镉污染事件圆满解决。

北江镉污染事件的圆满解决,让我们看到了一个具有专业素养的危机公关领导体系,也让我们看到了一个高速运转的危机公关系统,更让我们看到了一个以人为本的社会公关危机应对新模式。北江镉污染事故在应急处置期间,北江沿线没有一个城市水厂停水,没有一个人饮用受污染的水,没有发生一起群众恐慌事件,可以说这是与广东省政府坚持以人为本的危机公关策略是分不开的。

显然,广东省政府以人为本的危机公关模式在这次公共危机的应对过程中是很引人注目的。危机发生后,广东省政府一直都坚持以人为本的处理方式。正因如此,才能够在短时间内号召各级政府、各有关部门以及广大人民群众都参与到此次危机的化解过程中,才促成了此次危机的顺利解决。广东省政府以人为本的危机公关模式主要体现在以下几个方面。

1. 坚持以群众利益为重的原则。韶关冶炼厂作为一家国有大型企业、地方纳税大户,在当地经济社会发展中发挥着举足轻重的作用,但韶关冶炼厂的违法违规行为依然受到了法律制裁;另外,在治理镉污染的过程中需要大量调水,这必然会涉及各方利益,然而,利益再大大不过群众利益,在各种利益面前,群众饮水安全再次被省委、省政府置于首位。

2. 以人为本的应急反应机制。第一,收到韶关市环保局污染事故紧急报告后,省环保局立即派出调查组抵达韶关,联合当地环保部门寻找污染源，及时将调查情况汇报至省政府，并按照政府指示，要求韶关冶炼厂立即停止向北江排放含镉污水。第二，在事故发生初期，广东省政府及时成立事故调查处理小组，沉着、有序、科学地应对危机。第三，组织由国家及省内众多专家组成的应急危机"智囊团"，听从专家意见，使危机化解沿着科学、有效的方向前行。第四，利用多家自来水厂，为下游水厂的应急除镉净水提供支持。第五，进行24小时环境监测和地毯式排查，防止二次污染事件的出现。

3. 以人为本的危机沟通机制。当污染事故发生后，广东省政府并非进行消息封锁，而是按照"公开信息，正面报道，确保社会稳定，促进事故处理"的要求，积极做好新闻宣传工作：12月20日，省政府发出新闻通稿并随时进行更新；同时从24日起，《北江韶关－清远段水质镉监测情况通报》每天准时向社会公布，实时向公众报告事件处理情况，尊重公众的知情权。

4. 以人为本的应急资源机制。事故发生后，广东省政府果断下令，利用多家自来水厂，保障危机的顺利解决。承担施工任务的深圳水务集团，实施应急除镉工程的南华水厂，作为技术支持单位的广州市自来水公司、英德市云山水厂、清远市七星岗水厂以及佛山市三水区西南镇。以上北江沿线各镇取水点，都为此次的应急工作提供了支持。

5. 以人为本的应急救助网络。主体一，政府领导是关键。北江镉污染事故发生后，国务院和省委、省政府高度重视，张德江与黄华华多次作出重要指示，要求各部门密切配合政府工作，坚决整治超标排污企业，保证群众的饮水安全。主体二，各行人员显神通。事故发生后，各行各业的人员都坚守在自己的岗位上，配合政府的"主战场"工作。为污染解决提供专业意见的专家"智囊团"，在前线治理污染的武警战士，24小时坚守岗位的环境监测人员，全力进行地毯式排查的执法人员，到酒店坐诊的医生，把关酒店饮食安全的食品安全监督局同志，负责道路清障的交警同志……正是他们之间的相互协调，形成了一个多层次的救助体系，团结一致，共同应对此次北江镉污染危机。主体三，群众后方是保障。事故发生后，广东省群众对政府的措施都给予了最大程度的理解和支持，没有发生任何恐慌事件，为危机解决提供了稳定的解决平台，减少政府的工作难度，保证了危机的顺利化解。

6. 以人为本的危机教育机制。在危机顺利解决之后，广东省政府没有就此停息，而是冷静思考，进行自我反思，以此次北江镉污染事故为鉴，认真总结吸取教训，以更好地防范环境污染事故的发生。

史镜今鉴

历史在远去的同时也为我们提供了很多真实的珍贵案例,有正面的亦有负面的,正面的案例我们应当大为宣扬,提倡其中的核心思想,负面的我们自然要引以为鉴,防止此类现象的再次出现。我们都知道,现行社会里存在的很多理念,大都是对古人观念的继承和发展,细化到在处理危机时所需要坚持的以人为本思想,这从很大意义上也是受到了以"仁义"为中心的中华文明的影响。"仁者如山之安固,自然不动而万物滋生"。下面就以中国历史上的正反两个案例,说明在公共危机发生时,进行以人为本危机公关的重要性。

首先是西周时期徐偃王以仁让国的故事。西周时期,地处东方的徐国以"文德"盛名。特别是在偃王徐诞公当国之时,更是以仁德治国。徐偃王不仅对自己的百姓爱护有加,提倡将军事费用削减,用于修建学校、改善民生,而且在看到别国遭遇灾荒时,他也心怀仁义,送去很多粮食赈济灾民,得到许多百姓的拥护。

徐偃王执政之时,西周正处于周穆王的统治之下。当时穆王施政无道,无心于天下苍生,成天寻欢作乐,不理朝政。四方诸侯群龙无首,便归附于同样是诸侯国的徐国。穆王知道后十分恐慌,于是联同楚国准备攻打徐国。徐偃王听到这个消息之后,不忍心无辜的百姓受到伤害,于是让出国家,举家迁移,之后随同偃王的百姓竟达一万多户。偃王去世之后,百姓不仅建造了祠堂世代纪念他,而且拥戴他的子孙为君。

从古至今,为当君王而不择手段的人不计其数,可是"要百姓不要江山"的君王却是屈指可数。徐偃王以"退让"之策来保护自己的子民免于战争之难,同时也保全了家道的绵延不绝,他的这一"弃国"行为并非是贪生怕死之举,而是体现了作为一代天子的真正仁义之心,他的行为从危机公关这一层面来看,很好地阐释了以民为重的人本思想,其危急时刻的处事方法更是向我们证明了唯有坚持以人为本的理念才能得到人民的真正拥护，才能保全精神的源远流长。

还有一个就是蒋介石政府"兵来水挡"的反面案例。1937年7月7日，卢沟桥事件的爆发揭开了全面抗日战争的序幕。在此后短短几个月的时间内，由于国民党政府的软弱和不抵抗政策，中国丧失了大片国土。1938年6月，日本占领开封，危及国民党的军事基地。在这紧要关头，蒋介石为了阻止日本军队西进南下，竟不顾千百万百姓的安危，下令炸开郑州以北的花园口黄河大堤，想要以水来阻挡日本军队。黄河水似万马奔腾，淹没了豫、皖、苏3省的44个县市，陆沉水底的城镇、村庄更是不计其数，89万人被洪水夺去了生命，1200万人无家可归。然而，事件发生后，国民党政府不仅派兵对当地群众进行隔离，全面封锁消息，而且在洪水肆虐的时候趁机抢夺人民财物，那个亲手将数千万百姓置于洪灾中的国民党新编第八师师长蒋在珍还得到国民党政府的巨额奖赏。水灾过去了，可是人民的灾难却没有得到最终的完结，洪水所引发的蝗虫灾害使庄稼被毁殆尽，饥民无数，甚至出现了"人吃人"的状况。灾难共持续了9年，但在这段时间里，国民党政府的苛捐杂税有增无减，当时的地主、恶霸和豪绅乘人之危，勾结官府，榨取民脂民膏，人民生活苦不堪言。

在此案例中，我们可以看到，国民党政府的这一行为可以说是用人民的血肉去阻挡日本军队的进攻，于情于理都是不正义，不道德的。从以人为本危机公关的角度来看，国民党政府的这一做法首先违背了群众利益。在日本军队步步逼近的情况下，国民党政府没有考虑其他应对危机的方式，而是将一己利益置于群众利益之上，采用爆破黄河大堤，"以水挡兵"的方式击退日本军队，造成了惨绝人寰的大灾难。另外，国民党政府在这一决定造成了严重影响后，依然没有采取措施救助人民，反而趁机抢夺人民利益，增加苛捐杂税，使人民受到巨大的生理和心理上的伤害。当然，"水能载舟，亦能覆舟"，国民党政府的反人民统治最终在人民的反抗呼声中下了台，得到了应有的下场。

目前,我国正处于危机发生的频繁期,危机发生的次数之多,频率之高不得不引起我们的重视和思考。在危机发生之时,政府以何种态度加以应对,从根本上决定着危机解决的好坏程度。下面就以近年来我国发生的危机事件为例,说明在处理危机之时坚持以人为本态度的重要性。

拍案一　太湖蓝藻事件

2007年,太湖蓝藻事件入选影响我国民生的十大事件之一。太湖蓝藻事件能受到如此广泛的关注,一方面与我国近年来水污染事件的高频率发生状况有关,另一方面也与无锡市政府在此次危机突发时的公关手段有着密切的关系。现在先让我们回顾一下该事件的经过。

2007年4月20日,江苏省在对生态环境进行监测时发现,太湖湖面上首次出现蓝藻。在此后的一段时间内,由于无锡市连续的高温高热天气状况,致使太湖蓝藻短时间积聚,出现了大规模藻类水华的提前爆发现象。太湖是无锡市的自来水水源,蓝藻的大规模爆发大大影响了无锡市自来水的水质,严重威胁到市民的日常生活。5月30日,市民们已不敢饮用家中的自来水,只好通过购买纯净水来解决用水问题。事故发生后,无锡市采取了两个层面的措施对危机进行紧急处理。第一层面:治标入手,保证供水。太湖蓝藻爆发后,无锡市紧急启动应急预案,不仅从外地调运大量的纯净水以满足市民的一时需求,还启用了已封的地下深井,努力为市民提供干净的水。第二层面:净化水源,治理根本。事故发生后,党中央和国务院都高度重视,市委市政府根据指示,采取切实有力的措施,强化水处理,调动水资源,并关闭了772家化工厂,从源头上治理太湖污染,确保市民的正常生活。6月13日,经过各方半个月的连续抗战,太湖蓝藻终于销声匿迹,无锡市自来水水质恢复正常,市民生活逐步回归原有状态。

点 评

在本案例中,无锡市市民用水供给问题能够在短时间内顺利解决,太湖污染能受到政府的重视和广泛关注,是与政府坚持以人为本的危机公关理念分不开的。太湖蓝藻事件的处理过程,也是凸显政府人本理念的过程,无锡市政府在处理这一危机事件时表现出了多处可圈可点之举。

首先,人民利益高于一切。太湖水质发生异常后,市委市政府要求自来水总公司对水源进行24小时不间断监测,不惜一切成本和代价,以各项措施维持市民生活用水供给。

其次,多管齐下治根本。治污是治本之策,要保证太湖水的水质,治理污染才是最根本的。无锡市政府在事件发生后,不仅紧急启动应急预案,加大力度从长江水调水以补给太湖水,稀释污染水源,而且意识到周边部分企业的违法排污是滋生蓝藻爆发的"温床",坚决关闭772家化工厂,掀起了前所未有的"环保风暴"。另外,此次太湖蓝藻提前进入大规模爆发状况,提醒了政府应采取紧急措施对太湖污染进行根本治理,而太湖地处长三角的中心,苏、浙、沪均与其相邻,这一特殊的地理位置决定了太湖的治理必须在三地的共同协作之下才能得到根本解决,因此此次太湖蓝藻事件可能为三地政府共同协作提供了一个契机。

最后,领导身体力行,安稳民心。6月5日,为打消市民顾虑,无锡市委书记带头喝下烧开的自来水。6月30日,温家宝总理在居民家慰问市民时,也要求饮用白开水。政府领导的行为起到了很大的表率作用,消除了市民的不安心理。

总之,太湖蓝藻事件的最终平息,体现了无锡市政府出色的危机公关能力,更体现了政府以人为本的服务思想,使无锡市政府得以在危机之中树立良好的政府形象,赢得了广大市民的信任。

拍案二 河南济源血铅事件

2009年下半年,河南济源检测出中重度铅中毒儿童1000多名。事件发生后,河南省济源市市委、市政府高度重视,要求市环保局立即对本市可能存在的铅超标问题进行调查研究。截至10月14日,济源市已完成对3个重点镇中10个重点村儿童的血铅检测工作,检测结果显示:在3108名14岁以下的儿童中,血铅超标需立即接受治疗的有1008人。市政府在得知此检测结果后,本着"保安全健康、保社会稳定、保产业发展"的原则,主动应对,制订了一套完整的医疗救护和环境治理方案,从而最大限度地保证了当地群众的健康,维护了社会稳定。受检测的10个重点村的14岁以下儿童均已脱离铅环境,济源市政府正分批为铅超标儿童提供免费的驱铅治疗,防护区内两所学校的343名小学生和119名初中生,现也已全部转到市区上学,各方面都朝着科学有序的方向发展。

点评

在本案例中,我们可以看到,济源市政府在应对此次铅污染危机时所显示出的危机公关反应,都映射出了一个共同的思想,即以人为本的思想。在这一思想的引导下,该事件在解决过程中出现了许多值得我们加以借鉴的闪光点。

第一,居安思危。很多危机会对人民安全、对社会造成严重的影响,很大程度上都是因为问题发现的滞后性,从而导致了问题的扩大化、严重化。济源市政府在邻省发生铅污染事件后,主动出击,及早发现本市的铅污染问题,及时加以控制处理,这可以说是济源市政府在此次危机公关中最为闪光的地方。

第二,牵一发而动全身。在危机发生后,济源市政府立即承担起危机公关的职责,将群众安全和公共利益置于首位,果断决策,组织各有关部门配合政府工作,保证此次铅污染危机的顺利化解。首先,济源市成立了铅超标防控领导小组,下设4个工作小组,各小组职责明确,协调配合,积极推进铅超标问题的解决。同时,市委、市政府建立了分包责任机制,形成市领导镇、镇领导村、村干部包户的完善责任网络,一级抓一级,层层落实,确保在第一时间给群众提供帮助。其次,沉着部署,各司其职。环保部门加强对企业的环保情况进行再评估,并提出相应的治理意见;医学部门针对铅超标患儿的情况进行分析,拿出治疗方案;工业部门则针对市委、市政府采取的反应措施,耐心对群众进行宣传教育,并积极引导铅企业的整改,推动铅行业的转型升级,切实切断铅污染源头;教育部门本着"高度负责、积极应对、妥善安排"的态度,积极配合政府的措施,确保每一位学生健康生活、快乐学习。

第三,治标更治本。此次铅污染危机的发生,其最根本的原因就是涉铅企业生产工艺的落后及污染传播路径的"通畅",导致"排污达标,血铅超标"现象的出现。针对这一状况,济源市政府采取措施,从源头上防止铅污染事件的再次发生。一是切断污染源头。济源市政府召开常务会议,会议决定,对富氧底吹生产工艺以外的铅冶炼企业,一律进行停产整顿。同时,加大环保执法力度,邀请村民代表进行监督。二是控制污染的传播途径。首先,监督企业周边建设防护林带,阻隔铅尘扩散,阻止铅的转移;其次,依照有关规定划定防护范围;再次,针对冶铅企业定时开展监督性监测,适当开展突击监测。三是保证群众健康。本着尊重村民意愿的原则,启动铅企业周边防护区内群众搬迁工作,及时让防护区内14岁以下儿童脱离铅环境;同时,宣传有关防范铅污染的知识,使群众具备相应的铅污染防范意识。

拍案三 四川某县酸雾事件

2009年8月19日,某网站爆出一条《酸雾污染环境,周边百姓苦不堪言》的帖子,帖子中以图文并茂的形式反映了四川某县某光电公司在生产过程中,由于未建设酸雾收集处理设施,致使生产中产生的酸雾飘散到空中,导致周边树木枯死,群众出现呼吸困难、大脑缺氧、呕吐等症状的情况。为了查证帖子的真实性,《华西都市报》的一名记者到现场进行了采访。经过记者的取证,发现的确存在该帖子所描述的情况,而当记者向当地环保部门咨询时,环保局一负责人却以"目前国内还没有完全消除酸雾的专项技术,对影响造成损失的农户,企业将给予适当经济补偿"这一简单说法回应记者。其实早在该网站发出帖子之前,周边的村民已经向当地环保局反映了数十次,却都没有得到相关的回应。直到2009年8月5日,相关部门才组织了几名工作人员到该光电公司进行监测,但监测过程却令人匪夷所思：环保局在监测前通知该厂家，令其在监测期间镀锌车间不生产，并将盐酸池全部盖住，这样就测不出酸雾了。待环保局工作人员走后，该镀锌车间又恢复生产，烟雾满天飞的情景再次出现在村民眼前。2009年8月6日，该公司周边的村民就前一天的环保局监测事件向相关部门投诉，希望政府能给个说法，还村民一个美好的环境。但答复是：该企业税收高，就业人员多，不可能随便搬厂。最后，村民通过网上发帖，以寻求广大人民和政府的重视。

记者将此情况刊登在《华西都市报》上。该报道刊登后，立即引起了相关部门高度重视。8月22日，县政府和该公司签订了技改搬迁协议，力争在今年底完成搬迁工作。该负责人同时表示，公司是按环保"三同时"制度落实污染治理设施的，但盐酸除锈产生酸雾的问题，目前国内尚无成熟的酸雾治理工艺。同时，县环保局邀请环保专家到该公司现场进行了察看，拟在搬迁后的生产车间采取生产工艺改进与末端治理技术相结合的办法进行酸雾治理。至此，酸雾污染终于得到了政府的重视，并得到一定程度的解决。

点评

在本案例中，我们看到了两种截然不同的危机公关态度，同样，也看到了两个完全不同的结果。我们不禁要问：为何在事件发生之初，当地政府和有关部门不加以重视，以至后来当该事件被媒体刊登后才有所反应呢？在此环节上，我们不能不说，是极少数地方政府自己错失了良好的危机公关时机，也是地方政府自己使一个较为容易解决的"环境危机"转化为"社会危机"，乃至"政府信用危机"。归根结底，是极少数地方政府在危机发生后，缺乏以人为本的意识，不重视群众的意见和要求，而是将地方利益置于群众安全之上，使得该事件没有得到及时的解决，从而导致该事件的扩大化，进而影响到当地政府的形象。具体说来，这次危机处理欠妥主要表现在以下两个方面。

第一，环保局没有主动对该地的环境进行监测，而是在群众反映数次后才组织人员到实地调查，调查过程也只是例行公事一般，甚至还"弄虚作假"，不具有实质上的意义。正是对群众利益的忽视，使得该事件没有在第一时间内得到解决，错失了最佳的危机化解时机。

第二，当群众将有关问题反映至政府部门时，当地政府负责人不仅没有及时承担起领导的职责，为群众服务，反而以企业利益和当地利益为重，不顾及群众的安危，使得该问题迟迟没有得到解决，最终使该事件被曝光于网络和报纸之上，当地政府的形象大大受损。

回味隽永

近年来，我国政府面临社会危机频发的状况，不论是自然危机，还是人为的社会危机，都对社会产生了许多不利的影响。特别是在危机发生后，如果政府不能采取及时有效的措施加以控制和处理，将会致使危机面临扩大化、严重化的危险。因此，现阶段政府的危机公关能力重要性凸显，政府在面对危机时所采取的态度，会产生"失之毫厘，谬以千里"的不良效应。那么，政府在危机发生时，应以何种态度加以面对呢？

首先，就个人而言，在突发性危机发生时，个人常常在社会中居于弱势，对突然发生的危机常处于茫然无措的状态。这时如果政府不给予及时的帮助和引导，个人就有可能受到其自身认知偏差和外界环境的影响，采取一些非理性的，甚至是极端的行为，这样的行为一旦在社会上产生共鸣，就会形成群体效应。在这样的情境下，势必加大政府妥善处理各类危机的难度。因此，在危机发生时，政府应首先树立起以人为本的应对理念，以保护人民生命安全，稳定社会秩序作为其处理危机的首要目标，并在此指导下采取各项有效措施，积极应对危机，将危机所产生的影响减到最小。

其次，从组织来说，在危机发生之时，由于危机事件往往会给公众的生命财产安全造成威胁，给公众的生活带来巨大的震荡，造成公众心态的不稳定。这时，政府在进行危机公关时，更应该将公众利益置于首位，坚持以人为本的应对理念,尽可能及时地化解危机,并尽快帮助公众进行生产自救,做好善后、反馈工作,确保危机事件的有效解决。另外,政府还应做好公众的心理引导工作,以尽快地平复公众紧张的情绪,恢复公众信心,以此来树立政府的良好形象。

最后,从政府处理危机的能力来说,在危机发生之时,政府必须集合各方力量,快速有效地解决危机事件的,这就涉及建立一个新型的危机应对模式的问题,即建立以人为本的社会公关危机新模式。在这一模式指导下,应急主体呈现多元化形态,各部门相互协调,各司其职;政府能够统一协调各方资源,作出快速有效的反应;同对公众的知情权得到充分尊重,公众利益受到足够重视,这一切都能促进危机在一个有序的背景下得到顺利的化解。

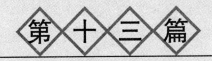

与时间赛跑

——湖北石首"6·17"事件中的政府公关

　　人类社会从一开始,就面临着各种各样的危机,换句话说,人类文明的发展过程便是回应各种危机的挑战过程。近年来,随着经济社会的快速发展,发展中的矛盾不断增加,各类突发事件也呈日益上升的趋势。政府在突发事件发生时如何做好公关工作,主动引导舆论,推动突发事件的妥善处理,维护发展,稳定大局,显得越来越重要。在解决各类突发事件的过程中,中国政府沉着应对,透明处理,采取有效的善后措施,使受害者得到及时的救助,稳定了局势,维护了国家的利益,得到全国人民和世界各国的一致认可。

开篇导例

非洲抗击疟疾任重道远

疟疾目前仍然是对非洲人民造成重大健康危害的主要疾病之一,其中儿童与妇女是疟疾的主要受害者。统计显示,非洲现在每年有100万名5岁以下的儿童死于疟疾,相当于每半分钟就有一名非洲儿童被疟疾夺去生命,这比任何其他疾病造成的非洲儿童死亡人数都要多。得了疟疾而幸存下来的儿童往往会大脑受损或是瘫痪,给家庭带来沉重的经济负担。

孕妇与胎儿也是疟疾主要的受害者。在非洲的疟疾流行地区,每年约有3 000万妇女怀孕。对于这些妇女来说,疟疾对她们自身的健康以及胎儿的健康都构成了严重威胁。疟疾会造成新生儿体重过轻、贫血甚至死亡。由于母亲在怀孕期间感染疟疾,非洲每年有20万新生儿死亡。在肯尼亚,疟疾是最多发也是造成最大经济负担的疾病。根据肯尼亚卫生部门的统计,在医院治疗的病人中有40%是疟疾患者。疟疾也是造成肯尼亚儿童夭折的第一大因素,平均每天有90名5岁以下儿童死于这种疾病。联合国最近警告说,疟疾已经成为肯尼亚的"国家悲剧"。

统计表明,疟疾每年给整个非洲国内生产总值造成的损失达到120亿美元。据估计,有效控制非洲的疟疾只需要每年投入20亿美元。然而对于贫困落后的非洲国家而言,每年拿出20亿美元对付疟疾,是一件力不从心的事情。

2000年,来自非洲大陆40多个国家和10多个国际机构的领导人聚集在尼日利亚首都阿布贾,共商非洲消灭疟疾大计。并把4月25日定为"非洲疟疾日"。会议通过的《阿布贾宣言》承诺,到2010年实现将非洲疟疾患者人数减半的目标。

到2005年,这一目标期限恰好过去一半。5年来,非洲抗击疟疾的努力取得了一些成绩,然而面临的挑战却越来越多。一些非洲媒体甚至悲观地认为,实现《阿布贾宣言》的目标现在看来像是一个"遥远的梦"。

正如2005年的"非洲疟疾日"的主题"团结起来、抗击疟疾"所说的,要实现非洲抗击疟疾的既定目标,需要国际社会、政府机构和民间团体等各方密切配合、团结协作。非洲国家面临着若干发展难题,为抗击疟疾所分配的资源是有限的,与疟疾作斗争不单单是非洲各国政府的事,国际社会也意识到了这一点。世界银行4月24日发表报告说,过去5年全球帮助非洲抗击疟疾的努力很不够,世界银行今后将加大对非洲抗击疟疾工作的支持力度。世界银行的新战略包括:将抗击疟疾作为它对非洲国家的贷款项目的重要组成部分,提供特别资金在非洲国家推广巴西、印度与越南的抗疟成功经验。另外,世行还计划向非洲国家增加分配蚊帐和抗疟药物,并为降低抗疟药物关税的国家提供资金支持。

点评

疟疾仍是威胁人类健康的主要疾病之一,尤其在非洲,人们深受其害。对此,"非洲疟疾日"让非洲各国能够相聚共商消灭疟疾大计,但非洲是发展中国家最集中的地区,可供分配的资源是有限的,这就需要国际社会、政府机构和民间团体等多种力量的帮助和配合。如世界银行对非洲抗疟疾工作的支持是值得赞赏和提倡的。

史镜今鉴

在全球范围内,每时每刻都有危机发生的可能,各国政府在处理危机时所采取的公关手段也各有不同,那么其他国家在面对危机时是如何进行危机公关的呢？下面就以两个国外事例来说明政府在突发事件发生时进行危机公关所取得的效果。

2002年10月23日，车臣武装分子在莫斯科轴承厂文化宫剧院策动了震惊世界的恶性恐怖绑架事件——俄罗斯剧院人质危机事件。武装分子劫持800名人质，提出许多俄政府根本无法接受的要求。在与绑匪紧张对峙58小时后，俄罗斯特种部队最终于莫斯科时间26日上午6时成功解救出被劫持在剧院内的约750名人质，并击毙包括匪头目马夫扎尔·巴拉耶夫在内的全部50名恐怖分子，结束了此次恐怖绑架事件。虽然在此次营救行动中，俄罗斯也付出了118条人质生命的巨大代价，但无论是在兵力部署还是战略战术方面都赢得国际、国内舆论的认可，其中，政府公关发挥了不可忽视的作用。俄政府在此次事件中的危机公关具有一个很鲜明的特点，即把以"智"取胜与以"情"动人结合起来，相互作用，相互补充。

案例中俄政府处理该事件的公关活动以"智"取胜，涉及三个层面。

首先，事件发生后，政府迅速展开了危机公关。普京在政府内部组成智囊团，召集相关部门的最高级别官员共同商议危机对策，并在处理危机时坚持公众的性命高于一切，国家利益和社会利益相结合的原则。虽然在危机解除过程中仍有多名人质丧生，但公众对普京没有怨言。这就是普京政府的危机公关所起到的作用。

其次，保持强硬态度，但仍以公关手段寻求国际舆论支持。普京从危机发生开始就对公众说明要与恐怖势力"干到底"，还特别指出，对于恐怖主义分子，俄罗斯政府不会屈服，而会"以牙还牙"；但他深知如此强硬的态度必然无法保证人质的安全，因此，普京从23日发表讲话开始，就把此次危机定性为"恐怖活动"，以求得全球范围内的谅解与支持。

最后，运用各种公关技巧，及时澄清事实。俄特种部队在解救人质过程中，虽一举将50多名匪徒歼灭，拯救了700多名人质，但在行动中因使用特殊气体导致100多名人质死亡而受到严厉责难。针对这种不利情况，俄罗斯外交部立即召开记者招待会，向国际社会澄清事实。俄罗斯卫生部也于10月30日对外声明，俄特种部队使用的气体是一种辅助医疗使用的快速麻醉剂，这种气体只要掌握好剂量，是不会置人于死地的。"或许并不违反禁止使用化学武器的国际公约"。俄政府的此种做法获得了广大舆论的谅解和支持。

另外，俄罗斯政府的危机公关活动中也以"情"动人，针对事件中丧生的受害人，俄政府果断决策，及时安葬受害人，并举行全国哀悼。同时，在

第十三篇 与时间赛跑

人质事件中死亡的每名人质亲属,可得到10万卢布的补助,而侥幸生还的人质将会获得5万卢布的慰问金。另外,莫斯科市政府也将为被解救的人质和死亡人质的亲属提供物质帮助。这些举措都能够让民众感受到政府"以民众利益为重"的危机公关原则,赢得了民众的支持、理解和同情,更有利于俄罗斯今后国家的稳定。

2001年9月11日,美国东部时间9月11日上午(北京时间9月11日晚上)在美国本土,发生了一起通过劫持多架民航飞机冲撞纽约曼哈顿的摩天高楼以及华盛顿五角大楼的自杀性恐怖袭击。包括美国纽约地标性建筑——世界贸易中心双塔在内的6座建筑被完全摧毁,其他23座高层建筑遭到破坏,美国国防部总部所在地五角大楼也遭到袭击。

很明显,所有四次自杀性袭击都是经过高度协调、组织严密的事件。劫机者夺取了飞机的控制权,然后驾机撞向目标。除一班航班外,所有飞机均击中了目标。华盛顿市宣布进入紧急状态。毫无疑问,有数以千计的人在这一事件中丧生,但官方的死亡统计数字短时间内还无法确定。布什总统宣布:"美国一定会缉拿并惩罚对这些懦夫行为负责的人。"

面对1812年美英战争以来美国本土遭受最严重打击的"9·11事件",布什总统及其领导的联邦政府表现出了较强危机公关能力,不仅遏制了危机的进一步恶化,而且稳定了局面,赢得了民众的支持和信任。布什政府所开展的公关工作主要有以下三个方面的特点。

第一,快速的信息公关。布什政府在"9·11事件"发生后,与公众进行了快速的信息沟通和信息反馈,并注重协调与媒体的关系,使媒体能够说真话,也说得了真话。事件发生后,布什共发表了4次讲话,每次讲话均采用第一人称和肯定的语气,态度强硬,宣布美国进入"战争状态",同时向美国公民保证一定要惩治恐怖分子,保卫民众的安全。另外,美国政府还实时披露遇难死者名单,及时向美国公民报告事件发展情况。布什政府出色的信息公关不仅使公众能够快速地了解危机的实质与政府的措施,安慰了民心,稳定了当时的社会局面,而且还激起了美国公众的"超级民族主义"情感。这些都是危机发生后公众支持政府的重要因素。

第二,准确的行为公关。"9·11事件"突发时,布什政府反应迅速,不仅在最短的时间内进入国家安全指挥系统指挥全局以应对危机,而且采取了各项紧急措施遏制危机的进一步蔓延,如命令全国机场关闭,紧急疏散政府重要部门的工作人员,各地专业化的抢险救灾队迅速到位施救,关闭股市,关闭驻外领事馆,公布劫机犯名单,追查元凶,等等。这些措施的正确采取,都在最大程度上保护了美国民众的生命安全,赢得了公民的支持和认可。

第三,出色的心理公关。心理公关是美国政府"9·11事件"危机公关中的一大亮点。"9·11事件"发生后,布什政府一方面注意对救援人员的心理疏导,防止救护人员的心理健康受到损害;另一方面,号召各方面的专家即刻投入对逃生者、遇难者亲人和儿童的心理创伤治疗工作;同时,美国政府还成立了心理救治小组,不仅动用了国内所有资源对受害者进行心理干预,还在世界范围内寻找专家,通过远程设备利用国外优秀的人才资源。这些心理公关既帮助公众排解了心中的恐惧和不安,使他们能够在较短的时间内恢复心理健康,而且体现了美国政府良好的危机反应能力,赢得了公众的信任。

同样以阐明政府在突发社会问题发生时如何进行危机公关为主题,在"拍案"环节我们就近年来的三个国内事件为例,看看各级地方政府是如何做的。

拍案一　湖北石首"6·17"事件

2009年6月17日晚8时许,湖北省石首市某酒店门前发现了一具男尸,死者为该酒店厨师。由于死者家属对死者的死因产生怀疑,便将尸体放置酒店大厅,引起群众围观起哄,严重影响了当地的交通秩序。然而,事件并未就此打住,少数不法分子趁机蛊惑群众,导致不明真相的群众多次与警察发生冲突,威胁到当地社会秩序的稳定。事件发生后,中央领导同志高度重视,明确批示对事件处理的要求,公安部、武警总部、湖北省、荆州市的党政主要领导迅速成立了事件处置领导小组,并亲临现场指挥。一方面,全力做好家属的安抚工作,保护家属安全,通过多种途径迅速向社会公布事件真相;另一方面,加强对事发地段的警戒,防止事态扩大,疏散围观群众,维护现场秩序。经多次协商,死者家属同意将尸体运往殡仪馆,进行尸检;事件处置领导小组现场指挥该事件的处理,并在政府网站发布题为《我市发生一起非正常死亡事件的消息》和致全市人民的公开信;当地警方迅速展开事件调查,依法查明死因,并追究了一批涉嫌策划、煽动、组织群众闹事,参与打砸烧行为的首要分子的法律责任;另外,从8月1日起,湖北石首市集中一个月时间,组织党政机关干部深入社会各个部门进行走访调研,开展以"访民情、解民难、保稳定、促发展"为主题的"十大整治行动",事件到此有了一个圆满的解决。然而,我们在看整个事件的发展过程时,有一个问题不能不引起我们的注意:为何一起命案可以演化成群众性事件?

点 评

纵观整个事件的演变过程,一方面,我们可以发现其中的一个关键问题就在于当地政府没有及时采取有效的公关手段,给群众一个真实可靠的说法,造成群众间"以讹传讹"现象的发生;当得不到当地政府的正式说法时,不少群众急于借助非正式渠道探求事件真相,导致群众"不明真相"的问题愈演愈大,一起命案逐渐演变为重大的群众性事件。在现在这样一个网络时代,政府在面对突发事件时,不仅仅要充分发挥危机公关的作用,以官方立场发布真实可靠的消息,平息群众的种种猜测,还必须迅速了解和把握网上各种新型信息载体的脉搏,及时回应公众疑问,才能从最大程度上获得群众的理解和支持,缓和事态、化解矛盾。在处理石首事件的过程中,当地政府的声音没有主动在第一时间传播给大众,而各种非正式的舆论却已经漫天飞舞,造成当地政府在处理这一事件上处于非常被动的状态,可以这么说,是当地政府自己错过了最佳的处理时机。

另一方面,我们也应看到石首市政府在危机发生后所采取的有效公关手段:首先,当群众性事件发生后,中央与地方都高度重视,立即成立事件处置领导小组,及时采取有效措施解决突发危机;其次,当地政府认识到信息公开的重要性,在官方网站发布消息和致全市人民的公开信,让群众能够从正式渠道了解事情的真相,同时也从侧面反映了政府解决危机的决心;最后,最值得我们为之叫好的就是在事件平息后,石首市政府并未就此停止工作,而是决定集中一个月时间,组织党政机关干部深入社会各个部门进行走访调研,开展全市的整治活动,防止此类危机的再次发生。

这一事件让我们看到,突发事件不可怕,群体性事件不可怕,如果政府不能及时回应,及时给人民一个正式的说法,及时采取措施去稳定局面,进而影响到社会经济的平稳发展。

拍案二　南京某中学特大投毒案件

2002年9月14日早晨7时,南京市公安局指挥中心传来群众急促的报警:江宁区某中学有许多学生在食用了油条、烧饼、麻团等食物后,相继出现呕吐等中毒症状。党中央和国务院领导获悉情况后非常重视,立即做出批示,要求江苏省委、省政府和有关方面迅速采取紧急措施,尽最大努力抢救中毒人员。为减少中毒人员数量,公安机关立即开展大范围的查缴毒源工作,以控制毒源的扩散。同时,专案指挥部和南京市公安局于案发当晚组织了1500余名民警,首先挨家挨户,逐单位逐人收回可能有毒的食品;继而深入社区、街道、仓库、面店、作坊,全面查封收缴非法销售的毒药,并对非法销售人员逐一登记,弄清毒物来源、销售去向,广泛搜集有价值线索,从而最大限度地控制住有毒食品的扩散,保护了当地人民群众健康不受侵害,生命免于危险。公安部门全力以赴,争取在最短时间内破案。经过公安机关78小时的连续奋战,案件成功告破,犯罪嫌疑人陈某被抓获,经审讯供认了投毒犯罪的全过程。各项善后工作也在有条不紊地相继开展,群众情绪很快稳定下来。

点　评

南京特大投毒事件的顺利解决,让我们看到了政府危机公关应急机制的迅速性、准确性、有效性和人性化的特点。一、迅速性:危机发生后,党中央和国务院高度重视,要求地方政府各部门采取紧急措施,尽最大努力抢救中毒人员,公安部、卫生部立即派出工作组赴南京协助工作;二、准确性:政府组织一切力量,夜以继日调查事件真相,公安机关经过3天的连续奋战,成功告破案件;三、有效性,南京各有关单位全力以赴,充分发挥一方有难、八方支援的精神,不怕劳苦,日夜奋战,努力做好善后工作,最终安定了群众的情绪,维护了社会稳定;四、人性化:党中央国务院高度关心中毒人员,要求南京地方政府调集最好的医护人员,投入最好的设备和药品全力抢救中毒人员,其他各部门予以密切配合,充分发扬人道主义精神,只要有百分之一的生还可能,就要尽百分之百的努力,努力救治每一个中毒人员,成为1991年南京遭遇"7·31"空难以来最大的一次救援行动,为南京投毒案件画上了一个圆满的句号。

拍案三 重庆旱灾

2006年5月中旬以来,重庆市遭受了百年一遇的特大旱灾,此次旱灾是自1891年该市有气象资料记录以来的最严重的一次,并创下了"五个历史罕见"。

一是干旱持续时间之长历史罕见。2006年发生在重庆市东北部的夏旱5月中旬开始露头,持续30~40天。夏旱连伏旱,大部分地区总旱天数超过60天,渝东北地区超过90天,巫溪县已长达96天。

二是干旱强度之大历史罕见。干旱期间,各地日平均气温较常年同期偏高2℃~3℃,降水大部分地区偏少9成,蒸发量偏多6成到1倍。8月15日,綦江县日极端气温达44.5℃,刷新了重庆市保持53年的日极端气温纪录。各地35℃以上的高温天数普遍为31~57天,气温、降水、蒸发量等主要干旱指标均为历史同期极值。

三是抗旱水源之少历史罕见。大江大河出现"洪水不洪"、"汛期枯水"的现象。嘉陵江内载重船已经禁航。全市有2/3的溪河断流,275座水库水位处于死水位。1081个乡镇(街道)中有2/3出现供水困难。截至目前,全市水利工程蓄水量不足9.5亿立方米,只占应蓄水量的33%。

四是干旱范围之广历史罕见。除秀山、酉阳、石柱为严重干旱外,其余37个区县为特大干旱。受灾人口突破2100万人,农作物受灾面积近2000万亩,795万人、735万头牲畜出现饮水困难。

五是旱灾损失之重历史罕见。全市秋粮作物将减产2至3成,烟叶、药材、商品菜等高附加值经济作物大面积减产甚至绝收;258万亩柑橘不同程度受灾,其中有64万亩绝收;近两年退耕还林的381万亩在土苗木死亡率超过50%,江津市50万亩花椒基地死亡花椒树3000余万株;全市发生森林火灾92起,过火面积8130亩;受灾畜禽3664余万头(只);潼南县琼江流域网箱养鱼近日出现"翻塘"现象,一次性死鱼1200多吨;因高温、限电、供水困难等造成企业限产停产减少产值34亿元。旱灾直接经济损失达到63.75亿元,其中农业经济损失51.28亿元。

面对如此严重的灾情,2006年8月30日,重庆市召开抗旱防汛救灾工作电视电话会议,与会领导在会上发表讲话,在确保人畜饮水和做好防暑降温工作,加大防疫力度,组织蔬菜粮食供应,落实安全生产和保持社会稳定等方面进行了全面部署。

与会领导强调,要对已经出现开裂的水库、塘坝,迅速组织力量进行整治,确保蓄水和防汛安全;对农村低保对象和当前因灾缺粮生活困难的农户,要保证他们的基本口粮;对缺乏生活自理能力的"空巢"家庭、五保家庭等,要组织干部群众结对帮扶。

"大学虽然正常开学,但军训不一定非要一开学就进行,学校绝不能出现集体中暑现象。市教委要加强督促检查。"王鸿举说。

在灾情面前,重庆市市民慷慨解囊。在重庆市特大旱灾中,中央和市级财政安排的救灾资金累计达到2.23亿元,市政府社会捐助接收办公室接收捐赠资金1.14亿元(含认捐资金),各区县接收1600多万捐赠资金,共计3.5亿多元。

点 评

此案例中,重庆市遭遇严重的旱灾,但在自然灾难前,人们没有就此畏缩。相反,社会各界慷慨解囊,特别是在政府的指导下度过了难关。一方面,政府应对旱情运筹帷幄。重庆市及时召开抗旱防汛救灾工作电视电话会议,与会领导纷纷提出解决措施。另一方面,救灾过程中体现了以人为本。具体体现在:对农村低保对象和当前因灾缺粮生活困难的农户,要保证他们的基本口粮;对缺乏生活自理能力的"空巢"家庭、五保家庭等,要组织干部群众结对帮扶;对即将开学的学生,军训不一定就要进行,要防止集体中暑现象。

回味隽永

以上这些案例在我们面前呈现出了两种完全不同的政府公关行为及效果,古今中外的政府无一不要面对社会突发的公共问题,采取何种公关行为来处理突发事件在一定程度上直接决定了政府的信誉度。我们就以上案例作出以下几点总结。

首先,"主动出击掌握全貌"。事件发生后政府在危机公关时,要尽快地掌握事实真相,掌握危机传播的主动权。行政机关应该及时调查分析,迅速了解事件的全貌,判断突发事件的性质与来源,并尽量弄清楚以下问题:事故原因,影响程度,发展趋势,外界与内部对事件的反应,现有的控制和处理措施是否有效等。了解清楚后,政府的公关部门应立即向有关主管部门发出通报,使领导了解事实真相。同时,迅速利用有效的传播媒介向公众公布事件真相和政府对事件采取的措施。

其次,"万众一心应对危机"。政府应进行有效的危机公关以寻求公众的支持,使突发事件治理主体多元化。虽然公共危机的核心治理主体仍然是国家,但是公民、企业、第三部门等在公共危机的治理中也有不可忽视的作用。"无论是国家、市场,还是被许多人寄予厚望的公民社会都无法单独承担起应对风险的重任",所以如果仅仅依靠政府或国家,同样会使公共危机的治理失效。同时公共危机的紧迫性和威胁性也要求人人参与、全面动员。行政部门必须加强沟通,协调各方关系,争取民众的理解和支持,尽可能的调动所有社会力量,万众一心共同面对困难。

第三,"政府透明树立威信"。政府在危机公关时应保障公众的知情权,增加政府的透明度。突发事件的不可预知性,使其在发生之初,往往会引发公众的恐慌和对信息的渴求。突发事件又往往与公众的利益密切相关,人们自我保护的本能使得在危机发生时,第一反应和最大需求就是了解信息,了解真实的信息、准确的信息、权威的信息。而媒体往往是公众在突发事件中及时了解真实情况的唯一信息来源。这时,作为公共事务管理者,政府的职责要求我们迅速通过大众媒体,在第一时间告诉公众发生了什么事情以及政府采取了什么措施,保障公众知情权。地方政府设立新闻发言人,并不是要求每位新闻发言人必须都要定期、定点进行新闻发布,这要从实际出发。至少,在政府面对突发事件时,要有及时的新闻发布。

最后,"做好善后确保安宁"。突发事件的善后处理往往很复杂,需要精心组织。比如重大自然灾害,武装暴乱事件等,给公众的生命和财产造成了极大的损失,也给公众造成了强烈的心理创伤。这些后果都不是马上可以清除的,因而需要提供有关事实真相,赔偿损失,责任者处理,以及今后的预防措施等消息。

中国经济的飞速发展,为政府公关提供了更雄厚的资金物质基础。网络的发展,大众传媒的多元化,中国民主进程的推进,这都要求在突发事件出现时信息必须更加的公开透明。政府在突发事件面前的公关反应,直接影响着与公众的关系,良好的应对不仅能使损失降到最小,更能增强公众对执政者的信任,有利于缓和矛盾,顺利处理好危机。

第十四篇

政府媒介公关　搭建沟通桥梁

——以2001年上海举办APEC会议为例

随着经济全球化进程的不断加快，全球经济一体化已经呈现出势不可挡的趋势，国家与国家之间的交流日益频繁，形式越来越丰富。得益于现代社会各种媒介所带来的便利，例如：电视、广播、报纸和杂志以及网络等等，各国在加深合作的同时也在世界舞台上尽情展现着各国独特的国家形象。因此，利用媒介传播速度快、覆盖面广独具特色的优势，进行政府的公共关系建设，逐渐受到各国政府的重视，成为一个国家与民众有效地沟通，塑造良好国家形象的重要途径。

温总理问政互联网,民意直通中南海

各国政府利用媒介公关这一手段,搭建起与公众沟通的桥梁,从而达到塑造良好国家形象的案例颇多,温家宝在2009年两会召开前夕,通过互联网与海内外网友在线交流,回答网民提问,树立起了中国政府的"公民对话"新风尚。

2009年2月28日,在全球被由美国次贷危机而引起的金融危机的阴霾所笼罩,温家宝总理在百忙之中通过中国政府网和新华网,历史上首次实现了与全球网民进行在线文字与视频交流,对重振国民在党的领导下,顺利度过经济危机的信心起到了关键作用。

这天,身着休闲装的温总理在两家网站的联合直播间,轻松地与全球网民进行了两个小时的在线交流,共收到数十万个帖子的提问和留言,以及数万个手机用户的信息反馈。根据两家网站的粗略梳理,全球网民的提问和留言涉及医疗、教育、就业、住房、"三农"等民生问题,金融危机与经济形势,国际关系与对外交往,甚至还包括总理的有趣的生活细节。温总理表示,他是带着信心来的,带着诚意来的,他并不以为每个问题都回答的好,但是他讲的话是诚实的,他希望他许诺的事情能够真正做到。温总理在回答网民有关应对金融危机的问题时说,中国政府采取的措施初步见到了效果,在一些地方、一些领域,经济开始有向好的方面发展的趋势,一些重要的经济指标表明我们的经济开始有所好转。温总理说,应对这场危机,我们采取了一系列措施,可以说形成了一个比较完整的应对方案,我们称之为"一揽子计划"。

在回答有关医疗卫生改革的问题时,温总理说,在中国这样一个有着13亿人口的大国,解决医改确实不是一件容易的事,我们决心推动医改就表明政府把老百姓的健康放在心里。推动医改我们所要坚持的方向是：公共医疗卫生必须坚持公益性质。温总理在谈到两岸关系时表示，通过协商进一步研究两岸经济交流与合作的机制，这符合两岸人民的根本利益，也有利于台海局势的稳定和发展。在回答有关中美关系的问题时，温总理说，30年中美关系的发展告诉我们：和则两利，斗则俱伤。在谈到"三农"问题时温总理说，"三农"问题是中国经济发展的基础，也是党和政府多年关注的问题。把"三农"问题摆在全部工作的重中之重，不是一般表态，而是实际行动。此外，温总理还重点回答了有关反腐败的问题。他表示，经济发展、社会公平和政府廉洁是支撑一个社会稳定的三个顶梁柱。而在这三者当中，政府廉洁尤为重要。温总理强调，反腐败最重要的是解决制度问题。因此，就要解决权力过分集中而又不受制约的问题，只有权力受到制约，才能够从根本上防止腐败的滋生。

从温总理首次应用互联网为沟通媒介，与海内外的网友进行交流，积极诚恳地回答他们所关心的一系列问题这一典型案例中可以看出，温总理的首次"网聊"，取得了巨大成功，国内外各大媒体都竞相报道这一事件。温总理成功运用媒介公关，在全球经济陷入严冬之时，带来了丝丝春天的暖意，也给全国人民吃了颗"定心丸"。

由此可见，媒介公关凭借其广覆盖面、高时效性、大影响力等特点在政府的外部公共关系建设中具有重要作用。虽然当今世界，随着交通的便捷、人民生活水平的提高，跨国旅游、国家间的交往越来越多，但大多数人对信息的获取主要还是通过新闻等传播媒介。报纸、杂志、广播、电视，还有国际互联网，每天向世界各地的受众提供来自世界各地的消息，大部分受众对世界各国的了解就是通过这些媒介进行的，新闻传媒在树立国家国际形象中担负着不可替代的责任。

众所周知，从公共关系的萌芽阶段开始，其就与新闻、报纸、杂志等传播媒介结下了不解之缘。一方面，各类媒介为公共关系的诞生和发展提供了温床和土壤。19世纪30年代在美国兴起的"便士报"运动，使报纸这种当时最有冲击力的信息载体实现了由贵族化向大众化、通俗化的过渡。媒介"无冕之王"的称号，已经成为各领域人们的共识。领导者充分借助媒介平台，委派发言人主动与媒介联络，以"填补信息真空"、掌握舆论主导权，让公众及时掌握动态信息，公众情绪引导得好，就会统一认识，利于事态的发展。

对于政府等组织机构而言，各类媒介是开展外部公共关系的主要途径。在我国，新闻、报纸、网络等媒介在承担信息传播者角色的同时，还另有重任——担任党和政府的"喉舌"，因此，基本上可以说，任何组织机构或者个人,在处理任何问题上,赢得了媒介的理解和支持,就几乎等于赢得了舆论。

因而,温总理利用互联网倾听民声,了解民意,体察民情,正是政府媒介公关极具代表性的案例,在顺畅与民沟通的同时,树立了"公民对话"的政府新风尚,向全世界传播了"权为民所用、情为民所系、利为民所谋"的中国国家形象。

史镜今鉴

一如前文所述,组织或个人运用媒介公关,赢得舆论的支持与理解,达到起初所设立的目的的公关案例,国内外自古有之,下面就列举几个案例加以说明。

秦二世皇帝元年(公元前209年)七月,天上下着瓢泼大雨,四周道路一片汪洋,九百多名被秦二世的暴卒驱赶的农民由阳城(今河南登封东南)赶赴渔阳(今北京密云)戍边,走到大泽乡(今安徽宿县西南)的时候,实在没法走了。

戍边的队伍中有个叫陈胜的人很有志向。一天,大伙在地头休息时,陈胜对大家说:"王侯将相难道是天生的吗?将来咱们之中要是有谁富贵了,可别忘了今天的哥们!"伙伴们觉得好笑,道:"你给人家卖力气干活,哪儿来的富贵?"陈胜叹息道:"唉,燕雀怎么会懂得鸿雁的志向啊!"眼下,因暴雨耽搁了行期。按照秦律,戍卒误期是要处斩的。陈胜与吴广商议:"现在就是到了渔阳,也已过了期限。同样是死,大丈夫何不干一番轰轰烈烈的事业呢?"吴广觉得很有道理。但是要怎样让伙伴们听从自己的指挥呢?

陈胜和吴广很了解自己的伙伴们,这些人都是原先的楚国人,楚国人特别相信鬼神,于是他们决定打着楚将项燕的旗号,借助鬼神的力量号召天下。第二天,伙夫上街买鱼回来,发现买来的鱼中有一条肚子胀得特别大。用刀一剖,只见里面藏有一张帛书,上书"陈胜王"三字,这可是件新鲜事,很快在戍卒中传开了。入夜,戍卒围着篝火取暖,还在议论着白天那件奇事。忽听远处传来奇怪的声音,仿佛狐狸的叫声,叫声中还夹杂着人语,好像在喊:"大楚兴,陈胜王。"几个胆大的寻声而去,在荒地的西北角有座古庙,这声音就是从古庙中传来的。

第二天一早,大伙们都指指点点地看着陈胜,越看他越像真命天子。陈胜、吴广见时机成熟,便果断地杀死了两个押送戍卒的将尉,随后召集戍卒,动员他们:"那些王侯将相,难道是天生的吗?这天下,穷人也可以坐一坐。"九百余名戍卒立即沸腾起来,齐声喊着:"对!咱们跟陈大哥造反!"陈胜、吴广立刻叫人拿了一根竹竿,做了一面大旗,上书一个斗大的"楚"字。大家推举陈胜为首领,号称"将军",吴广为副,号称"都尉"。他们很快占领了大泽乡。各地的老百姓饱受秦朝官吏的欺压,听到陈胜起义反秦,纷纷扛着锄头、拿着扁担赶来,加入起义军。起义军一下子壮大了好几倍。当起义军攻占陈县(今河南淮阳)时,已拥有战车六七百辆,骑兵一千多人,步兵数万人,成了一支声势浩大的队伍。

在群众拥护下,陈胜立为王,国号"张楚",就是要张大楚国的意思。陈胜称王后,起义军的声势越来越大,先头部队一度打到离秦都咸阳只有几百里的地方。

在这个经典的古代案例中,可以看出,陈胜在了解了自己的伙伴们具体情况的基础上,利用了"鱼腹"及"帛书"这两种古代媒介,在戍边的队伍中传播了自己揭竿起义、建立大楚的志愿。

再来看一个大家耳熟能详的经典古代案例,佐证媒介公关的重要性。五代十国时期,封建割据政权内部的斗争一刻也没有停止过。朝廷和皇帝像走马灯似的频繁更换,原因在于朝廷内部的实权掌握在军事集团的手上,因此出现了朝代随着军权的得失而频繁更替的现象。宋太祖本人就是利用手中的军权夺取皇位的。为了避免重演陈桥兵变和黄袍加身的故事,赵匡胤登基以后决心剥夺高级将领的兵权。

宋王朝军队的主力与后周一样,主要是禁军。宋朝初年,全国军队为37万,而禁军有20万之多。可以说,谁掌握了禁军,谁就掌握了国家军队,谁就可以觊觎皇位。在陈桥兵变中立有功劳的高级将领石守信、王审琦等因功受封,成为禁军将领。陈桥兵变的把戏一拆穿,谁都知道是怎么回事,不就是军权吗?赵匡胤上台以后,虽然面临着外部军事割据政权的威胁,但他最担心的却是手下那些骄兵悍将,谁能保证不出第二个赵匡胤呢?谁能保证不会重演陈桥兵变呢?

961年,即宋太祖赵匡胤即位第二年,一天晚上,赵匡胤宴请禁军高级将领石守信、王审琦等人。席间,君臣谈洽甚欢。酒酣之际,赵匡胤醉醺醺地说:"多亏尔等众人拥戴,朕方登上九五之尊。谁知当了皇帝,方知皇帝不好当,朕已经很久没有睡过一个安稳觉了。"众人不解其意,问:"皇上贵为天子,富有四海,怎么睡不好觉呢?"赵匡胤点头说:"爱卿说得很对,皇上贵为天子,富有四海,谁不想当皇上呢?"

一听此话,石守信、王审琦等慌了,连忙说:"现在天下已定,谁还敢存此异心?"赵匡胤说:"诸将以前是朕的朋友,现在是朕的臣属,朕相信你们是不会心存二心的,可是谁又能保证你们的部下呢?你们的部下如果想要追求荣华富贵,有一天突然把黄袍加在你们身上,你们即使不想做皇帝,恐怕也不行啊!"石守信、王审琦等高级将领听得汗流浃背,以为赵匡胤要取他们性命,忙跪下磕头,说自己决无二心,对部下实在把握不住,请宋太祖给他们指一条明路。赵匡胤笑呵呵地说:"人生苦短,如白驹过隙,不如多积金帛,厚自娱乐,尔等何不放弃兵权呢?朕可多赏你们金帛,让你们购置田地房产,添加歌儿舞女,出则车马,入则娇娃,饮酒作乐,欢度余生。君臣互不猜疑,上下相安无事,岂不快哉!"赵匡胤在酒酣之际说出的一番话,真是一语惊醒梦中人。石守信、王审琦等叩头如捣蒜,连连谢恩。未过多久,石守信、王审琦等禁军高级将领上表,称自己年老多病,请求解除兵权,赵匡胤一一批准。赵匡胤下诏,为表彰他们的功绩,令赏每人金帛若干,石守信保留"侍卫都指挥使"虚职,其余赏"节度使"虚衔。

通过杯酒释兵权,赵匡胤先解除了禁军高级将领的兵权,随后相继解决了京城以外各领兵将领的兵权。赵匡胤的这些措施从根本上扭转了唐末以来藩镇割据的局面,结束了战乱,中国出现了大一统的宋王朝。在这个古代故事中,赵匡胤借宴请禁军高级将领公关手段,将自己担忧石守信、王审琦等禁军高级将领"功高震主"的疑虑巧妙地公布于众,传达了想通过解除将领的兵权来巩固帝位的心迹。

梳理了中国古代利用具有类似现代媒介公关意义的手段,从而实现组织或个人意图的案例后,让我们把目光投向国外,看看与我们具有不同思维方式、生活习惯的人们是如何运用新闻、报纸、杂志等各种媒介,来进行公共关系建设的案例。

如果说,政治需要时尚的话,那么2008年这场竞选的时尚,表现为网络为奥巴马担当了重要角色。谁善于运用网络,谁一定可以占得先机。奥巴马的胜利是善用网络的胜利。网络是年轻人的生活工具,奥巴马通过网络,将更多年轻选民动员起来。凡是有网络的地方就有奥巴马,号称"Obama Everywhere",在Facebook、Myspace、YouTube等各大主流网站和聚集着无数年轻人的social networking等网站上,"奥巴马"的点击率居高不下,形成了所谓"youthquake"(年轻人地震),这让麦凯恩望尘莫及。另一方面,这种善用网络的手段,也使奥巴马获得了经济支撑力。他的竞选阵营总筹款规模达到6亿多美元,助选资金来自总计310万名捐款人。在广告和活动支出方面,完全压倒了他的共和党竞争对手。

奥巴马还使出奇招,把他与共和党对手麦凯恩的战场,扩大至电子游戏。奥巴马阵营在美国一些最热卖的电子游戏的网络版上,置入竞选广告。奥巴马阵营在艺电最受欢迎的9个电子游戏内购买了广告;从10月6日到11月3日期间,奥巴马的竞选广告出现在"狂飙乐园"、"疯狂橄榄球09"、"云斯顿赛车2009"、"NHL冰球09"和"极限滑板"等电子游戏中,对于总统大选结果极为关键的10个州的玩家如用线上对战平台玩这些游戏,就可看到那些广告。美国总统选举的宣传战场通常只是电视、广播和报纸,近来还加入网络,不过使用电子游戏拉票倒是史上头一遭。

经过对国内外媒介公关案例的分析,我们不难看出利用媒介建设公共关系的重要性,各种传播媒介成为组织对外重要信息的传播平台,是组织及个人与外界相互联系的纽带和桥梁。

三刻拍案

拍案一　2001年上海APEC会议,成国内外媒体关注焦点

经济盛会、世纪盛会、全球盛会——新世纪的第一次APEC大聚会,吸引了全球的目光。上海APEC会议筹备委员会在一个新闻发布会上透露,报名参加10月上海APEC会议的海内外媒体阵容空前,截至新闻发布会的短时间内已经达到1500人,其中海外记者500余人。预计最终记者人数可能达到4000人之多。

2001年上海 APEC 会议开幕之际,全球经济增速减缓,部分地区金融动荡,"9·11"事件更给经济发展雪上加霜。在经济下滑的重重压力下,贸易壁垒重新筑起,保护主义悄悄抬头,反全球化的倾向对多边贸易体制提出质疑。对世界经济举足轻重的 APEC 将在新世纪中,在全球化背景下制定怎样的发展计划,全球贸易自由化能否重新推动,成为各个国家关注的焦点,也成为各媒体竞相报道的热点。"上海对美国记者大有吸引力。不仅因为新世纪第一次 APEC 年会将在此举行,而且这儿的巨大变化中必定蕴含新闻故事!"《今日美国》的资深编辑、有"白宫记者"之称的欧文·沃曼说。随着 APEC 年会的召开,美国媒体对上海的兴趣愈来愈浓,中美关系以及中国、上海的巨大发展将是他们聚焦的两大热点。

2001年10月21日,上海 APEC 会议发表了《领导人宣言》,并通过这份宣言,向全世界的人们宣告"迎接新世纪的新挑战"的坚定信心。会议讨论了促进地区和世界经济恢复稳定增长的新措施,同时为这一重要地区论坛确定今后的发展方向,APEC 成员彼此理解与合作;着重探讨如何"从全球化和新经济中受益"并取得实质成果,对地区,乃至世界的和平与发展将产生深远的影响。亚太经合组织各成员的国民生产总值合计占全球的55%,贸易额占全球的46%。在当前全球经济形势下,本地区经济仍有亮点,特别是中国经济保持着健康稳定发展。无论从经济总量还是区内主要成员的影响力来衡量,亚太地区经济对世界经济保持稳定至关重要。各成员加强宏观政策对话,采取适时、协调、有效的宏观经济措施,对全球经济重建信心、尽早恢复良好发展势头将发挥重要作用。香港《文汇报》在题为《经合会议成果有利亚太经济复苏》的社评中说,APEC 上海会议通过的《共同宣言》,对克服当前国际经济的困难,重建信心,推动经济的恢复和增长,将会起到积极的作用,这一成果将有利于亚太经济的复苏。

2001年上海 APEC 会议期间,我国政府充分利用了年会的契机,吸引了大量海内外的媒体到上海采访报道会议盛况,并以此将上海介绍到世界的经济大舞台上。进一步而言,上海 APEC 会议的成功举办,通过政府的媒介公关,将中国负责任的大国形象真实地展现在世人面前,树立了中国愿意融入国际社会、"合作"的国际形象。

拍案二 "团团""圆圆"赴台,体现台海和平两岸友爱

"千呼万唤始出来,犹抱竹子半遮面!"在大多数台湾民众尤其是台北市青少年热切期待后,国台办和相关单位宣布,经过二百一十八天"慎之又慎"地挑选赠送给台湾同胞的一对大熊猫,"团团""圆圆"已经确定。

2008年12月23日下午17时许,"团团""圆圆"搭乘台湾某航空公司专机抵达台北桃园机场;随后换乘专车,于19时30分许抵达它们的新家——台北市立动物园新光特展馆,这标志着辗转两岸多地、历时10多个小时的"团团""圆圆"赴台行程,画上了圆满的句号,这是一次意义非凡的旅行:因为,为了这一天两岸民众已经等了太久。1981年,生活在南京的台胞刘彩品通过全国台联向中央提出赠送台湾一对大熊猫。1987年,这个建议凝聚成为六届全国人大五次会议台湾省代表团的集体建议,呈交国家有关部门。而大陆在1990年千挑万选出的那对大熊猫却因为种种原因,几经周折终究没能登上宝岛。

向台湾同胞赠送大熊猫,与同意台湾水果零关税进口大陆,开放大陆居民赴台旅游,向在大陆就读台湾学生给予同等收费待遇等"惠台"措施一道,都深挚地表达了大陆同胞对台湾同胞的骨肉之情和亲切关怀。尤其是大熊猫,是中国的国宝,是"和平、团结、友爱"的象征,受到全世界人民的喜爱,向台湾同胞赠送大熊猫,就是要与台湾同胞一道,希祈台海和平、华人团结、两岸友爱。

点 评

"团团""圆圆"跨越台湾海峡登上宝岛台湾,表达了全国人民希望台海和平、国家统一的热切期盼。"团团""圆圆"在大陆与台湾关系进一步稳定、和谐的过程中,发挥了传达和平统一信号的媒介,向台湾同胞甚至世人传播了中国政府和平共处的国家形象。

拍案三 新中国成立60周年,迎接中华民族伟大复兴的曙光

2009年10月1日,是中华人民共和国成立60周年纪念日。首都北

京举行了盛大的庆祝大会、阅兵仪式和群众游行庆典活动,取得了圆满成功。

在盛大的国庆庆典上,胡锦涛同志检阅受阅部队并发表重要讲话。讲话站在时代和全局的高度,回顾新中国成立60年来取得的举世瞩目的伟大成就,总结新中国60年发展进步的成功经验,展望伟大祖国无限美好的发展前景,极大地激发了全党全国各族人民的爱国豪情。盛大阅兵仪式壮我国威、振我军威,集中展示了我国国防和军队现代化建设的伟大成就,集中展示了人民军队听党指挥、服务人民、英勇善战的精神风貌和威武之师、文明之师、胜利之师的良好形象,集中展示了我军捍卫国家安全和发展利益、维护世界和平的坚强决心。群众游行方阵和彩车方阵激情饱满、宏伟壮观,广场背景表演整齐划一、清晰流畅,充分展示出团结奋进、昂扬向上的精神风貌。国庆联欢晚会气氛热烈、欢乐祥和,各族群众载歌载舞,网幕烟花和焰火表演新颖别致,展现了民族团结、人民幸福的大好局面,营造出举国欢腾、普天同庆的喜庆氛围。"辉煌六十年"成就展内容丰富、形式新颖,充分展示了新中国成立60年来的伟大历程和辉煌成就,赢得了观众广泛赞誉。

国庆系列活动取得圆满成功,在全社会产生了广泛影响,赢得了国内外高度评价。这次盛大的庆典活动,主题突出、特色鲜明、隆重热烈、气势磅礴,充分展示了新中国成立60年来特别是改革开放以来取得的巨大成就,充分展示了全国各族人民团结奋斗、开拓进取的精神风貌,充分展示了人民军队威武之师、文明之师、胜利之师的良好形象,极大地振奋了党心军心民心,极大地增强了海内外中华儿女的自信心和自豪感,也受到了国际社会的广泛好评。广大干部群众普遍反映,胡锦涛主席的重要讲话,高瞻远瞩、统揽全局,内容丰富、意蕴深远,振奋人心、催人奋进,彰显了中国人民在中国共产党领导下有信心有能力建设好自己国家的坚定信念,吹响了在新的历史起点上继续奋勇前进的号角。国庆庆典活动极大地激发了全国各族人民的爱党爱国热情,进一步坚定了走中国特色社会主义道路的信心。国庆庆典盛况也引起国际社会极大关注,世界各国纷纷称赞中国国庆阅兵和群众游行的宏伟场面,称赞中国的发展成就和中国人民昂扬向上的精神面貌,证明中国特色社会主义道路是一条适合中国国情的发展道路。

 点评

在伟大祖国成立60周年之际,我国政府通过举办盛大的国庆庆典多方位全面地展示了新中国成立60年来的辉煌成就。借助前来报道国庆庆典盛况的国内外各类传播媒介,向全世界传达了这样一个声音:中国共产党正领导全国人民进行富强民主文明和谐的社会主义现代化建设并取得了辉煌成就,中华民族正以崭新的面貌屹立在世界东方。

回味隽永

所谓政府公共关系,是指政府在科学理论和原则的指导下,为了更好地管理社会公共事务而运用传播手段,与它的公众进行双向信息沟通,建立稳定和持久的相互了解、相互信任、相互合作的关系,以便在公众中塑造政府的良好形象,争取公众对政府工作理解和支持的活动。

首先,与其他类型的公共关系相比,政府公共关系独具特色。其一,是表现在公众范围的广泛性。包括各个民族、各个党派、各种团体和社会组织等各种社会力量,总之,政府所面对的实际上是整个社会公众。此外,由于政府承担并履行着涉外职能,它还必须面对国际公众,因此,政府机构面对的公众比其他任何组织的公众更具有广泛性。其二,政府的公众的特点还表现为公众结构的复杂性。政府所面临的公众更是以切身的利益为基础的,他们分为各种不同的利益群体。这些利益群体,既有公共的社会利益,又有各自不同的特殊利益,因此,对政府制定的有关政策和法规,不同的利益群体会持不同的态度,产生不同的意见。由于个体公众与组织公众交错在一起与政府发生关系,使得政府所面对的公众在利益结构上呈现出相当的复杂性。这是其他任何组织在开展公共关系时所无

法相比的。

其次，正是由于政府公共关系具有公众范围的广泛性、公众结构的复杂性及政府所面对的公众在利益结构上呈现出的复杂性等鲜明特点，也使得政府公共关系难度较高。正因如此，才凸显出政府公共关系建设中媒介公关的重要性。媒介公关因其传播的时效性强、传播的领域宽，解决了政府公共关系中公众结构复杂等问题。媒介公关在政府公共关系中的运用，符合政府公共关系沟通的原则。这里所说的沟通是指作为公共关系主体的政府与公众相互之间进行的信息、意见和感情的双向传递和交流。通过沟通可以增进政府与公众之间的相互理解、相互谅解，消除误解和猜忌，理顺公众情绪，融洽感情，从而获得广大公众对政府工作的信任、支持和合作。

第十五篇

媒体之镜映鉴政府形象
——美国白宫的媒体公关策略

　　政府形象就是政府的行为在公众心目中的反映。具体说来它包括两个方面的内容：首先是政府这一巨型组织自身在一系列行为中所表现出来的整体形象；其次是公众对政府的这些总体表现所作出的具有普遍性的评价。良好的政府形象决定了政府的威信，良好的政府形象有助于凝聚民心。如何利用好政府公共关系这门"塑造形象的艺术"来打造深得民心的良好形象，这已成为现代政府部门的一个重要议题。政府在努力创造政绩的同时，还必须借助于一定的渠道、途径、方式将其展示给公众。在众多的政府公关手段中，媒体公关无疑是最便捷、影响最广泛的手段。

开篇导例

"中国上海"政府网站的轰动效应

站在改革前沿的上海市政府对于媒体公关运用的十分到位。早在2006年2月全国各地的政府部门还没想到在媒体上展示自己之时,上海市政府就成为"第一个吃螃蟹的人",率先在当地的几家主要报纸打出这样一则广告:"'中国上海'全新改版欢迎点击 www.shanghai.gov.cn"。此番举措如之前预料的那样产生了极为轰动的社会效应,看到报纸广告的公众纷纷期待着"中国上海"改版后的全新内容。

虽然上海市政府在报纸上打出广告,成为史无前例的典范,但这只是通过媒体的影响使公众关注政府网站,真正表现政府形象的关键在于"中国上海"这一政府网站的内容。

"中国上海"网站这次的全新改版是为了响应2006年5月1日起施行的《上海市政府信息公开规定》。改版重点突出政府信息公开的功能,这一点从其广告语中可见一斑——发布权威信息、提供便民服务、拓展网上办事。改版后的"中国上海"网站以"信息公开"为主打栏目,不但列出了市政府领导以及各委办局负责人的姓名,还特设了正副市长的电子信箱。"市政府信息公开指引"栏目更是把49个政府信息公开事务专门机构的办公地址、电话、传真、电子信箱以及办公时间全部列了出来,以方便市民到政府部门办事。

在这一案例中,上海市政府运用了双重的媒体公关,不仅做到了信息公开,而且通过多种渠道让公众都知道了有"信息公开"这一新生事物。第一重媒体公关借用的是网络媒体,在政府网站这个平台上将政府信息公诸于众,使公众能够明确了解政府事务,真正做到公开化、透明化。充分利用网络媒体的便捷性和受众广泛的参与性,将务实、廉洁、爱民的良好政府形象深植人心。上海市政府在此案例中的第二重媒体公关是借助报纸、电视等多种媒体宣传政府网站的改版,吸引公众登陆网站了解政府信息。这一极具首创性的举动彰显了上海市政府开放进取、大胆创新的形象。

史镜今鉴

早在唐代我国就出现了最早的报纸(创于公元 73 年的《开元杂报》),虽然只是在封建官僚机构内部发行的政府官报,当时的人们对于媒体的概念理解并不清晰,更谈不上什么媒体公关,但报纸的出现表明了封建王朝统治者们已经意识到,要通过一种便捷的渠道将自己的意旨传递到下层官员及百姓之中,使他们能够感受到帝王的恩威并重。

早期的报纸尤其是官报,刊登的多为皇帝谕旨和臣僚奏章,其塑造的政府形象是一个威严庄重、绝对权威、不容置疑与反抗的统治。至于那些真正受到民众欢迎的民间小报,从诞生之日起就受到了来自统治阶级禁止与打压,而对小报的一系列限制活动更体现了封建王朝专制的政府形象。这一点在清代康雍乾三朝表现得尤为明显,在文字狱十分严酷的历史背景之下,民间小报发展举步维艰。

雍正年间,四川按察使程如丝因为办事不力被其他臣僚上奏紫禁城。雍正皇帝对其处斩的部文是在十月二十九日到达成都的,而刊有程如丝被处斩上谕的小抄则先于部文五天即十月二十四日就已到达,省城的官员们因此早已知道这一消息,结果还没等部文送到,程如丝就畏罪自杀了。这件事发生后,引起了当局对民间小报的注意,雍正皇帝特意强调今后要对其设法加以防范。

雍正四年(公元 1726 年)的五月初五,皇帝曾召住在圆明园内的王大臣等十余人,在园内勤政殿侧的四宜堂会面,并请他们吃了过节的粽子。然而这次普通的会面被民间小报描述成一次大型的乘龙舟游园、饮酒作乐的活动,其中的诸多细节纯属虚构,时间也说得完全不对头,属于严重失实。当时雍正皇帝正在和皇室内的政敌进行权力斗争,对小报的这一失实报道十分敏感,认为与政敌们的流言构陷有关。随即以"捏造小抄,刊刻散播,以无为有"的罪名,将发行这一小抄的何遇恩、邵南山两人判处斩刑。这是中国新闻史上因办报获罪被杀的有姓名可考的最早的两个人。

由此可见,在封建社会统治阶级的政府形象是要由其自身进行宣传和渗透的,不允许民间的言论以诋毁王朝的形象。客观上说,统治者通过打压民间小报对国民言论进行防范其实也是在间接地利用媒体塑造自身形象。早在两千多年前,我们的祖先就明白了"防民之口,甚于防川"的道理。然而,随着封建统治逐步僵化,统治者对言论的控制日渐严厉。

在国外从古至今,政府利用媒体塑造自身形象的案例同样丰富多彩。罗伯斯·庇尔这位18世纪末法国资产阶级革命时期雅各宾专政的著名领袖,就十分善于运用媒体表达自己的政治主张,在雅各宾专政时期更是通过对报刊的控制树立了威严的政府形象。

1788年以后,法国革命形势日益高涨,对国家进行根本改造的呼声此起彼伏。围绕着5月5日全国三级会议的重新召开,资产阶级革命派掀起了猛烈的反封建宣传运动,出现了一大批反封建的小册子,其中就包括了罗伯斯·庇尔的《致阿图瓦人民书——论改革阿图瓦三级会议的必要性》。在这份呼吁书中,他指出,阿图瓦郡的三级会议声称没有钱解决人民的粮食和教育问题,可是,当郡长的女儿出嫁时,它倒会毫不吝惜地拿出大量钱财,供郡长大摆筵席,邀请豪门贵族饮酒作乐之用。呼吁书很快流传开来,罗伯斯·庇尔的主张得到政治上无权的第三等级民众强烈的支持。

当1791年宪法通过后,罗伯斯·庇尔反对宪法承认国王有否决权的做法,由于右派不允许他在制宪会议上发表意见,他便在报刊上发表文章,说明自己的观点。罗伯斯·庇尔在文章中明确指出:"假使给国王以否决权,这就意味着国王的意志更高于大家的意志,国王就是一切,而人民却什么也不是。"赢得人民的广泛赞同。

而当雅各宾派掌权后,曾利用报刊与保皇派进行斗争的罗伯斯·庇尔也开始对整个自由新闻界进行打击,实行恐怖政策。一时间,反对派所有的报刊相继被取缔,不论是吉伦特派的布里索、激进派人物阿贝尔还是温和派人物德穆兰都相继遭到镇压,接二连三地被处决。雅各宾专政后期,只剩下《小岳党报》、《自由人报》和为数很少的半官方报纸,这一时期一度被认为是"法国新闻史上最黑暗的时期"。

媒体对政府而言,作用是多元的。罗伯斯·庇尔的经历证明了这一说法。在革命刚刚开始的时候,他利用报纸这一大众媒体向民众宣扬自己的革命思想,动员人们起来反抗并推翻旧政权。由于罗伯斯·庇尔亲自感受过媒体对于政府形象塑造所起的巨大作用,因此当新政府建立之后,他便开始实行恐怖政策,清洗整个新闻界,将新闻媒体掌控在自己手上,以极端的手法维护政府形象的权威性,这也成为以后被处死的重要原因。

在日本,早期政府与媒体的关系是通过一个叫做记者俱乐部的组织来维系的。记者俱乐部诞生于1890年。当时日本正在召开第一届帝国议会,在议会召开期间,官方禁止媒体记者进行采访,针对这一禁令日本《时事新报》负责议会报道的记者便召集在东京的其他同行,组成了一个"议会出入记者团"。并将这一活动扩展到全国,后改名为"共同新闻记者俱乐部"。在新闻界人士制造的压力之下官方终于同意成立议会下院记者俱乐部。以此为契机,在总是试图将信息隐蔽起来的政府官厅建立起对公共权力享有知情权的记者俱乐部,日后逐渐成为一种制度,并演变为日本政府掌握公众舆论的工具。

记者俱乐部虽然名为俱乐部,却一点儿也不清闲,它并不是记者的娱乐组织,而是政府部门、社会团体、财团等为各个新闻机构采访提供方便的记者会见室。由公共机关和全国众多媒体选出最好的记者,并且须经过日本民间放送联盟和日本新闻协会的批准方可加入。在这种体制下,许多媒体与政府建立了亲密的关系。因此一些被排挤在记者俱乐部之外的小媒体就无法得到获取新闻的便捷途径和独享新闻信息的权利。一次,一名意大利记者试图参加日本建设省的一次公开听证会,但被粗暴地赶出了会场,原因很简单:只有建设省记者协会的会员才有权参加此类听证会。

虽然日本政府对待报纸采访活动,起初采取的是拒绝的态度,但当他们看到报纸的威力显现出来后,就逐渐作出让步,并且认识到:通过记者俱乐部有利于对进出官厅采访的记者实行统一管理,可以更好地利用报纸进行政府的宣传公关活动,从而为政府树立良好形象。因此,日本政府接受了记者俱乐部,并且推动在中央机构各个部门内设立记者俱乐部,使今天的日本各中央官厅都有各自的记者俱乐部。

黑格尔曾经对于舆论的作用说过这样一句话:"无论哪个时代,公共舆论总是一支巨大的力量"。毫无疑问,在塑造政府形象方面,新闻媒介因其信息波及面广泛,而成为最佳的信息流通渠道。通过新闻与传媒,一方面,政府可以便利地树立自己的形象,并大力宣传自己设计的形象,使主流的公众意识倒向政府,从而可以在一定程度上缩小公众与政府之间的情感差距。另一方面,公众对政府自我设计形象的实际认知和评价,一部分也是通过新闻传媒完成的。应指出的是:利用媒体塑造政府形象,如若只是对其严加控制是远远不够的,必须要遵循新闻规律,合理利用媒体资源,才能将良好的政府形象塑造成功。

三刻拍案

有人说"传媒是政治的战场",的确如此。如何借助媒体塑造自己的形象,已成为各级政府都要面临的一个问题,在号称传媒大国的美国更是如此。据著名哲学家、数学家怀特海说,"在美国,如果新闻界还没有准备好公众的思想,那么任何国会的重大立法、任何国外冒险、任何外交活动、任何重大的社会改革都不可能成功。"

拍案一 美国白宫的媒体公关

在美国,那些善于和传媒打交道的政治家特别是总统们,往往能够取得比较大的成功,在美国历史上杰出的总统,多数是与传媒打交道的高手:西奥多·罗斯福被认为是新闻帝王,富兰克林·罗斯福被誉为"头号总编辑",肯尼迪被视为电视明星,而里根则被举到了"伟大的传播者"的高度。而今更是需要了解与新闻界的互动规则,并懂得如何利用这种互动关系塑造良好的自身形象及政府形象。在白宫,每天都驻扎着近百名报纸、电台通讯社和电视台记者以及摄影记者、节目制作人和电视摄影小组成员,他们随时准备把白宫的影像传递给公众,报道总统及其行政班子的言行。而白宫平均每天要发布6条新闻稿,关于政府任免、政策等,每天还有着不止一场各种正式或非正式的新闻发布会。据统计,在一星期六天中,乔治·布什平均每天发表讲话或言论1.6次,比尔·克林顿为1.8次。美国总统每年大大小小的讲话,特别是在他任职的第一年中,可达近500次。克林顿在1993年任职第一年中发表讲话602次,布什在刚上任的2001年发表讲话的次数为508次。

而布什政府在"9·11"事件后与媒体的互动可谓是媒体公关的成功典范。2001年9月11日上午8点50分,当布什总统正在佛罗里达州萨拉索塔市的一所小学为二年级学生朗读一篇故事时,身边的工作人员向他报告说,一架飞机撞上了世贸中心。四十分钟后,布什借用该小学媒体中心的设备,在电视镜头前发表了其上任后的第一篇反击恐怖主义袭击的声明。中午12点36分,当"空军一号"降落在巴克斯代尔空军基地后,布什又在电视镜头前发表了另一项反恐声明。20点30分,布什就恐怖袭击事件发表《告全国人民同胞书》的电视讲话,声明"自由在今天早上遭到了不敢露面的懦夫的攻击,自由将得到捍卫!"并向人们宣告了他的政策。

与此同时,美国政府在第一时间内召集了主流媒体的负责人开会,要求媒体配合美国打击恐怖主义的政策,不发表不利于美国国家安全的报道。9月18日,布什总统在媒体上公开向世界各国领导人发出呼吁,要求建立一个全球联盟,以便从各个角度打击恐怖主义。

白宫当即成立了一个名为"战时公共信息监控室"的特殊机构,专门负责协调并调控布什政府每天向国内外发布的各类消息,同时也为确保布什关于"我们必须保证一些最为敏感的东西不流露到报纸上去"的指示得以执行。在"9·11"事件发生后的一个月中,布什总统频频发表电视讲话,接受媒体采访,其通过媒体向公众演讲的次数打破了罗斯福"新政"时期演讲记录。同时,美国政府再次意识到利用媒体与国际社会进行交流,塑造积极良好的美国政府形象,具有十分重大的意义,因此布什政府决定将"战时公共信息监控室"这一战时宣传机构转化为一个永久性的宣传部门,每天24小时全天候运转,专门负责统一口径,以便向全世界宣传美国的对外政策,为美国树立正面形象。

媒体的正面报道、布什的演讲和呼吁,特别是电视无数次的大画面对布什胸前的"美国国旗"胸章的特写和布什站立在世贸废墟上手持简易喇叭,眼噙热泪的画面唤醒并强化了每一个美国人的"国家意识",更深深震撼了其他国家关注"9·11"事件的人们。

在媒体的引导和整合下,美国民众自觉与政府保持高度的一致。一个最有说服力的数据是:在对布什进行的第一次电视讲话后所做的紧急民意调查表明,有91%的美国民众支持布什政府的计划和采取军事行动,打击与"9·11"恐怖袭击有关的恐怖集团或国家。而民众支持布什本人的比例则从上任之时的42%上升至82%。如此空前一致的美国公众舆论和民心所向不能不归于媒体的协调和宣传。而这又不得不归功于政府对于媒体的积极调动与合理运用。

"9·11"事件后,美国媒体大谈爱国主义,积极并自觉地扮演着爱国主义者的角色。这样的角色定位当然得益于美国政府在"危机时期"所实行的新闻调控。然而在美国,媒体同样也是商业组织,在追求社会效益的同时也从不避讳对经济效益的追求。在国家面临危机时,弘扬爱国主义的新闻报道往往能够获得广泛的群众基础,吸引大批受众关注媒体自身,从而获得巨大的经济效益,爱国媒体还可以得到政府或财团的资金支持,这些财力资助将为媒体的发展提供良好的空间。因此,当美国政府决定借助媒体,达到宣传、阐述、推动其对外政策时,媒体也就责无旁贷地接受了这一非常时期的非常任务,助推美国政府的形象塑造工程。

"9·11"事件后,美国政府对媒体公关作用的充分认识和成功的驾驭,不仅使国内民众强化了"国家意识",增强了对"国家本体"的认同,激发了"爱国主义",在一定程度上扭转了美国政府在世人心中并不美好的形象。

同时,美国为了扭转在阿拉伯世界的不佳形象,对准备在阿富汗进行的反恐军事行动的理解,美国政府继续借助媒体塑造自身形象。此外,美国众议院还通过了一项旨在资助美国海外媒体,追加 2.55 亿美金的议案,以加大在海外宣传美国政府形象的力度。

阿富汗战争打响后,美国政府发言人更是积极寻求在有"中东 CNN"之称的半岛电视台露面,向公众宣传美国的民主、自由以及反恐政策。同时政府还不忘运用各种传媒渠道公布美国对阿富汗的人道主义援助清单,不断运用电视转播美国运输机在阿富汗领空投放食品和人道主义救援物资的画面,以此向全世界展示美国打击的是恐怖分子,而不是阿富汗人民。在阿富汗的军事行动告一段落之后,布什政府还投入巨资,在布拉格成立了一个针对阿富汗广播的"自由阿富汗电台",以对抗塔利班和本·拉登所组织播出的反犹太人、反美国和西方的仇视性言论。在加大宣传的同时,美国也不忘利用网络、电台、巡展、报刊、通讯卫星等对欧洲、美洲、非洲、亚太地区的各国民众进行全方位的反恐总动员。当国际反恐联盟建立起来的时候,美国作为"9·11"事件后全球政治体系重组的主导者顺理成章地成为这一联盟的领导者。

"9·11"事件之后美国政府的一系列举动成功地通过媒体将良好的政府形象撒播到世界各地,有效地扭转了之前不佳的国际形象,同时获得了国内民众的广泛支持。众所周知一个成熟的政府会将自己负责任的形象展示给人民,让人民明白政府的执政理念,帮助人民建立起发展的信心。而大众传媒的受众面相当广泛，传播速度也相当迅速，由它作为中介将政府的决策告知公众是十分合适的，当公众对政府的了解不断增加之后，政府的美誉度也就随之不断提高了，至此良好的政府形象也就算塑造成功了。

点评

政府往往能成为新闻的第一定义者，尤其是在突发事件中。但要做到这一点，其先决条件是政府必须主动出击。在对9·11事件的处理上，布什政府可以算得上是在第一时间做出反应，迅速出击，让国内民众感受到政府的强硬态度和坚定立场，及时抚慰受害者的态度。同时也让全世界看到美国人的愤怒与坚强。来自政府的消息都有着天生的权威性，是民众最想知道的，只有主动出击才能占得引导舆论的先机，布什政府无疑成功在第一时间抢得先机，为之后的一系列举措奠定了良好基础。

拍案二　晋江城市形象宣传

利用媒体塑造政府形象，不仅适用于一个国家的中央政府，对于地方政府的形象塑造以及城市品牌的推广同样发挥着至关重要的作用。福建晋江在利用媒体，加强城市形象宣传，塑造良好政府形象方面做得就很成功。

虽然早前已有两个城市先于晋江被定为国家体育产业基地，但被誉为"中国鞋都"的晋江还是借助其雄厚的体育产业优势，率先提出了打造中国第一个"体育城市"的城市定位和发展目标。为了实现这一目标，晋江市政府充分利用各种媒体资源，宣传晋江的城市品牌，在此过程中也塑造了政府积极进取的形象。除了借助当地媒体，晋江市政府更利用省级、中央级媒体的广阔平台策划举办了"激情晋江"、"东南劲爆"和"同一首歌——走进品牌之都"等大型文艺晚会，进一步提高晋江的城市知名度。除此之外，还抓住承办2004—2005中国男篮甲A联赛开幕式的契机，策划摄制了晋江城市形象宣传片和篮球文化宣传片，并在CCTV-5、上海东方卫视和福建电视台体育频道直播开幕式盛况时播出,大力宣传晋江的知名品牌与城市文化。

晋江市政府利用媒体塑造政府形象的一系列举措取得了引人注目的成绩。在2008年第五届中国传媒经济年会"传媒与中国城市发展"高峰论坛上,晋江荣获"最佳投资环境城市"大奖。这一奖项从各类媒体的新闻报道入手,对城市形象的媒体传播情况进行监测、分析和评价,从媒体舆论中分析各城市的知名度、美誉度,进行综合评估。晋江市能够获此殊荣充分表明,当地政府利用媒体打造的城市品牌及塑造的政府形象已得到广泛认可。

政府形象是公众对政府的总体特征和实际表现的总体看法和评价。对于一个城市的政府部门来说,要想树立良好的政府形象,赢得群众的赞誉,首先必须脚踏实地为群众谋福利,下大力气塑造城市形象,给群众带来真正的实惠,否则即使再如何"技艺性"地利用媒体制造声势卖力宣传也无济于事。晋江市政府就是从改善城市投资环境入手,准确把握城市定位,使晋江成为中国著名的品牌之都,招商引资取得重大的实效,当地群众的生活水平得到切实的提高,政府形象自然有口皆碑。

拍案三 《香港十年》展香港新容颜

通过媒体塑造政府形象并不单指利用电视、广播、报纸、网络这些媒体的新闻报道向公众传递有关政府部门的信息,一些精心制作的电视电影作品同样可以蕴含政府的执政理念,帮助宣传塑造良好的政府形象。2007年中央电视台推出的庆祝香港回归十周年的纪录片《香港十年》就是其中的代表。

这部精心摄制的全面呈现回归十年后香港最新形象的纪录片是作为国务院港澳办、国家广电总局重点宣传节目立项的,由中央电视台海外中心承制,展现了十年间"一国两制"从构想到成功实践的过程。对绝大多数没有亲身到过香港的大陆民众而言,通过精彩的电视画面了解香港的最新变化,对他们来说是非常具有诱惑力的。而对于海外受众而言,国际都会香港回归十年的变化,对他们来说同样也具有很强的吸引力。《香港十年》的高收视率很好地证明了这两点。

如果由中央政府或者是香港官员向世人讲述香港的变化,难免显得太过于"官方",在西方民众的眼里看来这就是赤裸裸的宣传了,必将可能受到他们的排斥,所以必须得采用一种容易被人接受的方式向这些海外观众说明香港10年所发生的巨大变化和"一国两制"在香港的成功实践,而这就是《香港十年》所承载的历史使命。

通过记录香港普通人的真实生活来反映香港回归后,"一国两制"下香港人命运的变化,使所有人都能直观地感受到十年来香港的"变与不变":"不变"即"一国两制"下的香港,十年来仍保持着自己原有的社会、经济制度和生活方式不变,其作为自由港和国际金融、贸易、航运中心的地位也没有改变。"变"则包括两方面的含义,一是回归之前,香港是漂泊的"游子",回归之后,香港能真切感受到来自大陆这个强有力靠山的力量;二是港人的"人心回归"。

点 评

利用《香港十年》这部纪录片在国际社会中塑造中国政府负责任的良好形象,显然是一次成功的尝试。这一案例表明在进行媒体公关时也要讲究技巧,只有真诚地交流沟通才会赢得民众的认可与赞赏。

回味隽永

政府形象作为一种软资源,对其进行开发和利用已引起各国政府的高度重视。而利用媒体塑造良好的政府形象，则是政府公关的一个重要环节，这也成为各国外交制胜的有效策略。媒体的作用越来越受到重视，通过它们，塑造一个"廉洁、进取、高效、亲和"的政府形象将有助于拉近政府与公众之间的距离，创造和谐融洽的社会环境，从而实现行政目标。

从上面几个案例中，通过古今中外的政府部门利用媒体塑造自身形象的具体做法，我们可以总结出以下几点经验。

第一，要重视媒体在塑造政府形象中所起到的重要作用。

政府在努力创造政绩的同时，还必须借助一定的渠道、途径、方式将其显示给公众，让公众了解政府，将政府自身追求的形象转化为公众对政府的实际认识。而媒体无疑是实现这一目标最理想的渠道之一。

在社会危机的处理过程中，媒体对于塑造良好的政府形象更是起着无可取代的重要作用。在危机的情境下，媒体可以提供信息，增强公众的危机意识，并指导其应对危机的行动，为政府的危机管理提供信息支持，也可以帮助政府进行社会动员，激励和引导公众共同克服危机，从而增强公众对政府的信任。

第二，要意识到政府形象并不完全是靠媒体来打造的。

诚然，媒体在塑造政府形象中起着至关重要的作用，但是，一个政府究竟以何种形象呈现给社会公众，而公众又会对政府形象做出怎样的评价，归根到底是由政府在政务活动中的具体作为决定的。一个无所作为的政府，不管配以多么强大的公关宣传，都不可能给公众留下良好的印象。

政府形象首先是身正的问题。政府树立良好的形象，必须坚持正面宣传为主，充分发挥舆论引导的作用。形象就是权威，形象就是力量，形象就是导向，形象就是先进生产力，有了好的形象，才能有很好的影响。

第三，要注意不同性质媒体之间的差异。

在上述各个案例中一共描述了三种性质的媒体在塑造政府形象中的作用。在封建社会，媒体操控在统治者手中，媒体自主权十分弱小。

在我国，新闻媒体是党和政府的喉舌，同时也是党和政府与人民联系的桥梁，这就是我国新闻媒体的性质。这一性质决定了在政府形象塑造中，新闻媒体要致力于树立和维护良好的政府形象，促进政府形象优化。新闻媒体要通过各种传播渠道，利用各种形式，向人民群众传播政府的执政理念，宣传解释政策，潜移默化地影响民众。

第四，要适当地对媒体进行控制和管理。

虽然媒体享有自由进行新闻报道的权利，但是如果不对媒体进行有效管理，也可能对政府的形象塑造产生消极影响。媒体可能隐瞒和歪曲具体情况，造成公众的恐慌。由于信息的扭曲也可能造成政府决策的失误，继而可能会煽动公众的愤怒情绪，造成政府行动的被动等，因此在通讯工具发达的现代社会，政府必须要通过对媒体进行正确的引导和管理控制，从而引导舆论。政府要进行有效的媒体管理以实现与媒体的良性互动。

总之，政府的媒体管理与形象塑造是互相依存、相得益彰的关系，政府要想成功塑造良好的形象，就必须实行合理的媒体管理与形象管理。只有这样，政府才能在社会生活的各个领域赢得媒体和公众的好感和支持，从而推动社会的良性、健康、有序发展。

媒介传情，塑魅力公关

——中美乒乓外交

　　政府外部公关是政府与政府之间所进行的一种交往活动。各国政府开展对外公关活动，意在处理政府间关系，参与国内外各项事务，所以有公关就必然发生联系，而联系主要是为了更好地沟通。那么这样的联系从无到有，依赖于寻找一种适当的媒介作为政府间沟通交流的桥梁。在对外交往的历史上，这种媒介或是出于深思熟虑的安排，或是出于机缘巧合的意外所得。媒介在政府之间的交往中发挥着重要的作用，当政府之间关系发展良好时，可以作为友好的象征；当政府之间发生了冲突时，也可以作为润滑剂。作为政府外部公关活动的最常见形式，外交在促进或改善国家间的关系方面发挥着至关重要的作用。

中美乒乓外交

乒乓外交也称为"小球带动大球",中美建交就是巧借乒乓球队之间的互访成功建立外交关系的一个典型范例,正是以乒乓球为媒,让处于封冻状态的中美关系最终实现了邦交正常化。

20世纪60年代后期起,长期处于敌对状态的中美两国开始为改善关系进行试探和接触。美国要结束越战、脱离战争泥沼,对抗苏联需要中国的配合与支持;中苏之间因珍宝岛事件而关系进一步趋于紧张,中方以实现民族统一大业,恢复和扩大国际交往,积极参与国际事务为己任。两国的战略利益促使双方产生了相互接近的要求。双方都在积极探索接近的渠道,并进行了多次试探。中美两国经过多次试探和接触后,最终通过双方的乒乓球队之间的友谊实现了两国外交上的重大转折。

乒乓外交起于1971年春天在日本名古屋举行的第31届世界乒乓球锦标赛。在此次世锦赛前夕,周恩来召集有关人士开会时要求这次参赛要"接触许多国家的代表队","我们也可以请他们来比赛"。在比赛开始的第一天,中国队乘巴士从住地前往体育馆时,美国运动员科恩由于同中国国手切磋球技而错过美国队的巴士,正在科恩无奈彷徨的时候,中国队员主动招手欢迎其搭车前往。乘坐期间中国运动员庄则栋上前和他握手、寒暄,并赠予一块中国杭州织锦留作纪念。这个细节被在场的日本记者抓住,成为爆炸性新闻。在中方邀请加拿大与英国的球队来中国访问之后,美国队的副团长哈里森突然主动来到中国代表团驻地表示了来中国访问的意愿。于是4月3日中国外交部以及国家体委就是否邀请美国乒乓球队访华问题向中央请示。经过3天的反复考虑,毛泽东在比赛闭幕前夕决定,由在日本名古屋参加第31届世界乒乓球锦标赛的中国乒乓球队向美国乒乓球队发出访华邀请。次日,美国国务院接到美驻日本大使馆的《关于中国邀请美国乒乓球队访华》的文件后,立即向白宫报告。尼克松在深夜得知这个消息后,立即发电报给美国驻日大使,同意中方的邀请。事后尼克松说:"我从未料到对中国的主动行动会以乒乓球队访问北京的形式得到实现。"

1971年4月10日,美国乒乓球代表团和一批美国新闻记者来访,成为自新中国成立以来,第一批获准进入新中国境内的美国人。4月14日,周恩来在人民大会堂接见了美国乒乓球队的成员,并对他们说:"你们在中美两国人民的关系上打开了一个新篇章。我相信,我们友谊的这一新开端必将得到我们两国多数人民的支持。"

在周恩来讲话几小时后,尼克松宣布了一系列对华开禁措施,包括放松美国对中国实行了21年的禁运,对愿意访问美国的中国人可以加快发给签证,放宽货物管制等等。作为回报,美国乒乓球队邀请中国乒乓球队访问美国,这个邀请立即被接受。尼克松还高兴地宣布:"美国的对华政策已经打开了坚冰,现在就要测水有多深了!我希望,其实我是期待着,有一天我将以某种身份访问大陆中国。"

1971年4月21日,周恩来通过巴基斯坦向美方首脑发出访华邀请;7月9日,美国总统国家安全事务助理基辛格博士秘密访华,确定了尼克松访华日期及准备工作,为尼克松进行预备性会谈。

1972年2月18日,尼克松启程来华,21日到达北京,成为第一个来华访问的美国在任总统。2月28日,中美在上海发表《中美联合公报》,中美关系开始实现正常化。1972年4月11日,中国乒乓球队回访美国。中美两国乒乓球队互访轰动了国际舆论,成为举世瞩目的重大事件。"乒乓外交"结束了中美两国20多年来人员交往隔绝的局面,使中美和解随即取得了历史性突破。

中美成功建交,乒乓球作为公关媒介对此发挥了重要作用。周恩来也正是掌握了公关活动中的这一独特艺术——寻找媒介达成双方的共识,坦诚相见,才促使此次建交成功。时至今日,中美之间已经上升到了建设性战略协作伙伴关系,在经济、政治以及军事方面都有广泛的联系,共同对世界事务的处置发挥着至关重要的作用。而乒乓外交仍然为两国人民所津津乐道,纪念活动也在两国之间广泛地开展。乒乓外交成为世界各国开展外交活动的一个典型案例,并没有随着历史而终结,而是不断从借鉴中扩展形式使之在国际交往中继续发挥着功能。

史镜今鉴

从中美建交的事件中,我们可以发现,一个合适的媒介在推动政府的外部公共关系中扮演着重要的角色,其生命力在重大的历史转折期后仍然活跃。当然,对于一个媒介的理解不仅局限于媒介本身,更可以以人的力量来带动政府的外部公关。中国文化源远流长,在各个朝代都吸引了相当多的学者和研究人士,他们学习中国先进的文化,起到了信息互通的作用。

首先我们来看朝鲜半岛留学长安潮。隋唐的经济和文化曾盛极一时,在东方世界大放光彩。由于南北的统一,隋唐王朝在政治、经济、文化都出现了空前的繁盛,文化的昌盛和城市的繁荣,使得周边国家和地区对隋唐王朝尤其是都城的无比钦慕。公元682年,统一朝鲜半岛的新罗宣布建立国学,规定以儒家经典作为主要教科书。8世纪中叶,又把国学改称为太学监,设置各科博士及助教,将儒家经典改为课程的必修和选修两种。到公元788年,新罗政府更实行"读书三品科"制度,规定由国家统一考试,凭考试成绩录用官吏,这实际上是唐朝科举考试制度的发展。与此同时,新罗向唐朝派出大批的留学生和留唐学问僧,加上非国家派遣的民间自发留唐学生和学问僧,一时在朝鲜半岛上形成了一股留学长安的热潮。适当其时,唐王朝为了加强与周边各国家和地区的友好关系,对各地来唐留学生员和留学僧人,一律给予优惠待遇,鼓励他们来长安和洛阳等地学习和研究汉文化。对于来自新罗等国的学生,唐朝规定一律由唐政府规定免费提供资粮。公元837年时,在长安国学的新罗留学生达到216人之多。随后,新罗政府亦对遣唐学生采取资助政策。唐朝和新罗双方鼓励新罗留唐学生的政策,激起了新罗士子更积极地赴唐留学的浪潮。

除留唐学生外,新罗时期朝鲜半岛来到唐朝求法的僧人人数也较前大增。据《朝鲜佛教史》载,自唐一代,从新罗入唐求法者达到64人,其中包括由唐入印的高僧10人。这些僧人中,最著名的有圆测、慈藏、义相、金大悲、朴山人、慧超、地藏等人。唐朝和新罗之间,在朝鲜半岛掀起的这两股赴唐留学和入唐求法的浪潮,把中国和朝鲜半岛双方的文化交往,推向一个新的高峰。

新罗时期的留学潮,无论对朝鲜半岛本身的发展,还是对中国文化在朝鲜半岛的传播,抑或对中朝两国文化的交流以及中朝两国文人学者友谊的加深,都起着重大的推动作用。首先,唐和新罗政府对于朝鲜半岛的留学长安潮持积极的态度,双方都各施己力,促进了朝鲜半岛文化的发展。原来古代朝鲜并没有自己的表达文字,通过学习中国的汉字以此作为表达记述的工具。其次,这一时期的留学潮为唐和新罗架起了友谊的桥梁,进一步树立了中国和平友好的形象,促进两国政治稳定与经济繁荣。

还有一个例子,是关于古代对外公关中一个重要方式,那就是和亲。在封建社会,君臣的政治关系以及父子的宗法关系,更多是通过血缘的纽带,既强化双方的联系,又使得森严的政治秩序变得富于亲情而柔性化。汉朝与匈奴的关系就是很好的说明。《晋书·刘元海载记》载:汉初高祖刘邦出征匈奴,受挫于白登,忍辱改行和亲,以宗室之女出嫁单于,双方约为兄弟关系。此后历文、景两代,均保持与匈奴的和亲关系。通过和亲,中央统治者巧妙地将藩国统治者纳入其血缘宗法关系中来,实现了其"家国同构"意图。因为,从家庭辈分来看,通过宗女出嫁,双方结成翁婿关系,到下一代,就成为甥舅关系,至此形成难以分割的整体。究其本质,实是中央对藩国进行了"招安",将其吸纳,成为封建秩序的一部分,所谓"和亲"只是一种形式,作为封建等级制度温情脉脉的面纱,它部分满足了中原对藩国统治权的需要,又避免了中原统治阶级"屈尊降贵"的尴尬。

在中国,把血缘关系同政治关系紧密结合,有着悠久的传统。西周用血缘宗法关系同封建制相结合,处理同诸侯的关系,也用以处理多民族复杂的种族与政治关系,成功地将他们融为一体,构成西周统治下的"诸夏"。西周成功的历史经验,为后代所借鉴,用于处理国家间的关系。对于周的经验,范文澜先生归纳到:周制同姓百世不通婚姻,这样,各国间同姓既是兄弟,异姓多是甥舅,彼此都有血统关系,可以加增相互间的联系。周天子称同姓诸侯为伯父、叔父,称异姓诸侯为伯舅、叔舅。诸侯在国内称异姓卿大夫为舅。有宗的庶民与无宗的庶民相互通婚姻,同样也保有甥舅关系。上起天子,下至庶民,整个社会组织在宗法与婚姻的基础上,稳定地贯彻着封建精神。

与乒乓这一公关媒介在中美建交中的作用相似,在中央与藩国确定关系之后,通过和亲作为联系媒介来深化彼此之间的关系,而且在未来的交往中,亲缘联系将成为一个主题,而且这样的润滑剂同其他的方式相比显得更有效果并且简单。

三刻拍案

在纷繁复杂的公共关系交往中,以通过具有强烈的象征意义的樱花而使中日两国关系重上正轨的例子不在少数。随着经济全球化的进程,各个国家和政府之间的联系愈加频繁。作为政府在处理对外关系中行之有效的公关手段之一,公关媒介的选择也不再拘泥于实质性的物品或有代表性的人物,而是日益呈现出多样化的趋势。在本节中,我们将介绍三个经典案例以进一步地说明在开展公共关系的过程中,公关媒介所扮演的重要作用。

拍案一 中日外交的樱花媒

1972年尼克松访华后,中美两国敌视状态的改善引起了全世界的关注。其中,震动最大的当属中国的东邻日本。美国对华政策的急速转弯促使日本也积极加强与北京方面的联系,时任首相曾多次表示访华意愿。1972年,在周恩来诚挚地表示欢迎日本首相访华之后,田中角荣冲破日本国内右翼势力的层层阻力,坚持访华并最终实现了中日两国邦交的正常化。为了纪念这一具有历史意义的大事件,表达两国政府和人民对邦交正常化的愿望,两国政府互相交换了具有两国特色的礼物。日本政府赠送给中国的是1000株大山樱和1000株落叶松树苗,中国则送给日本一对大熊猫"康康"和"兰兰"。担任日本访华团副团长的是时任日本农林省林业厅造林保护科科长的秋山智英。秋山智英回忆说,将树选定为赠华的礼物,日本政府有着自己的考虑。当时两国刚刚恢复邦交,为了祝福并期望两国今后的友谊不断成长、不断发展,送礼物最有意义的就是树木。树木象征着不断成长,逐渐壮大。两国政府建立邦交关系同样成为当时国际社会议论的焦点,而向来注重研究中国文化的日本人,以国花樱花作为国礼是有深长意味的。

20世纪70年代的日本经济增长迅速,成为世界上的经济强国。随着中国在政治军事方面的迅速崛起以及中美关系的逐步缓和,日本不但急需在政治上以及外交上占领高地,而且其经济的发展迫切需要中国的资源和市场,这一切都促使日本力图与中国实现邦交正常化。

中日之间的外交关系的成功建立与发展,对两国经济间的往来也带来了巨大的推动作用。邦交正常化后,日本对华采取的经贸政策主要是以发展本国经济为前提,推动中日经贸关系向前发展。根据统计数据显示,1972年的中日贸易额为10.4亿美元;1973年就达到了19.5美元,同比增长了87.5%,其中日本对中国的进口额也由4.1亿美元上升到8.4亿美元,同比增长了104.9%;1980年中日贸易额为92亿美元,此时的中日间的贸易额已经占中国对外贸易总额比重的24.3%,成为中国对外经济交往的一个重要的伙伴。1992年至2003年期间,日本更是连续12年成为我国的第一大贸易伙伴,也是亚洲地区对华投资的中坚力量。经济发展的三辆马车是贸易、投资与消费,而回顾中国经济发展的历程,主要是依靠对外贸易的快速拉动以及国内投资的不断投入来促进经济快速腾飞。其中,日本是中国重要的贸易伙伴和主要直接投资国。日本也从中国大量进口原料,本国工业发展的资源也得到了保证。也就是说,中日外交关系的开拓不仅在政治上改变了两国之间的敌对状况,而且在经济上推动中日经济的交流合作,两国都在此次的外交中受益。

中日之间的友好关系不仅在政府之间获得重大突破,经济贸易额飙升,而且在民间交流上也收获颇丰。1973年4月,应日本政府和民间团体的邀请,由廖承志率领的中日友好协会代表团访问东京。访问前夕,周恩来接见了廖承志和代表团成员,指出出访日本是为了看望老朋友,广交新朋友,并决定把一幅描绘天坛公园樱花盛开情景的创作画《中日友谊花盛开》赠给田中角荣,由此展示了中日之间维持和发展着的良好的友谊,并预示中日之间美好的发展方向。

但是,随着日本首相数次参拜"靖国神社"的事件发生后,中日关系跌入低谷。与此同时,中日之间的贸易发展也呈下滑趋势,原本为中国的第一大贸易伙伴的日本首先被欧盟赶超,继而被美国超越。

2007年4月,又一个樱花盛开的时节,作为对日方"破冰之旅"的回访,温家宝开始了"融冰之旅"。在这中日建交35周年的历史性纪念时刻,两国领导人的互访,改变"政冷经热"的局面,增强了两国人民的信心,加快了促进双方和谐共处的步伐。2009年1月,时任日本参议院议长在参议院公邸御苑从名为"阳光"的樱花树上剪取下最壮实、最美丽的樱花枝,将其转交给时任中国驻日本特命全权大使。由此可见,中日双方都在谨慎地为改善政治关系而付出努力。

樱花已成为中日友谊的象征。中日恢复邦交以来,几乎每年都有日本政要或民间友好团体及个人,以樱花为礼相赠。象征着美好的樱花不断地调节着中日关系的和平发展,为中日友好增添美丽的色彩。

政府外部公关的目的是要维护该政府所代表的利益,在外交活动中,就体现为维护本国的国家利益,具体所指的就是要想方设法地采取一切行动实现本国的国家利益,巩固并发展本国的国家利益。在20世纪70年代,中日两国所要争取的是着眼于长远的战略利益,同时也尊重对方的利益,相互尊重,由此才能达到两国之间的友好相处,共同发展。在此次重大的外交事件里,两国建交必然收获共同的利益,但是除了利益问题,当时的时代背景下,也应注重表达的是尊重对方以及尊重差异的问题。

因此,1972年田中角荣访华时,之所以选择樱花作为国礼赠予中国,主要有两方面原因。

一是以己所重,以表其真。将樱花作为公关媒介,改善并推动中日关系的发展,促进两国经济、政治、文化等各个领域的交流。全世界都知道,樱花代表日本,是日本人民的精神支柱,而将自己最珍贵的东西送给别人,正所谓"己之所欲,当施于人",才能表达对友邦的喜爱和尊重。据此,日本政府不仅赢得了中国人民的尊重,更推动了双方邦交关系的顺利创建。

二是象征现实,寄予未来。公关媒介的选择在政府间关系发展上有着重要意义。国礼举足轻重,不仅取悦于人,而且意味深长,或明喻,或暗示,总有不言之意寄予其中。冰雪融时樱花开,日本樱花树在每年的三四月份开花,那时正是颓败的冬天刚刚过去,生机盎然的春天已经来临,樱花盛开给人一种振奋、欢欣的感觉,寄予着中日关系将突破种种困难,共建两国美好未来的愿望。

点 评

以樱花为公关媒介,中日关系取得了巨大的成功,也证明了通过一个适当的媒介来促使政府对外关系的改善有着极大的功效。中日之间在政治、经济、文化的交流有了广泛而可喜的发展。同时,樱花在两国间的重要性,也为两国人民津津乐道。1973年,中国代表团回访日本时,赠送日本首相田中角荣一幅《中日友谊花盛开》。在此之后,日本的政府、民间团体以及个人也乐于以樱花为礼赠送友人。在中国,许多城市,包括武汉、北京以及旅顺等地,都有开展歌颂樱花,纪念中日建交的活动。

拍案二　中非合作论坛

冷战后,国际形势发生了重大而深刻的变化,发展中国家既面临着机遇,又面临着挑战。中国是最大的发展中国家,非洲是发展中国家最集中的大陆。中非双方面临着共同的发展任务,在国际事务中有着广泛的共同利益。中非建立更加密切的友好合作关系符合双方的利益,是顺应世界和平与发展的潮流。在此形势下,一些非洲国家向中方提出,希望建立中非之间集体对话与合作机制。中国政府经过研究,决定接受非洲国家建议,倡议召开中非合作论坛,通过这种多边磋商形式,就面临的重大问题交换看法,协调立场,共同勾画中非双方在新世纪的合作方向与蓝图。

1999年10月,时任国家主席江泽民亲自致信与我国有外交关系的非洲国家元首及非统秘书长萨利姆,正式发出召开中非合作论坛——北京2000年部长级会议的倡议,并提出"平等磋商、增进了解、扩大共识、加强友谊、促进合作"的会议宗旨,以及会议"面向二十一世纪如何推动建立国际政治、经济新秩序,以维护发展中国家的共同利益"和"如何在新形势下进一步加强中非在经贸合作领域的合作"的两大议题。非洲各国领导人对江泽民的信函予以热烈响应,通过复信等各种形式支持中方倡议,并表示将派遣部长与会。2000年1月,时任外交部长唐家璇和外经贸部部长石广生联名向与我国建交的非洲国家的外长和主管对外经贸合作事务的部长发出与会邀请,很快得到了各国的积极反馈。

此后,中方会议筹备工作和中非双方就会议有关事项的磋商也紧锣密鼓地展开。

在中非之间举办如此规模的大型多边会议,在中国外交史上尚属首次,在会议筹办方面面临着诸多新课题。1999年11月,中非合作论坛会议筹备委员会正式成立,筹委会在外交部非洲司设秘书处,秘书处下设政治、经贸、会务、礼宾、新闻、后勤和安全等7个职能小组。在党中央、国务院领导的高度重视和筹委会的直接领导下,各个职能小组均本着创新务实的精神高效运转,很快就会议方方面面的筹备工作提出了方案,并逐步细化、落实,为会议的成功举办打下了坚实的基础。

在筹备过程中,中方文件初稿形成后,立即通过各种方式向非洲国家广泛征求意见。在国内,中方与非洲驻华使节进行了多达11次的磋商,并利用非洲国家派团访华的机会,听取对方对文件和会议安排的意见与建议,筹委会主席还分别专门赴非洲部分国家进行磋商。在磋商中,中非双方本着互谅互让、求同存异的精神,坦诚地对话和交换看法,对文件进行了3次大的修改,非洲方面的观点和想法得到了充分的尊重和体现,使会议文件最终成为中非双方共同推出的一个有重大影响、对中非关系未来发展有指导意义、对南南合作起推动作用的重要文献。

经过中非双方一年多的努力和配合,中非合作论坛—北京2000年部长级会议于10月10日至12日如期召开,并获得成功,取得丰硕的成果。此后,在中非双方共同努力下,论坛后续行动取得了积极进展。

点评

中国是最大的发展中国家,非洲是发展中国家最集中的大陆。举办论坛是顺应形势的变化,是中国与非洲国家友好合作关系发展的必然结果,也是中非作为发展中国家的重要组成部分,联合自强、应对挑战,推动南南合作的重要举措。中非建立更加密切的友好合作关系,符合双方的利益,顺应世界和平与发展潮流。

拍案三 前进中的中印关系

1950年4月1日,印度成为非社会主义国家中第一个与新中国建交的国家。1954年10月,即周恩来总理成功访印后还不到4个月,尼赫鲁作为政府总理第一次访问中国。尼赫鲁在中国受到盛大欢迎。访华期间,毛泽东分别于10月19日、21日、23日和26日,先后四次会见了尼赫鲁。这在新中国的外交史上是少见的。毛泽东所表达的友好愿望是浓郁的。

20世纪五六十年代，双方出现了一些摩擦。1976年，中印两国恢复大使级外交关系。邓小平对恢复和发展中印关系倾注了极大的热情。他在多次接见印度代表团时反复指出："我们两国是近邻，不相互了解，不建立友谊是不行的。"对于边界问题，邓小平也表示了中国的立场。之后，在20世纪的最后二十年也出现了一些不愉快的经历，但在中印两国领导人的共同努力下，中印关系迅速得到恢复和发展。1996年11月，在日益友好的气氛中江泽民实现访印。江泽民称这次访问是为了"增进了解、加深友谊、建立信任、促进合作"。中国政府和舆论对这次访问给予很高评价和期盼，称这次访问开创了中印关系的新阶段，对于发展21世纪有了更高的期待。

2009年6月9日，印度总理表示，印度在国际舞台上会继续与中国加强关系。时隔不久，在2009年6月16日，中国国家主席胡锦涛在俄罗斯叶卡捷琳堡市与前来出席"金砖四国"领导人首次会晤的印度总理举行了会晤，双方表示，在解决中印边界问题以前，不采取不利于边界安宁的任何行动。

合作比对抗好，伙伴比对手好，中印关系大起大落的50年之后，这一观点逐步为印度各党各派的政治家所接受。21世纪，中印关系迎来了快速发展的十年。

点 评

由于中印两国政治制度不同，在领土争端、贸易摩擦、意识形态和国际战略方面都有差别，这些因素都有可能让中印关系产生一些变数。但是纵观中印建交六十年，友好合作是大趋势，是主流。从建交以来，中国对印度始终是友好的态度，交往中充满着诚意。中印两国友好关系对两国都是有益的，是互利互赢的关系。

回味隽永

　　以上是古今中外的几个政府外部公关案例,都是通过某种媒介而展开公关而最终达到了双方共赢的效果。21世纪以来,随着经济全球化和政治格局多极化的深入发展,以"利用媒介来阐述和推进政府外部活动"为主要目标的媒介公关与政治、经济、军事、文化等公关活动共同构成了现代意义上的国际"大公关"。结合以上这些公关案例,重新审视,我们有以下几点思考。

　　其一,积极拓宽媒介产生的渠道。在国际联系日益紧密的今天,政府怎样利用媒介进行对外公关是许多国家和政府需要认真面对的重要问题。因此我们要摆脱传统选择某种物品作为媒介的束缚,拓宽媒介产生的渠道范围,以推动国家对外公关的与时俱进。同时,近年来世界上越来越多的国家建立"孔子学院",我国部分高校开展对外汉语专业,也从侧面反映了我国政府愈加重视传统文化底蕴对加强国际社会文化交流,促进世界发展的具有重要作用。

　　其二,把握主动,充分利用媒介事件塑造国家新形象。政府对外公关是一个国家进行自我评价和获得外来评估的重要因素,因此充分利用国际媒介事件能够塑造国家在国际社会上的新形象。在2000年悉尼奥运会开幕式上,朝鲜和韩国选手携手入场,共举象征和平统一的朝鲜半岛旗,极大地改善了双方冰冷的国际关系,塑造了两国全新的国际形象,受到全世界人民的欢迎。

　　其三,后续跟踪,永葆媒介公关的青春。现代国家对外公关手段层出不穷,媒介公关作为一种相对较古老的手段,只有不断的后续跟踪,才能使其更加具有时代气息。中日樱花结缘建交之后,日本政府和民间团体又多次向中国赠送樱花,使两国的联系愈加密切,已成为世界所注目的国家交往。

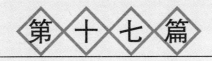

第十七篇

主动公开信息　掌握舆论主导权

——大旱无情，政府有为慰民心

　　俗话说，创业难，守业更难。如果把塑造良好的政府形象比作是创业的话，那么维持政府的良好形象就是守业了。在当今信息爆炸的时代，信息被看成是重要的战略资源，被视为影响社会经济发展的一个重要因素，因而，对信息的收集、整理、传递和反馈，也就成为政府创业与守业的重要方面之一。有效的公关活动可以收集到大量的信息并及时加以整理、传递和反馈，可以使政府左右逢源，适应社会环境的变化。反之，则会使政府信息不灵，运行不畅，发展步履艰难，破坏政府在公众心目中的形象。

比利时的"污染鸡"事件

1999年2月,比利时养鸡业者发现饲养母鸡产蛋率下降,蛋壳坚硬,肉鸡出现病态反应。4月下旬,比利时农业部派专家调查研究,结果发现国内9家饲料公司产的饲料中含有二噁英(二噁英是多氯甲苯、多氯乙苯类有机化学品的俗称,在人体内不能降解不能排出。国际癌症研究中心已将它列为人类Ⅰ级致癌物;世界卫生组织将它列为与杀虫剂DDT毒性相当的有毒化学品;世界环境保护组织将其视为危害环境的大敌之一)。但到5月12日,比利时政府卫生部长说他才知道这件事。即便如此,在后来的半个月里,政府仍没有作出任何正式反应。

5月27日,在得知有媒体对此事已有所闻后,比利时政府卫生部发了一份简短的新闻公报,却强调事态已在控制之中。5月28日,这一消息经报纸披露后,马上在全国引起强烈反响。于是,卫生部决定禁止所有1月15日至6月1日生产的鸡肉和鸡蛋上市,禁止宰鸡场继续屠宰。

6月1日,迫于强大的国际和国内压力,比利时卫生部和农业部部长相继被迫辞职,并最终导致内阁的集体辞职。新的卫生部长一上任就宣布,经化验,鸡脂肪中二噁英的含量超标1500倍,决定除鸡和鸡蛋外,以鸡肉和鸡蛋为原料的其他200多种产品也禁止上市,如蛋黄酱、含蛋面等。此后,卫生部又把禁止上市的范围扩大到牛肉、猪肉及其衍生产品,至此,事态总算朝着缓和的方向转变。

在6月13日欧洲议会选举和比利时立法选举即将到来之际,"污染鸡事件"把有"雄鸡"之称的德阿纳首相弄得焦头烂额。他承认,这是他一生中所经历的一次最大的危机。民意调查显示,有1/3的选民要改变投票意向。

比利时"污染鸡"事件,在国际上掀起了轩然大波。很多国家和地区纷纷采取措施,闭关自保;一些国家宣布停止进口比利时有关商品,对其产品进行抵制。据统计,该事件共造成比利时直接损失3.55亿欧元,间接损失超过10亿欧元,对比利时出口的长远影响可能高达200亿欧元。比利时政府不仅遭受了巨大的经济损失,而且使政府的国际形象严重受损。

回顾"污染鸡"事件,比利时政府遭受巨大损失的根本原因是政府对于饲料中发现含有二噁英的信息没有及时公开。在危机发生时,公众对政府的依赖度加大,对政府的行为表现更加敏感,政府如何应对危机,这对政府形象具有正向或负向的放大作用。事件的不确定性给政府的决策带来难题,一旦发生误判,将严重影响政府形象。在这个事件中,政府采取"家丑不可外扬"、"隐瞒缓报"的方法,试图瞒天过海,错失了遏制疫情蔓延的良机,导致政府受到各方的指责与公众的不信任,引起社会恐慌,使政府形象与国际形象遭遇危机。同时公众的心理认知受"晕轮效应"的影响,在民众中的加深和扩大了对政府不当行为的印象,从而改变对政府的整体看法。

面对遭受损害的国家形象与国际形象,比利时政府尽最大努力,采取一系列的措施以期能赢得公众的同情、理解和支持,重塑良好形象。

1. 自扬家丑,加大信息的透明公开力度。新的卫生部长上任后,采用"家丑还须自家扬"的方法,及时主动地公布鸡脂肪中二噁英的含量超标1500倍等信息,以期获得民众的信任。调查研究而后查出恶源:F公司在装废植物油的油罐里注入了废机油,与家畜肥油和废植物油混合加热后产生了有害物质。

2. 不惜代价清除污染。危机发生后,比利时政府面对危机,勇于承担责任。实施收回全国市场中正在出售的所有国产鸡肉和鸡蛋、停售和收回所有比利时制造的蛋禽食品、销毁1999年1月1日至6月1日期间所有蛋禽食品、全国的屠宰场一律停止屠宰等一系列措施,不惜代价清除污染,确保消费者的食品安全。

3. 亡羊而补牢,未为迟也。"污染鸡"事件使旧内阁集体辞职,新政府形成。新首相费尔霍夫斯塔特吸取教训,指出尽快成立全国消费者放心食品监控局,负责监督食品生产的各个环节,建立食品安全的监控机制,以尽快消除二噁英污染事件产生的不利影响。同时,为保证国民的安全,准备逐步关闭使用期超过40年的核电站,以实际行动求得公众对政府的重新信任,重塑政府形象,尽快摆脱危机。

正如一个人的成长一样,在危机面前,对于一个勇于主动承认自身缺点,并努力改正的人,大家是会从内心原谅他的,但对那些有缺点而不承认,甚至是别人指出缺点后还要狡辩的人,大家都会从各方面攻击他。对于政府,人们也有同样的心态,如若政府主动澄清消息,会得到公众的理解和支持,消除公众的不信任感和对立情绪,提高政府的公信力和凝聚力,促进危机的成功解决。

温家宝总理说,信心比黄金更重要。民以信心为安定之源,而这以权威信息为支撑,权威信息大多来自政府。在危机发生时,公众的理性以及充足的准备程度和良好的预防措施是有效降低灾害和成功应对危机的根本途径,而政府信息是否发布、发布是否及时、准确程度,成为取信于民、还安于民的关键,也是能否成功应对危机的根本所在。下面列举一些古今中外的案例,来说明信息对提升政府公信力,进而树立良好的政府形象产生的巨大作用。

史镜今鉴

政府的公信力是指政府的言行是否一致,在公众心目中的可信度。换句话说,也就是公众对政府的信任程度。政府组织由于拥有正式的权力,地位特殊,代表着整个国家的形象。因此,政府的一言一行都关系到国家的形象。如果在关系到国计民生和人民根本利益方面,政府能做到言行一致,那么,政府就能取信于民,也暗示政府的公信力程度高。相反,如果朝令夕改、有令不行、有禁不止、久拖不决,那么,必然失去公众的信任,也就无公信力可言,这样的政府就不可能有良好的形象,也难以实现自己的目标。

跨越时空,走近西周,因为漠视政府的公信力的重要性,发布虚假敌情,上演一场令人啼笑皆非的"烽火戏诸侯"的闹剧,最终使周幽王自取其辱,身死国亡。

周幽王有个宠妃叫褒姒,为博取她的一笑,周幽王下令在都城附近的20多座烽火台上点起烽火。烽火是边关报警的信号,只有在周边民族入

第十七篇 —— 主动公开信息 掌握舆论主导权

侵需召诸侯来救援的时候才能点燃。结果诸侯们见到烽火,率领兵将们匆匆赶到,尔后弄明白这是君王为博妻一笑的花招后愤然离去。褒姒看到平日威仪赫赫的诸侯们手足无措的样子,终于开心一笑。五年后,申侯联合缯国与犬戎大举攻周,幽王烽火再燃而诸侯未到——谁也不愿再上当了。结果幽王被杀而褒姒也被俘虏。

所谓"得民心者得天下"。"烽火戏诸侯"后的400年,战国时期的商鞅"立木取信",可谓在纵横捭阖的舞台上充分演绎了公关的魅力,赢得了秦国民众的信任。

战国时期,商鞅在秦孝公的支持下主持变法。当时处于战争频繁、人心惶惶之际,为了树立威信,推进改革,商鞅下令在国都市南门外立一根三丈长的木头,并当众许下诺言:谁能把这根木头搬到北门,赏金十两。围观的人不相信如此轻而易举的事能得到如此高的赏赐,结果没人肯出手一试。于是,商鞅将赏金提高到五十金。重赏之下,必有勇夫,终于有人将木头扛到了北门。商鞅立即赏了他五十金。商鞅这一举动,在百姓心中树立起了威信,而商鞅接下来的变法便逐步在秦国推广开了,新法使秦国渐渐强盛,最终统一了中国。

良好的政府形象能使政府在社会公众心目中享有崇高的威信,有了威信,就能得到公众的信任、尊重、爱戴和支持。政府的方针、政策就能在人民群众自觉积极的参与下顺利的推广与实施,政府工作的目标实现就获得了根本保障。比较这两个案例,一个是帝王无信,发布虚假信息;一个是"立木取信",一诺千金。结果前者自取其辱,身死国亡,后者在民众树立威信,变法成功,国富民强。可见,"信"对一个国家的兴衰存亡都起着非常重要的作用。

如果说真实透明的信息机制是政府有效运转的新鲜血液,那么有效的沟通交流也可以说是政府健康发展必备的营养品。在我国古代,一些开明的帝王或政治家,已经掌握了怎样通过收集、整理、传递和反馈信息与民众进行沟通,影响民众的态度和社会舆论,使政府尽可能在民众中树立良好的形象,以稳固统治地位。

郑国"子产不毁乡校"的故事,就包含着典型的政府要进行有效沟通交流的公关思想。春秋时期的郑国,对于乡人聚会议政的乡校,有人主张毁掉,子产不同意,他说:"其所善者,吾则行之,其所恶者,吾则改之,是吾师也,若之何毁之?"子产把乡校作为获取群众对政事反馈信息的场所,而且特别注意根据公众的意见,调整政策和行为。子产执政后,重视听取百姓的议论,还把刑书铸在鼎上公告于世,努力疏通统治者与被统治者之间的关系,从而使郑国强盛起来。

　　以上几个案例给我们这样的启示:言而有信、有效的沟通交流,是提升政府公信力、塑造政府形象的重要途径。政府积极主动的运用各种传播手段把真实信息传播出去,既能加深公众对政府的了解,又能影响他们对政府的态度,塑造政府在公众中的良好形象。另外,政府主动向公众搜集信息,并把信息尽快反馈,又可以使政府及时了解公众的呼声,更好地服务公众。

拍案一　西南大旱遭危机　官员齐力稳民心

　　伴随新年钟声,我们跨入了农历虎年,虎年本是虎虎生威的年景。然而刚刚进入虎年,中国就遭遇了百年不遇的特大旱灾。截至2010年2月25日,我国云南、广西、贵州、四川、重庆等地区旱情仍呈发展态势,其中云南全省发生了历史罕见的特大干旱,城乡居民饮水困难突出,抗旱形势十分严峻,针对这一情况,国家防总24号启动抗旱Ⅱ级应急响应。国家防总抗旱二处相关负责人在接受记者采访时说:目前的旱情总体上在西南地区,其中以云南省的旱情最为严重,当然也包括像在贵州、广西以及四川和重庆这些地区旱情也是一直在持续,并且也有所发展。农业目前就云南而言,它的受旱面积已经达到了3100多万亩,其中重旱和干枯面积的比例也都比较高,预计粮食作物的可能减产。同时持续严重的干旱对城乡居民的饮水也造成很大的困难,目前将近600万人,云南全省还有300多万头的大牲畜面临临时性的饮水困难,同时干旱还将造成一些森林火险。

　　旱情不可避免对农业生产带来了不利影响,农业部派出工作组深入了解旱情。农业部全国农业技术推广服务中心负责人对广西、贵州受灾地区进行了实地考察,在接受记者采访时表示,这次旱灾有四大特点:第一,持续时间长,很多地方反映,从去年,夏秋或者秋冬都是连旱的,有的30年不遇,也有60年不遇的大旱;第二,波及的范围广。目前看来在广西有3个地区是比较严重的,在贵州有5个地区比较严重;第三,旱灾的程度比较严重,有些地方已经启动了三级或者四级响应;第四,损失比较大,对秋冬种的作物损失比较大,眼看就要进入春耕农忙时节,一年之计在于春,春耕的好坏直接关系到农业生产一年的收成,如此严峻的旱灾,给居民饮水、农业生产带来了难题。同时该中心负责人向记者描述了他在考察过程中见到的真实情景:一是对群众生活的影响。群众生活最大的问题是缺水,我们看到一些地方缺水,农民就排着长队,在井里面,干枯的井或者池塘获取水资源。还有一些人排着长队,车子送水给他们喝。二是对生产上的影响。从两个方面来说,一个是对秋冬种的作物影响非常大,我们今天在贵州一些地方看到,马铃薯到现在还没有发芽,有些地方即使种下了这些作物也长不出来,因为没有水种不下去了。这季作物种不下去或者种不好,将是雪上加霜,后续的影响是严重的。

气象部门表示,近日西南地区仍然没有有效降水,国家防总要求相关单位启动预案,全力做好抗旱救灾的各项工作,农业部工作组也对农业抗旱提出了指导性意见:在大旱面前一定要打破常规,种一亩是一亩,种一亩管一亩,种一亩收一亩,要赶快抢种,因为季节不等人,如果没有水或者不下雨的话,可能要水改旱,而且要调种。调种就是根据这一年的主要布局调种一些其他的作物,或者调种播种的时间。

点评

面对突如其来的自然灾害,中国政府沉着应对,积极地了解情况,报道灾情,通过媒体和实地的考察,及时采取措施,鼓励民众,稳住民心。救灾的行为得到人民认可,更赢得了灾区民众的支持。

危机发生后,地方政府主动出击,积极应对,化被动为主动,但仍有极少数地方消极应付,这两种不同的态度代表着两种危机处理策略:即"雄鹰"策略和"鸵鸟"策略。我们看到,相对于比利时"污染鸡"事件,面对干旱灾害,我国政府采取的就是"雄鹰"策略,主动迅速出击,果断采取措施。"家丑还须自家扬",采取了"立刻说、说真话"的策略,积极主动地公布相关信息,尽可能覆盖公众的信息需求,有效避免了信息真空地带和灰色地带的产生,遏制了信息失真带来的次生危机,与公众之间建立了一种相互协作、共同迈进的关系,成功引导灾区人民战胜天灾,并把全国的眼光和心情引导到灾区,唤起公众的关注,广泛发动社会力量积极参与救灾。在灾难面前我国政府坦言遇到的困难问题,一方面提升了政府在群众中的威望,另一方面提升了群众对政府的支持与理解。而比利时"污染鸡"事件则是典型的"鸵鸟"政策。从表面上看是内阁信息失灵,低估了事故的严重性,存有侥幸心理,而根本原因则是没有把公众的利益放在首位,结果成为众矢之的,落了个"赔了夫人又折兵"的下场。应指出的是,在吸取教训后,新内阁的坦诚与尽心则是值得借鉴的。

拍案二 厦门PX事件——开启民意通道

厦门PX事件缘于2007年全国"两会"期间,由某教授领衔的100多位全国政协委员联合上书,希望投资在厦门海沧PX化工项目迁址,尽量远离市区。PX就是对二甲苯,一种广泛采用的化工原料。外界称之为2007"头号提案",但当地政府一开始关注度不高。

5月底,百万厦门人收到了一条关于PX具有危害性的短信。6月1日,"PX波澜"不期而至。为反对PX项目落户厦门海沧,部分厦门市民通过各种方式表达自身的意愿。波澜掀浪,也给政府相关部门提示警鸣,为此,厦门市政府有意识地开启民意通道,开始与民众良性互动。整个6月,政府广开短信、电话、传真、来信、电子邮件等渠道,充分倾听市民意见。6月7日至8日,图文并茂的科普读本《PX知多少》25万册,免费送到市民手中,至此,迅捷地化解了紧张气氛。

厦门市政府还在第一时间响应环保总局要求,启动规划环评程序,一个由市长挂帅、6个区级一把手、20多个相关职能部门一把手组成的厦门整体区域规划环评领导小组成立,可见其重视程度。

12月5日,厦门市政府正式发布环评报告简本,并启动公众参与程序,其间许多细节设置令市民逐渐打消"政府会暗箱操作"的疑虑,包括现场电视直播环评座谈会代表摇号产生过程、邀请反对意见代表现场监督,座谈会对媒体全程开放。

12月16日,福建省政府针对厦门PX项目问题召开专项会议,会议决定迁建PX项目。

点 评

"公众必须被告知",这是公共关系中一句至理名言。对政府,要求其决策增加透明度,修建"玻璃屋",特别是与公众利益相关的信息必须能够及时通过各类传播渠道为公众所知,以便公众能够参与讨论或是用以消除生活中的不确定性,并对公共管理过程实施有效的监督。回顾厦门PX事件,可以看出此次事件与当地政府决策透明度关系甚大。

可以看出,厦门市政府勇于面对危机,敢于承担责任,及时的开启短信、电话、传真、来信、电子邮件等民意渠道,充分倾听市民意见,并通过印发科普资料等方式将公共行政的模式及时地从传统的命令与封闭的模式向开放和公众参与的模式的转变,发布相关通告及启动公众参与程序,修建"玻璃屋",力求与公众在这一过程建立了关于公共行政的互信基础。最终,政府吸纳了公众在参与程序中表达出来的合理意见,做出了合乎公共利益的决策。结果的可接受性通过公众对参与过程和决策结果的心理感受而获得确认与加强,政府的公信力与公共行政的合法性亦在公众的这一自然而然的理解中得以恢复。

与比利时处理"污染鸡"事件的战略相比较,厦门市政府在PX事件没有造成太大危害前及时调整战略,积极主动的面对危机,加大信息的透明公开力度,开启多种民意渠道,使公众参与其中,站在民众的立场,成功化解了这一公共危机,受到社会各界的肯定。

拍案三 河南某县"忧钴"事件—— 把握网上舆论脉搏,及时发布信息

2009年7月13日—14日,有媒体报道了网上热传的河南某县L厂"钴60被传泄漏事件"。17日,该地区出现了"放射源将爆炸"的谣言,许

多群众逃离家乡,前往附近县市"避难",汽车、拖拉机、三轮车等各种车辆堵满了该县通往周边县市的道路。后经核实确认并没有发生泄漏,而仅是发生"卡源"故障。

据了解,该县L厂6月7日发生故障,当地对此事一直是"秘而不宣",直到网上炒成一片,当地政府才在7月12日第一次发布消息,这时各种猜测已甚嚣尘上,惊慌失措的群众拖家带口,开始往外奔。至此,当地政府才紧急应对,采取各种方式辟谣。18日,该地区警方宣布"抓获某县钴60事件5名造谣者",其中一名曾经转帖虚假消息的网民被拘留。

这一群体性事件同样是由于当地政府部门没有及时发布消息、公布真相,使群众听信谣言,以致事态恶化,陷入危机之中。

"民事无小事"。由于该县政府没能及时地把本地区发生的与民众利益相关的重大事件的向人民群众及各界传播,从而引发谣言。对于谣言,人们一般是宁信其有不信其无。在这种情况下,防范谣言的唯一方法,就是政府应该在"第一时间"辟谣,及时、客观地将事实真相公诸于众,以科学的、权威的政府声音,让没有任何事实根据的谣言消弭。在"忧钴"事件中,"当真理还在穿鞋的时候,谣言已走到千里之外"——谣言热传了三四天,更出现了许多群众拖家带口外逃避难现象,政府方面才有辟谣之举。当地政府明确了不是钴60泄漏而是发生"卡源"故障时,虽然其后采取了一系列紧急应对措施,可这中间也出现了一些疏忽。比如,此次事件中,如果该县政府能组织群众(网友)代表参与职能部门的全程调查和相关"故障现场探视活动",让他们眼见为实,谣言的不良影响就会自然衰减。值得注意的是,此次事件是典型的网络事件,政府和主流媒体仅发布信息是不够,还必须在迅速了解和把握网上舆论脉搏,及时回应公众关注点、质疑点的同时,提升信息公开质量,增强信息可信度,争取主动,从而稳定社会情绪。

回味隽永

政府要将掌握的相关信息及时、权威地发布,在2003年抗击"非典"、2005年吉林市松花江水污染危机等事件中已有生动的注解,人们对政府信息公开、透明的意义,亦有了崭新的理解与认识。政府的信息透明公开,可以使人们根据掌握的政府信息适时安排调整自己的生活并可以将政府的工作行为置于监督之下,这对于政府树立形象,增强百姓对政府的信任感将起到举足轻重的作用。回顾以上几个案例可知,在一些地方,政府信息公开的落实情况仍不尽人意。要提高政府形象,提升政府公信力,应在信息公开方面注意以下几点。

首先,要完善沟通机制,加强政府对外信息发布工作力度。政府在发布信息时,要及时地把本地所发生的重大事件向广大民众和社会各界传播,特别是民众普遍关心的与日常生活相关的敏感事件,都应及时的公布。像比利时"污染鸡"事件、河南某县"忧钴"事件无不是因为政府没有及时公开信息而造成的政府危机。政府在意识到事件的重要性后及时地将公关策略从传统的命令与封闭的模式向开放和公众参与的模式的转变,主动公开信息进行透明决策,广泛听取民意,危机得以成功解决。

其次,政府要尊重公众应有的知情权、参与权、表达权和监督权。在我国古代"子产不毁乡校"的故事中,子产就非常尊重民众知情权、参与权、表达权和监督权,根据公众的意见,调整政府的政策和行为,努力疏通政府与民众的关系,加强政府与民众的有效沟通互动,从而使郑国强盛起来。相比,"忧钴"事件中,如果当地政府能组织群众(网友)代表参与职能部门的全程调查和相关"故障现场探视活动",让他们眼见为实,谣言终将止于智者。

再次,政府要注意发挥各种新闻媒介的作用,及时地通过新闻媒介向民众发布,并将民众的意见建议及时的反馈收集。特别是网络、手机等新媒体在传统表达的基础之上,构建了政府与公民的互动空间,在表达民意、吸引公民积极参与公共事务管理方面,发挥了建设性的作用。如厦门PX事件、河南某县"忧钴"事件的发生与发展都广泛利用了手机、网络等新媒体，因此，各级政府应该重视和善用这些新媒体，并与传统媒体相结合，有效发布与公众切身利益相关的信息，倾听并疏导民意。

最后，在危机发生而事故真相尚未查明前，政府要迅速填补信息真空，掌握舆论的主导权。我国政府在汶川地震震后不到10分钟，就利用报纸、广播、电视、网络等多种形式，向广大公众通报灾情，预报余震，纠正谣言，从而掌握了话语权，遏制了流言带来的次生危机，使全国上下紧密团结在一起，抗震救灾的行为得到国内、国际的普遍认可，并得到广泛的支持。

第十八篇

搭台的政府与唱戏的非政府组织
——安乐街村的故事

　　现代社会，政府公关的对象日益多元化，多元的公关对象也为政府管理带来新的活力和压力，客观上要求政府行为与职能的实现必须探寻新的路径。非政府组织作为政府公关的重要一极，在公关活动中的地位日益突出，扮演着越发重要的角色。政府如何发挥非政府组织的职能，使其成为政府组织的补充和职能延伸，采用灵活多样的公关手段，积极支持非政府组织的发展，全面提升非政府组织的力量和作用，在现代社会竞争激烈的条件下尤为重要。过去，政府是"被公关"的主要对象之一，现代社会，这种固有的思维模式应大力转变，在民主的催生下，多元力量在更大程度上是政府的合作伙伴，政府通过和非政府组织的合作，不但能够满足政府职能转变的需要，而且能提高政府效能、实现政府目标。本章将选择香港安乐街村的故事为主体案例，探讨政府对非政府组织的公关问题。

开篇导例

核电带来新疑窦　政企通力舆论清

广东大亚湾核电站位于深圳市东部的大亚湾畔,距香港直线距离约52公里,是中外合资经营的大型核电建设项目,也是国家重点扶持的大型项目之一。核电站安装两台百万千瓦级压水堆核电机组,主要设备从国外引进。广东核电合营有限公司负责建设和管理。大亚湾核电站于1979年底开始进行经济技术可行性研究,1987年8月主体工程正式开工,经过近七年的建设,两台机组先后于1994年2月1日和5月6日投入商业运行。

在20世纪80年代,中国还没有核电站,对于这一新生事物,不少人存在着种种疑虑甚至恐惧心理。1986年,正当大亚湾核电站工程各项前期准备工作如火如荼地进行之际,4月26日,前苏联切尔诺贝利核电站发生了震惊世界的核泄漏事故。许多公众开始怀疑甚至反对建造大亚湾核电站,一些反核人士更是借此组织了百万人签名反对建设核电站的活动,一些新闻媒介也为之推波助澜,核电站建设陷入公共关系危机之中。政府及时出面,就如何扭转舆论、消除公众误会及偏激情绪,与公司的公关小组密切合作,紧急商讨。在这样复杂的社会背景下,在政府的倡导下,公司果断决定组建公共关系处。公共关系处自成立之日起,始终把宣传核电、服务核电、提高全员公关意识作为公关工作的指导思想。让所有员工认识到要建设好、运行好核电站,必须有一个良好的社会和舆论认知环境,这个环境不是固有的,而是要通过每个员工共同努力来创造,员工的认识深刻了,主动性调动起来了,凝聚力自然就形成了,这种凝聚力筑成坚强堡垒,是任何外在力量都无法打破和侵蚀的。

第十八篇 ——搭台的政府与唱戏的非政府组织

足见,在危机来临之际,尤其是和政府密切相关的重大问题上,政府作为最有公信力的主体,如果能与其他部门形成互补优势,相互协作,共同克服外在的压力,必然能够发挥积极的效果。在政府的及时倡导和公司的通力协作下,克服了舆论危机,保证了这一大型项目及时、有效地开展。我们从中可以得到以下几点启示。

首先,必须正视问题。在大亚湾核电站项目开始之初,遭到人们质疑甚至是反对,政府作为项目的发起人和监督者,正视这一问题,不回避,不掩饰,还公众一个真实清晰的状况,这是揭开面纱,见真面目的最有效的方法。面对质疑,面对万人签名的反对倡议,面对媒体的推波助澜,政府用事实说话,用真诚面对。最终使舆论在事实面前朝着有利于事物发展的方向前进。

其次,充分发挥外力的作用。政府虽然是核电站项目的发起人,但是面临问题时,并不是过分注重关注细枝末节,而是从宏观上协调,把实践操作的权利和自主性交给企业,这样,不仅充分尊重企业的独立性,发挥企业的积极性,还能实现优势互补,这种宏观调节和微观举措的结合有效地处理好了政府和企业面临的舆论危机。公关活动说到底是对人的公关,面对部分人士的反对游行,政府选择不直接出面,避免和公众的直接矛盾冲突,因为此时政府如若直接出面,不仅难以消除公众的疑虑,还会把企业推入与政府合谋的境地。政府借助企业这个平台,高效地实现了公关预期目标,成功引导了舆论的走向。

最后,掌握从内到外的方法,提高凝聚力。面对对核电的质疑,尤其是前苏联出现核泄漏事故后,如何顶住舆论压力自不必说,怎么安抚企业内部人员的心绪,团结内部的力量更为关键。针对这一情况,政府及时督导企业成立公关处,公关处首要的就是统一员工的认识,积极宣传核电的好处,把员工作为公关的核心对象,发挥员工的中心扩散作用,通过这种扩散,把建设核电的思想和益处在员工和员工的圈子里散播开来,扩散到员工能够接触的社会生活中,起到了于无声处见惊雷的效果。这种借力发力、借力打力的方法在我国古代也屡见不鲜,这些方法和手段在当时虽只是一种策略,但从现代公关的角度看,不失为很好的借鉴。

史镜今鉴

下面将眼光转移到古代,来看看政府与早期的非政府组织是如何互利共生而又矛盾斗争的。

古代城市中的民间结社,大致上都源于"群之可聚,相与利之"的群体意识,而这一点正是中国人乃至东方人生活方式的特点之一。《吕氏春秋·恃君览》言:"凡人之性,爪牙不足以自守卫,肌肤不足以捍寒暑,筋骨不足以从利辟害,勇敢不足以却猛禁悍。然且犹栽万物,制禽兽,服狡虫,寒暑燥湿弗能害,不唯先有其备而以群聚邪!"人聚而成群,结为社团,方可以超越动物的巨大能力由顺应自然、利用自然,进而驾驭自然并改造自然,人的社会性也由此展现。就古代中国言之,它虽历经动乱,社会经济形态、国家政权形式多有变迁,但构成其社会基石的,始终是由血缘纽带维系着的宗族制度,它同时也构成古代中国"人以群分"的现实基础。古代社会中的这一宗族性意识渗透到城市秘密结社中,就会因此而形成较为稳固且能够超越时空的社会实体。如明代白莲教首领李福达就号称白莲教世家,其祖父曾参加过刘通、石龙的起义,其孙子李同在明朝嘉靖年间还在传教,可谓世代相袭。流行于江南一带的闻香教,因其创始者王森自称得妖狐异香而得名,在明朝万历年间教徒遍布河北、山东等地。流行于清朝贵州、四川、湖北、湖南、江西、江苏、河北、山东等地的无为教,由云南景东府贡生张保太在康熙年间创立,信奉弥勒和龙华三会。该教在传布过程中,尽管教义的总体变化不大,但各地名称不一,仅在江苏就有多个名称,如在宜兴称龙华会,在苏州称燃灯教,在常州称西来教。见于史载的此教名称还有大乘教、无极教、铁船教、法船教等。与无为教大致同时代的罗教,其名称也有老官斋教、龙华会、先天教、大乘门、三乘教、金童教等。

我们可以看到,城市秘密结社形成中的官府影响。在古代封建专制制度下,官府确实是影响和制约社会政治、经济、文化活动及人民生活的最重要的因素,其强大的影响力无处不在。城市中的民间秘密结社一向因其对政府构成相当的威胁而遭取缔,所以表面看起来与官府无甚联系,但细究历史上的秘密结社发展过程就会明显地看到,几乎任何一个规模较大的秘密结社,在其初始阶段都在不同程度上受到过官府影响。

明朝正德年间,白莲教首领李福达在起义失败后,就曾改名换姓进入北京大肆活动,并以黄白之术受到武定侯郭勋的器重。结果郭勋遭到揭发攻击,朝廷内部随即掀起反映党争的"李福达案",累死官员无数,而白莲教本身却趁机得到发展。民间秘密结社的另一"终南捷径"是结交宫中太监。一些秘密结社的首领通过其家庭或社会关系,不难与其交结。明代民间秘密结社势力在宫中的潜伏与增长,在嘉靖、隆庆、万历、泰昌、天启、崇祯诸朝都有反映。

万历时期著名的宫中"梃击案",即与红封教有关,闻香教教主王森也曾联络过宫中太监,吸引教徒,甚至进行谋反。活跃于城市中的市井无赖结社,也往往与地方官府中的吏胥捕役人等,拉拢勾结,互通声气,互为声援。秘密结社尽管与官府有关联,但其基本构成无疑是城市下层群众。他们受尽封建统治阶级的经济剥削与政治压迫,迫切要求改变悲惨的境遇而又看不到现实中的出路何在,于是便成群成批地加入到秘密结社的行列中。

点 评

足见,吸引这些下层群众加入秘密结社的与其说是意识或信仰,倒不如说是求生的本能,一种必须借助于外在力量求得立足的内驱力。他们将社团成员间的订盟设誓以及会诀暗号,视为求得生存的护身符,而秘密结社本身则在其发展中日益成为组织群众起来对封建统治进行武力反抗的温床,而一个组织要真正在古代封建社会的缝隙中求得生存与发展,必须与政府或是政府力量的代表建立某种联系,这种联系是政府对这类早期非政府组织的承认与扶植,当互生互利时,相融共生,而当利益冲突时,这些组织往往又成为利益斗争的牺牲品。

接下来,我们看一下清朝建立苏州丰备义仓,政府借助第三方力量的案例的公关。

清朝道光年间,设立的苏州丰备义仓最先由地方官府举办,后来逐渐得到地方社会的捐助。义仓最初出现于隋代,为我国传统社会中主要备荒仓储种类之一,在长期的发展历程中,义仓的救助手段和举办方式不断地发生变化,其设置最为灵活多变。清代的义仓主要指由民间集资建设、由地方绅富管理、专救本地灾民的备荒仓储。清政府曾对备荒仓储的设置有过明确规定:"由省会至州郡俱建常平仓,乡村则设社仓,市镇则设立义仓。"但从实际情况看,义仓的设置地点千差万别,既见于通都大邑,亦设于市镇乡村。究其原因,正是因为义仓制度最为灵活,最易受社会经济条件的影响,所以往往因时因地而异。这在丰备义仓的发展历程中有着充分的表现。丰备义仓最早源于安徽,系陶澍所创。清朝道光三年至五年(公元1823—1825年),时任安徽巡抚的陶澍在主持救灾的过程中,深感已有常平仓和社仓的不足,认为"常平之制善矣,然待惠者无穷,至社仓春借秋还,初意未始不美,而历久弊生,官民俱累"。所以,在灾荒过后,陶澍开始在安徽试行因地制宜、由绅民自理的新义仓。"其立意在都邑一乡一镇至于一村一族靡不周"(《长元吴三县丰备义仓碑记》,收入潘遵祁编:《长元吴丰备义仓全案》卷首"创始原委")。因陶澍期望这种义仓可以发挥"以丰岁之有余,备荒年之不足"的作用,故称之为丰备义仓。

清朝道光十五年(公元1835年),已升任两江总督的陶澍鉴于江南地区屡遭重灾的情况,又起推行丰备义仓之念。在和江苏巡抚林则徐会商之后,他们决定先在两江总督和江苏巡抚的驻地即江宁和苏州两处举办。苏州丰备义仓的创建工作由林则徐亲自主持。林则徐动用上年赈灾捐款余资,在苏州巡抚衙门后身建成"大小廒座十间",并从无锡米市购谷存放,苏州丰备义仓宣告成立(中山大学历史系中国近代现代教研组、研究室编,1962:175)。苏州丰备义仓设立的消息传出后,一些热心公益的地方绅士开始向义仓捐助资产。发其端者为元和县绅士韩范,他在呈文中称,为遵其父韩(曾任刑部尚书)临终"遇有地方公举,竭力捐助"的遗训,将父遗田产1100余亩捐入义仓,"官为收租,办粮收储,以备歉岁公用",并称此举全系遵父遗命,并不敢"仰邀议叙"。但韩范最终还是得到了官方的奖励。陶澍和林则徐在奏章中为之请奖,道光帝认为韩范此举"实属急公好义",下令将其"交部照例议叙"(《民国吴县志》卷三十一"公署四")。官方的奖励进一步刺激了地方绅士的捐助积极性,韩范之后捐田者络绎不绝,义仓拥有的田产不断增多。至咸丰十年(公元1860年)太平军攻占苏州之前,丰备义仓已拥有长洲、元和两县境内田产14900多亩,田租收入由此成为丰备义仓最主要的收入来源(见潘遵祁编《长元吴丰备义仓全案》卷一"重整规则")。这些捐田者都和韩范一样,由中央政府比照捐纳制度予以高低不等的功名职衔。他们捐往义仓的田产性质也随之发生变化,转为官方所有。与此相应,在太平军占领苏州前,丰备义仓一直由官府直接管理,所谓"出纳官主之,士绅不与"(潘遵祁编《长元吴丰备义仓全案》卷一"重整规则")。义仓名下田产由官方负责收租存储,每届收租之期,由官府"委员"率领吏役人等分赴各地,"就敛其租,无虑数十处,明春会其数,除完课及经费,以什余缴藩库"(潘遵祁编《长元吴丰备义仓全案》卷四"收租章程")。地方士绅只能起到一定的监督和协助作用,如官府应"逐年将存谷、存银各数照会绅士,以备歉岁照数呈请发赈,不准移借他用"(潘遵祁编《长元吴丰备义仓全案》卷一"重整规则")。灾荒年份地方绅士可以呈请官府开仓赈济。

从古代政府与早期非政府组织的交融互动、共利共生的过程,足可以看出政府组织与非政府组织的息息相关性,没有政府多种形式的支持,非政府组织较难找到发展和生存的空间。而丰备义仓的发展历程则昭示了政府在借助民众力量和地方官绅力量上的大有可为。政府出资建设丰备义仓,而丰备义仓的给养却是由地方来募集,募集的方式是地方商贾人士的倾力相助,带动这种力量的是政府对韩范遵父命义举的嘉奖和鼓励,捐田者和韩范一样,由中央政府比照捐纳制度予以高低不等的功名职衔。在清末政府财政力量不足,内外交困的局面下,作为维系生命和社稷的粮食储备,具有重要的战略意义,清政府借助民力储粮备荒,尤其是陶澍、林则徐这些开明地主官僚的代表,在他们的倡议下,丰备义仓发挥了很大的作用。

三刻拍案

拍案一 安乐街村的故事

听到"安乐街村"三个字,立刻会让人联想到生活在这个村庄的居民安居乐业的景象。但在从前,云南省安乐村的村民却常常生活在惶恐之中。每逢雨季,潜在的滑坡灾害威胁就会令他们难以安睡。当时唯一的解决办法是一旦发现险情,就逃到较安全的地方暂避,而所谓较安全的地方,只是往屋外跑,不留在家中。灾害的发生曾令他们不停搬家,一辈子都在忙着搬家,日子过得并不安乐。

2003年后,当地政府携手香港某慈善机构,以社区为本推行救灾防灾项目,植树造林、修建排洪沟坝,遏制山坡下滑,并向村民提供有关技术及灾害管理培训,提高防灾意识,增强他们参与防灾管理的积极性。村民的日子稍见安稳,逐步得到改善,不用再担心长期以来的缓慢性浅层滑坡对村庄带来的灾害。

1. 灾害追根溯源

在当地政府的努力争取和密切合作下,该慈善机构成立了专门的项目小组。项目组通过有专业经验的顾问与村民实地勘察,对灾害进行历史回顾,共同分析原因,找到了安乐街滑坡的几大主因:

开发修建公路,公路排水未采取归顺减压措施,产生洪水,洪水排水时冲刷村庄两面干沟,形成很深的临空面,致使村庄地段积水渗透,最终导致山体下滑,房屋拉裂。

人口增长,村庄周围林地遭到毁林开垦,导致水土流失。1982年刚包产到户的时候全村只有耕地面积380亩,后来发展到500多亩,小片开荒接近150多亩。

民房建筑未修筑公共的排水系统,导致房檐水、生活用水到处乱流。村民建房随意性较强,没有统一的规划,原处于下段的农户由于山体滑坡房子被毁坏,只好搬到山的上部重新建房,但未考虑排水系统,加之周围山坡的林木被砍伐开垦为耕地,使山体滑坡继续向上延伸,致使直接受害面不断向上扩大。

人口密集,建筑物集中,滑坡体上种植芭蕉、甘蔗等含水量高的作物等,也造成了一定程度的重力滑坡。

经过论证,各方决定在此基础上进行项目设计,对灾害进行干预。实际上,在该项目组到来之前,当地社区曾进行过努力,但收效甚微。其中的故事一波三折。

2. 政府的前期应对

由于担心潜在的滑坡危险会变成现实的灾害,忧心忡忡的村民们曾选派代表到乡里、县里报告灾情,请求搬迁援助。2002年,由于雨量大,雨水集中,云南各地相继发生洪涝、滑坡、泥石流等灾害,安乐街村民也坐不住了。他们派出代表到县里和乡里汇报灾情。县、乡领导及时赶到安乐街察看灾情,看望村民,但措施却难以施展。政府有为难之处,因为全县有120多个滑坡点,要搬迁只能有计划的逐年安排,何况有的地方已经受灾,轻重缓急必须有所侧重。

于是,村民们曾经自发组织起来去找有关部门协商解决问题,但结果不容乐观。他们去找养路道班协商,但是这条公路是国道,地方管不了,况且道班又不是管理部门。村民们只好自行把过水涵洞筑起来。但为了保护路面,他们前脚刚走,道班工人就把涵洞掏开。村民后来索性用水泥把它封住,但意外的是,洪水被赶去冲了隔壁邻居村。

3. 政府另辟蹊径的选择

当地政府也并非无所作为,而是积极把所属范围内的灾害情况向上级反映,并在灾害来临前积极组织人员监测滑坡位移情况,一旦危险,立即组织疏散。村民小组长也组织村民做一些掏沟、清淤或打木桩等防灾工作,但效果并不明显,总有一些不自觉的人在修房子或在其他地方用着的时候陆续把简易拦沙坝的石头搬走。在雨季防洪的时候,村民也最多是把水排离自己的房子或土地,缺乏统一的灾害管理意识和行动,人们对社区公共事务的关注大大减弱。

恰巧香港该慈善机构正在寻求救助项目。闻知此信息,村民和当地政府治理灾害的态度非常积极,结合技术顾问的考察,认为从技术和治理成本来看,治理是可为的,有这一慈善机构的介入,成功的概率大大提高,因此,项目组提出在安乐村街子街后组通过开展以社区为本的滑坡综合治理,探索以社区为本的灾害管理路子。2003年3月,安乐社区滑坡综合治理项目一期启动了。

镇政府高度重视该项目的工作,成立了项目实施协调小组,由镇长亲自挂帅。每次开会讨论有关项目工作,他都让所有的领导参加会议,认为这是难得的学习机会。镇长的做法发挥了示范效应,带动当地干部把参与式方法应用到工作中。要不要做?怎么做?都取决于群众的意愿。结果官员们发现,和村民讨论问题,尊重他们的意愿,对工作开展很有效。

政府多部门合作。该县成立了由农、林、水、国土、民政、民宗领导组成的项目领导小组,副县长任组长。在具体的实施过程中,各职能部门都从技术上给予大力协助,具体工作由技术人员负责。县政府还组织了县级项目评估验收,认为项目的设计和质量很好,更重要的是,认为以社区为主体的项目实施模式值得推广。该县国土资源局局长说,将对这个项目的经验进行专题总结,提交给省国土资源厅,作为申报国家级地质灾害治理重点县的材料之一。

在项目设计上,一方面采用工程措施与生物措施相结合的办法,起到排水、稳脚、固土的作用,以缓解或遏制山体继续下滑的趋势。另一方面的重头戏,则是以项目为载体,使村民通过参与项目的分析评估、项目设计、实施、管理以及接受必要的灾害管理培训,推动社区自我管理,培养当地政府及村民的灾害管理意识,降低环境的脆弱性,从而逐步增强社区抗御灾害的能力。此外,还结合退耕还林、恢复生态的措施,种植紫胶和桑树等经济林树种,使村民减少耕地面积而不减少收入,以便帮助村民增强经济实力抵御灾害。

作为外来的力量,项目采用了社区为本的灾害管理方法,以村民为决策主体和项目实施主体,强调信任和尊重当地人的知识、经验和能力,把决定权交给村民。社区为本不仅仅局限或定位于完成具体项目,而且是从长计议,着眼于增强社区能力,降低脆弱性。此外,还试图整合当地政府和有关技术部门的资源,使其成为支持者和服务者,形成以村民为主导,政府和技术部门为支持的应对机制。该慈善机构作为非政府机构,在社区为主体的参与性方法上给予政府和社区支持。

4. 安乐街村的新貌

"在别的地方是下雨往家里跑,而我们安乐街下雨却要往外跑。我盼了30年,做了30年的梦,现在可好了,下雨的晚上也可以睡一个放心觉了。"60多岁的村里老人说。村民们深有感慨:过去一到雨季就提心吊胆,连外出打工也牵肠挂肚,现在悬着的心终于放了下来。

项目硬件的有效实施,使得滑坡体在一定程度上得到了控制,2006年仪器测量地面位移只有2厘米,肉眼已观察不到,使村民们的安全生存环境得到改善。通过参与项目的监督管理和实施,村民自身也发生了变化,凝聚力增强了。

此前村民小组长通知开大会,最多只能来二三十户。现在不同了,即使再忙,每家都至少会来一人,而且很多会议是社区灾害管理小组自己召开,并没有政府或其他机构主持或参加。

"这个工程对安乐街村民来说,是一项凝聚民心的工程。以前,村民只管自己的发展,甚至做出损人利己的事情,结果影响了公共利益,通过项目的实施,大家认为是在做自己的事情,灾害管理小组的协调也未遇到太大的阻力,群众对小组成员的认同也提高了。"灾害管理小组成员无不感慨地说。

项目的实施,不仅影响了当地社区,而且影响了参与该项目的各相关利益群体,各方从项目得到了一定的收获和启示。简而言之,就是通过参与性工作方式,使领导观念和政府的行为方式发生了改变,社区主体意识增加,结果带动政府和社区的关系发生变化。

点 评

  安乐街村在当地政府的多方努力和慈善机构的参与下,旧貌换新颜,正是当地政府的高度重视和公关策略的技巧性运用才取得如此成就,从公关的角度看,有以下几点值得借鉴。
  首先,政府动员参与主体,充分调动积极性。政府和慈善机构紧密配合,探寻救灾防灾的新路子,确立了以社区为本的灾害管理,即以社区为主体,在与社区共同分析的基础上有策略地开展一系列活动,包括能力建设和意识提升,以降低社区的脆弱性、增强社区的能力,以抵御灾害或降低灾害带来的影响。从安乐街村项目要达到的预期目的来看,需要政府、技术人员、当地村民的共同参与。项目的受益群体——当地村民,是项目的主体,使他们充分参与项目的决策、管理、监督评估,不失为调动积极性的良策。为使项目具有可持续性,政府联手慈善机构,在村民充分讨论的基础上制定后续管理办法,成立社区项目管理机构,选举人员进行管理,并建立监督机制,为项目的后期开展奠定了良好的基础。
  其次,重视对信息和机会的把握。在政府自身救灾防灾能力不足的情况下,积极寻求新的路子,在闻之慈善机构有意开展项目后,积极行动,用实践行动昭示了地方政府的信心和决心。镇政府高度重视该项目的工作,成立了项目实施协调小组,由镇长亲自挂帅。尔后该县又成立了由农、林、水、国土、民政、民宗领导组成的项目领导小组,副县长任组长,领导班子的参与和支持,减少项目开展的障碍,积蓄了人脉的支持,协调了人际关系。在具体的实施过程中,各职能部门都从技术上给予大力协助,一系列的行动旨在证明当地政府的决心和力量,给慈善机构的项目人员全新的形象,稳定了人心,把握住了先机。
  最后,注意发挥协同作用。慈善机构引入以后,当地政府并没有就此松懈,反而更加积极,巧妙分工合作,发挥慈善机构的技术优势和当

> 地的人员优势,在充分尊重百姓意愿的基础上,使项目资金的投入满足可行性和科学性要求,并发挥最大的整体效益,使之产生协同效应。政府除在资金、相关政策等方面予以支持外,还负责协调相关部门共同工作。基层政府在充分尊重群众意愿的基础上协助社区组织进行项目的决策、管理、监督和协调工作,引导并协助社区发展向可持续方向发展等,都是精彩之笔。

拍案二　社会福利社会办——上海市华爱社参与社区管理的新模式

上海浦东区从 1990 年成立以来,区政府一直在探索"小政府、大社会"的模式,浦东区发展局在社区建设中,力图突破部门分割的体制,从社区居民需要出发建立一个新的综合性的社区发展系统。另外,"小政府、大社会"格局又要求把政府干不了,或者可以做但做了以后效率极其低的许多社会服务事业交出去。碰巧 1995 年,新设立的博山新村小区的公共建设配套设施作为一个迁建的新住宅区,它还缺乏一个能够提供社区公共服务的场所。于是,发展局决定利用这个机会,向社会发出信息,希望有一个愿意并有能力的民间组织来承担起尚思社区中心的管理和运作。华爱社最终胜出,接管该小区,并成立了尚思社区管理中心。

浦东区发展局选择一个非政府组织来管理社区在当时是需要极大勇气和胆量的,因为把国有资产委托给一个具有宗教背景的组织是否妥当还是个问题。后来发展局顶住压力,给上海市副市长打报告,副市长亲自批示,才下决心和华爱社接触,建立关系。同时,在双方接触初期,关系的建立并非一帆风顺。有一段时间发展局主要领导调离,尚思社区中心的工作就遭遇到很大困难,后来领导又回到原来工作岗位,华爱社在尚思社区中心的工作才又顺利进行。

1996 年 2 月,在发展局支持下上海尚思社区中心正式开业。通过发展局和华爱社签署的规范性文件《关于共同建设管理尚思社区中心的协议书》、《浦东区求助中心委托管理协议书》等中,规定了双方的权力和义务。发展局给予中心的支持体现在几个方面:第一,给予物质和经济上的帮助。比如,中心的场地和房屋都是政府无偿提供;华爱社负责维护保养中心的建筑、设施、房屋结构性维修,其费用则由发展局负责;中心申请新项目,可获得政府的经济资助。第二,给予舆论上的支持。尽管有不少压力,但发展局还是在各种不同的场合中尽可能地宣传上海华爱社管理尚思社区中心这件事的意义,以及宣传上海华爱社在社区建设和投入社区服务事业的作用。第三,在中心成立管理委员会时,发展局派代表参加了委员会,对中心的运作和新的服务项目的设立提供各种意见或建议。另外,为尽快给中心一个合法的地位,以便中心更好地开展工作,局领导不断跟工商、民政局协调,终于在2001年注册登记为"民办非企业"的独立法人。

到2002年,浦东区发展局和华爱社的成功合作终于形成了一条切实可行的"社会福利社会办"的新路子。

点 评

这是一起政府和非政府组织合作开发社区管理新模式的典型案例,其中体现了较多的公关元素。首先,在"小政府、大社会"的发展精神指导下的探索社会福利和服务事业社会办的要求,是促使浦东区发展局积极公关的大前提,也导致了政府部门公关行为的产生;其次,政府积极运作,向社会及时发出信号,这是导致政府部门公关行为产生的主动意愿;最后,对非政府组织的素质、实力进行挑选,是导致政府部门公关行为产生的外部条件。

本案例中,浦东区为探索非政府组织参与社区福利事业的新途径,尝试政府和非政府组织间合作的新模式,浦东区发展局的公关手段是多样的,概括起来有三种,即物质手段、精神手段和组织手段。由政府免费提供保证社区中心能正常运作的场地、房屋,同时政府全部承担维护保养费用及服务项目的经费,这是物质手段的运用;基于引入非政府组织参与社会福利和社区管理的长远意义,政府不断在舆论上给予华爱社支持,并对中心的发展提供智力支持,这是精神手段的运用;为了给华爱社"正名",有合法的身份开展社区工作,政府积极开展公关,确立其合法地位,这是组织手段的运用。正是有了这样的全面的、多管齐下的公关活动的开展,华爱社才能有效履行其职能,使社区管理工作朝着良性方向不断发展。政府和非政府组织的互动、协调、合作才取得了理想效果,并形成了"社会福利社会办"的社区管理新模式。

拍案三　狮子登陆中国——视觉第一中国行动

　　狮子俱乐部国际协会通常简称国际狮子会（LIONS，由 Liberty、Intelligence、Our、Nation's、Safety 首个字母组成），创建于 1917 年，是世界最大、历史最悠久的服务组织之一，拥有 46 000 个分会及 140 万个会员，会员分布于世界 193 个国家和地区，总部设于美国。成员来自各行各业，多为中产阶级，如医生、律师、商人、教师、公职人员等，有"精英团队"之称。国际狮子会的宗旨是——我们服务（We Serve），在众多的社会公益活动中，狮子会的防盲治盲工作誉满全球，原因是 1925 年海伦·凯勒女士要求国际狮子会成为"盲人的武士"，从此国际狮子会以防盲治盲为己任。国际狮子会另一显著特征是"非政治性"，国际狮子会宪章规定会员"不得讨论党派政治和宗教派别"，它致力于服务他人和维护世界和平。

　　早在 1920 年，国际狮子会就在中国天津、青岛设立了分会，由于各种原因，"狮子"撤离天津、青岛，落户台湾，名称为"中华民国台湾狮子会"。台湾狮子会经过数十年的发展，已经拥有 45 000 多名会员，每年的会费金额和捐款数字在国际狮子会中名列前茅。

　　改革开放后为了进一步扩大国际影响，发展更多会员，国际狮子会对具有世界最多人口和重大国际影响力的中国大陆纳入其中期待已久。20 世纪 90 年代，国际狮子会在中国内地不附加任何先决条件陆续展开涉及赈灾、扶贫、教育、医疗卫生、社会福利、残疾人康复等诸多领域的服务活动。其中，"视觉第一中国行动"堪称中国政府与国际非政府组织开展合作影响和规模最大的项目之一。

　　1997 年，国务院批准卫生部、中国残联与国际狮子会合作开展了为期五年的"视觉第一中国行动"。国际狮子会深入大陆各省、市、自治区为 210 万白内障患者施行了复明手术，建立了 100 个县医院眼科，培训了 11 000 名眼科医务工作者。项目的成功实施，使我国于 1999 年率先在发展中国家实现白内障致盲人数负增长，被世界卫生组织和国际防盲协会誉为全球防盲治盲工作的典范。1999 年 9 月，时任国家主席江泽民致信第六届国际防盲大会，对国际狮子会在中国开展的"视觉第一中国行动"给予了高度评价，时任国务院总理朱镕基称此行动为"造福人类的义举"。

国际狮子会在履行"视觉第一中国行动"五年计划过程中,并未向中方提出任何条件。很显然,五年计划的成功,给中方留下了良好印象。2000年时任国家副主席的胡锦涛指出中国应该有狮子会的分支机构。2001年包括中残联、外交部、卫生部、民政部、国务院对台办在内的7个部委商谈同意"狮子"进入中国大陆。2002年4月,深圳狮子会、广东狮子会相继成立,随后国际狮子会召开会议,吸收中国深圳、广东狮子会加入国际狮子总会,分别隶属国际狮子总会380区、381区,狮子正式登陆中国大陆。

中国狮子联会的成立鉴于"视觉第一中国行动"第一期项目的成功实施,国际狮子会再次与中国合作,开展"视觉第一中国行动"第二期项目,再次投资1550万美元,期望在2002年到2007年的5年里,能帮助250万白内障患者重见光明。在此基础上,2005年6月14日中国狮子联会在北京正式成立,中国狮子联会的成立,标志着中国大陆狮子会的组织架构基本完备。中国狮子联会在北京、广东、深圳、沈阳、大连、青岛分别设立了分会,现有会员2 500多人。根据规定,地区性社团组织不能冠名为"中国"、"中华"等字样,也无权和境外NGO发生关联。中国狮子联会的成立,可以直接和国际狮子会进行合作,从而解决了地方狮子会的涉外权限问题。中国狮子联会加入国际狮子会,接受国际狮子会和中国残联的"双重管理"。中国狮子联会的成立使狮子会可以在中国发展会员,也可以募集资金,走在了国际NGO的前列。

点 评

在本案例中,首先中国政府利用国际狮子会这个有效的平台,成功实现了民间交流。其次,国务院各部委大力支持狮子会的发展,党和国家领导人也亲自为国际狮子会的发展添力鼓劲,使得狮子会的发展有了良好的外部环境。最后,建立中国分支机构,作为狮子会的有效补充,各分支机构遍地开花,大大壮大了狮子会的力量,扩大了狮子会的影响力。

回味隽永

从安乐街村的故事到国际狮子会视觉第一中国行动,无不展现了政府对非政府组织力量的有效整合和利用,充分体现了政府在协作和促进非政府组织发展过程中的方式方法,在现代社会,政府公关的效能日益彰显,通过以上案例的简要分析我们可以得到以下启示。

首先,政府须善待非政府组织。在当前社会条件下,部分非政府组织往往带有浓厚的官方色彩,但随着第三方力量的崛起,政府应该给予非政府组织更加积极有效的引导。在政府的职能延伸不到的社会角落的情境下,如果能给予非政府组织一定的权限,发挥他们的积极作用,无疑会作为政府力量的有益补充。随着市场经济的不断完善,政府的职能也发生了很大的变化,越来越多的工作需要政府运用公共关系的手段来沟通和协调,尤其是发挥第三方组织的特长和优势,通力合作来实现特定的政府目标尤为重要。核电危机中的公共关系处、安乐街村的社区小组、狮子会的中国分部等的建立和运作,正是在"信息引导、组织协调、提供服务"的原则指导下展开的公关活动,收到了实效,真正体现了政府职能转变的宗旨。

其次,政府应积极借助第三方力量塑造良好的政府形象。政府公关是国家和地方各级政府为更好地管理社会公共事务,增加社会公众对政府的了解、理解和信任,从而协调内部和外部各种关系的社会活动。在多方的共同关心支持下,国际狮子会登陆中国,并成功开展"视觉第一中国行动",通过活动的开展,借助国际狮子会这一媒介,一方面宣传中国的形象,通过民间交流的手段,改善和促进多方关系;另一方面置换外界对中国的错误认识和看法,通过支持国际狮子会中国分部的建立展示了与外界猜疑截然不同的中国,赢得社会各界对政府工作的理解和支持,从而为塑造良好的政府形象打下了良好的基础。

最后,注重政府组织与非政府组织的协同和互动。在现代社会条件下,政府任何职能的实现都是多方力量参与合作的结果,发挥政府与非政府组织的协同作用,实现二者的良性互动,尤为关键。在经济转轨的过程中,要合理配置社会资源,转变政府职能,增强政府的公关职能,加强政府和非政府组织的联系与双向沟通,有助于政府部门调整政策、科学决策、改善管理,在一定程度上有益于克服条块分割,促使政府各部门与第三部门服从大局、精诚团结、相互协作,从而提高政府工作效率,顺利实现政府的各项目标。

第十九篇

混乱中的秩序保障

——北美大停电政府公关案例

　　"人是社会性的动物",社会由众多个人构成,形成纷繁复杂的社会生活,人类正是凭借相互的帮助和集体力量才得以不断进步。人与人之间的联系日益紧密和多样化,生活于社会中的个人在享受着集体生活便利的同时,也不可避免地要承受集体生活所带来的一些冲击。近年来,随着社会的飞速发展,一些社会发展中的矛盾逐渐显现出来,衍生出很多社会问题,这些社会问题又经常通过当今便捷的信息通道迅速地传递开来,影响扩展的既快又广。北京市某县的元宵佳节惨剧的发生,凸显了政府在维护社会良好秩序中的重要作用。

元宵佳节的惨剧

2004年2月5日,是中国传统的元宵佳节,值此佳节之际,到处喜庆洋溢,热闹非凡。为丰富人民娱乐生活,并依据前一年的做法,北京市某县政府从1月31日开始举办当地第二届迎春灯展,举办地点位于县城西南部的"M公园",计划举办十天,市民可以免费参观。由于中国自古都有元宵节观彩灯、猜灯谜的习俗,2月5号这天晚上,数万当地群众从四面八方齐集该公园,公园内灯火辉煌,道路上人头攒动,游人如织。

晚上7时30分左右,游人剧增,观灯群众剧增到3万人,仅园内河流两岸游人就达到了四五千人。此时,大量游人由河东岸经拱形的彩虹桥到河西岸观灯。此彩虹桥桥长60米,宽3米,为公园由东至西的主要通道和最好的赏景地点。据了解,在2003年第一届元宵节灯展时,这座非常陡的桥被严格管理,政府组织了大量警力在这里加以疏导,观众只能分批上桥通行,而桥上亦不许过久停留,但2004年却完全放开。由于游人众多,且该彩虹桥桥身陡峭,7时45分左右,桥上西侧下坡处一游人不慎跌倒,其身后游人犹如多米诺骨牌般向前倾倒,人群顿时恐慌起来,相互拥挤,结果造成踩死挤伤数十人的特大恶性事故。据事故善后处理分指挥部统计,此次事故死亡人数为37人,15人被踩伤。死亡人数中,女性28人,男性9人;年龄最大的68岁,60岁以上为4人,7~17岁的9人,最小的7岁。死亡人员大部分是因为被压倒在地上,胸部受到严重挤压,造成胸闷而窒息。事故发生后,受伤人员陆续被送到医院,但是不少重伤者因受伤过重而难以挽回生命。多位事故目击者回忆,当时并没有人从桥上掉下去,全部是在桥内被挤压致死的。

4月15日,北京市委、市政府通报了该县迎春灯会特大伤亡事故的相应情况,并指出,造成事故的主要原因是领导管理责任未落实,灯展安全保卫方案不到位,负责安全保卫工作的保安没有到岗,现场缺乏对人流的疏导控制。在该县重大踩踏事故发生后,北京市消防局等有关部门采取了紧急措施,在全市范围内开展安全大检查,共检查946家单位,发现隐患1 069起,当场解决959起,限期整改116家,停业3家,罚款30起。

此次事故由于领导和管理上的疏忽,灯展安全保卫没有得到足够的重视,致使拥挤人群中的一点骚动演变成一次重大人员伤亡的踩踏事件。其实,这种事故的发生绝不是偶然的。事故发生后进行的安全大检查中,全市发现一千多处安全隐患,这些隐患绝大部分当场都能得到解决,可以说,很多事故灾害都是可以在事先的安全防范中得到避免的。

随着经济的迅速发展和社会的日益繁荣,社会公共活动越来越多,规模越来越大,然而其中存在的安全问题却没有得到人们相应的重视,每年在节日期间或庆典活动中都发生不少的灾难事故,喜庆瞬间变成灾难,令人不胜惋惜。社会公共活动,参与人员复杂,涉及社会各个年龄段和各个社会层次,他们互不相识,没有组织,没有领导,本身就处于一盘散沙的状态,存在着秩序不稳定因素。当突发的事故灾害发生时,人群往往陷入集体的无意识状态,导致群体一窝蜂地拥挤,特别容易出现进一步的人员伤亡和损失,造成严重的社会影响。因此,在活动组织中,作为一个监督者身份的政府必须拥有很强的安全防范意识,从保护群众人身安全的角度出发,加强群众聚集活动的组织性与安全性管理。

史镜今鉴

当突发事故灾害发生时,政府要做到临危不乱,采取快速有序的紧急措施稳定社会秩序,安抚人们的恐慌情绪,领导人们顺利渡过事故灾害。这就要求政府在平时就要有事故灾害防范意识,制定系统完善的突发事故应对机制,包括危机预警、危机应对、危机救助等一系列的事故应对计划和步骤,储备应急物资,加强警务人员、救灾人员和医疗人员的培训,提高他们的危机救助能力。在危机来临时政府要主动承担,积极开展救灾活动,将事故灾害的损失降到最低,才能切实帮助人们渡过危机时期。现在通过另外两个案例来进一步说明。

我国古代许多故事都表现了这种在危急时刻以救人为重,生命重于财物的人文关怀。在儒家经典著作《论语·乡党篇》中,记载着这么一个小故事:"厩焚,子退朝,曰:'伤人乎?'不问马。"这个故事的大意就是,孔子家的马棚有一天突然失火被烧毁掉了,孔子上完朝后回到家中,才得知马棚被烧这件事情,孔子却问:"有没有人受伤?"而根本没问马的情况。

故事中的马和我们当今的马虽然是同一物,但是其意义是完全不同的。现在的马和其他动物一样,只是我们的伙伴,是劳动或者运输的辅助工具而已。但是,在古代,马代表的却是一种很高的社会地位。古代,马是家财和身份的标志:"问士之富,数车以对;问庶人之富,数畜以对。"(《礼记·曲礼》)当时孔子仕鲁,位大夫,有车马,故有马厩。孔子终身追求恢复礼制,重各种礼仪和器物背后所代表的身份差别。孔子最得意的学生颜回不幸早逝,因家境贫寒,甚至无钱为颜回下葬,其父请夫子卖车马给颜回办棺椁时,夫子就拒绝了,以为非礼。可见马在古人以及孔子心中之贵重,马在当时不仅是极其贵重的物品,而且也是某种身份的重要象征物。这次孔子退朝归来,骤闻家中马圈烧了,第一反应却是急着问"烧伤人没?"丝毫没有问马的情况。

从这一问中可以看到孔子的仁性直露,短短三字中满含对下人生命的关切,仁爱成性,感人至深。在孔子看来,当火灾发生时,马等物品即便是再贵重,在人的生命面前也是不值一提的,救灾首先要救人。因此,当代政府在应对突发的社会事故灾害时要迅速行动,要以人的生命为先,一个对人民生命安危冷漠的政府是根本无法取得人民的信任的。

下面来看一则前不久在地球另一端发生的一个事件,通过此事件来阐述一下政府应对事故灾害的危机公关。

2009年8月份,地中海气候的希腊处于夏季,正是干燥炎热的时期。希腊夏季高温少雨,最高气温可超过40摄氏度,很容易引发森林火灾。几年来希腊多次发生大火,而此次大火则是希腊自2007年来发生的最严重的森林火灾,并引发了大众对政府信任的危机。

1. 人为因素。此次严重的火灾在多处频繁发生,也有不少人怀疑这是人为蓄意纵火而导致的。据报道,希腊警方已经逮捕了10名涉嫌蓄意纵火或者因疏忽大意引发火灾的人员,其中7人被正式指控犯有纵火罪。另有36人受到与一系列火情有关的性质较轻的指控。有分析指出,这次大火很有可能是希腊的一些房地产商人为造成的。根据希腊法律规定,任何人不得砍伐森林改建其他项目,但因火灾被烧毁的林地不受此限制。因此有人怀疑,此次大火正是一些无良的房地产开发商在幕后指使蓄意纵火,以便开发那些被烧毁的林区。此外,希腊的房地产业间竞争非常激烈,过去也曾经出现过房地产开发商唆使纵火的犯罪行为。

2. 政府的反应。希腊政府因为疏忽没有及时意识到火灾的严重性,后来宣布进入紧急状态,调动一切力量灭火。希腊的500多名消防员和300多名军人在火灾现场灭火。同时,政府调动飞机和直升机及车辆投入到灭火战中。由于风助火势,火势迅猛,希腊本国力量已难以应对,希腊政府要求欧盟提供支援。欧盟启动民事保护机制,调动飞机前往希腊森林火灾区灭火。法国和意大利各派遣2架灭火飞机前往支援。西班牙、塞浦路斯、奥地利以及邻国土耳其也表示派灭火飞机或直升机支援。俄罗斯也宣布派遣2架灭火机前往希腊。希腊公共秩序部27日也表示,正在考虑是否将蓄意纵火纳入恐怖主义行为。当地反恐检察官宣布,他们将就这一案件进行初步调查。

3. 民众的反应。民众指责政府应对不力,称政府的纵火说法为"找借口"。据报道,2 000多名抗议者27日晚在雅典举行了示威游行。抗议者批评政府对火灾应对不力,要求内阁下台。有批评家指出,政府有关火灾是由纵火者所为的说法是在推卸责任。因为这次火灾最初只是小范围的火情,后来却在如此广阔的地域迅速蔓延,政府重视程度不够和各部门协调不力难辞其咎。此外,政府并没有有效地利用媒体和其他通讯手段向灾民传达最新灾情和自救方法,在一定程度上加重了混乱局面和人员损失。报道指出,由于缺乏统一的调度指挥,人们根本不知道究竟该逃离还是该协助救火。而逃亡道路上交通混乱不堪,许多人被堵在路上,耽误了宝贵的撤离时间,结果被大火烧死。

4. 火灾的损失和后果。据报道,此次希腊森林大火造成的人员和财产损失十分惨重,至少63人在此次火灾中丧生,3 000多人无家可归,还有不少居民的房屋全部被烧毁。据初步统计,被烧毁的森林面积达4 000至6 000公顷,完全恢复至少需要250年的时间。

5. 自然原因。专家分析指出,如此猛烈的森林大火,同近段时间希腊持续出现的高温、干旱和大风天气有着直接关系。这起发生自21日的森林大火,已吞噬1.5万公顷林地、农田和橄榄树园,一些居民住宅也被烧毁。23日大火从北部的马拉松地区直逼雅典,最近的火头离首都雅典市只有10公里至20公里。希腊消防队员和军队士兵奋力灭火,但由于风大物燥,一些火点被消防人员扑灭了,大风又助一些老火点复燃或出现新的火点。

在这次大火中,政府的应对乏力,致使民众对政府应采取的行动有更大的期待。希腊最大反对党"泛希腊社会主义者运动"(PASOK)强烈抨击内阁,认为:"他们无法保护人民的生命财产和家园,现在是希腊人民重新选择一个能保证给予他们安全、信心和希望的强有力政府的时候。"这场大火,不仅给希腊造成重大的经济损失,对政府形象也是十分不利,以致最后出现内阁辞职的结果。

政府就是一个为公民服务的机构,因此对于公共事件必须采取果敢有效的措施,以避免对人民生命财产造成危害。在实践中,政府不但要调动有关人员维持秩序,统一调度指挥,还要积极借助媒体对事件进行追踪报道,让群众及时了解情况。这样多管齐下,才能达到解决危机处理好事件的目的。

三刻拍案

三刻拍案中,拍案一北美大停电政府公关是本案例组合的主案例,结合以上案例,再加上拍案二、拍案三的两个案例分析,读者将会对政府危机公关有更进一步的认识,了解和掌握政府在事故灾害发生时进行危机公关的一些策略。

拍案一　北美大停电政府公关

2003年8月14日,在世界经济和工业头号强国——美国,发生了一件让美国人也让全世界人意想不到的事故,这场事故令所有人都猝不及防。

美国东区时间8月14日下午4时许(北京时间8月15日凌晨4时),作为美国经济心脏的纽约市突然发生罕见的大面积停电,整个纽约顿时陷入黑暗之中,电力的突然中断使得现代金融中心的纽约一下子陷入了瘫痪,整个城市的活动顿时中断,家用电器、办公设备、交通工具等都无法运行,致使商家停业、厂商停产、地铁停驶、交通阻塞、班机延误。大停电发生时,纽约曼哈顿林立的摩天大楼中有数万人正在上班,35万多人被困在各区的电梯和地铁内。许多人被困在黑暗闷热的电梯里多达十几个小时才被救出,大停电造成成千上万的纽约人露宿街头,生活十分不便,甚至连上厕所的地方都没有。据当时纽约市政厅的估算,大面积停电引起地铁、隧道、桥梁关闭,商家停业,仅在税费上就使纽约损失了近5 000万美元。

同时,突然的停电也导致了一系列的突发状况。据统计,停电当天,纽约市发生了60起严重火灾,电梯救援行动多达800次,紧急求救电话接近8万次,急诊医疗服务求助电话也创纪录的达到5 000次。政府在大停电期间动用了上万名警察和国民卫队执勤,需支付的加班费在500万～1 000万美元之间;另外,市政府还要支付2 000多万美元垃圾清扫、修理受损公用设施的费用;而加上各行业的营业收入损失,按当时纽约市审计长汤普森的估计,纽约市的各种损失总计将近8亿到10亿美元。纽约市陷入自"9·11"恐怖袭击以来最为惊慌失措的状态。

然而,受到此次停电事件影响的不仅仅是纽约,大停电事件影响范围非常广泛,美国6个州属,加拿大东南部大部分地区电源皆被中断。与纽约同时遭遇停电危机的还有地处美国东部的底特律、克利夫兰和波士顿等几大城市,以及与这些城市使用同一个供电网络的加拿大渥太华和多伦多。这次大停电持续了近30个小时,影响了美国东部和加拿大南部大约9 300平方公里的区域,成为有史以来对美加两国影响最大的一次停电事故。

美加发生的大规模停电事故震惊世界,此次停电事故事发突然,影响广泛。但是,在此次事件中,却没有发生严重的混乱和治安问题,也没有因为交通和电梯等意外事故造成死亡。此次事件中纽约市政府的危机应对措施以及纽约市民的表现,都是值得称赞的。

第一,及时公布信息,稳定社会情绪。停电初始,大多数纽约人第一反应是又一次的恐怖袭击,导致不少人陷入恐慌情绪。但纽约市市长布鲁姆博格在停电后半个多小时后就举行了新闻发布会,向市民宣布这是一场事故,与恐怖袭击没有任何关系,电力很快将会恢复。此后,市长多次通过电台广播将最新的信息及时传达给黑暗中的纽约市民,这对稳定民心、协调全市救灾起到了至关重要的作用。

第二,政府迅速行动,启动应急计划,积极应对事故灾害。纽约市在停电后立即宣布进入紧急状态。纽约市警察局启动了"9·11"后制定并演练过多次的紧急方案,立即增派大量警力上街巡逻,数千名警察迅速奔向各重点目标进行警戒,在重要路口指挥混乱的交通,将道路上拥挤不堪的人群分散以防发生意外,警员还在政府的统一部署下密切关注证券交易所、桥梁、大厦等重要地点。纽约市紧急事务管理办公室启动了其下属的紧急行动中心,协调警察、消防和医疗等部门进行救灾抢险。

第三,保持沟通机制畅通,快速有效地回应市民求助。作为在紧急状态下民众和政府联系的纽带,纽约市911紧急事务电话系统和311便民电话系统在救援行动过程中始终保持畅通,纽约市警察、消防和卫生部门在14日和15日两天的时间里对15万个求救电话及时作出了回应。

第四,民众的从容应对是纽约快速缓解危机的又一保障。纽约市民在这场事故中表现出良好的素质,这成为断电危机中的一大"亮点"。大规模停电发生后,多数市民并未惊慌失措,即使是被困在电梯和地铁内的数十万名乘客,也都耐心地等待救援,因此在疏散过程中未发生任何拥挤踩踏事件,没有导致连锁灾难的发生。许多写字楼、商店等建筑内的人都在公共广播系统的指导下,有序地进行了疏散。一些市民在发生交通堵塞后,自发地指挥交通。由于停电导致交通信号灯熄灭,开始纽约路面上一些车辆无视警察的指挥纷纷抢道,造成交通混乱。但很快许多市民自发在路口担任临时指挥,交通秩序恢复正常。在停电后约30小时里,纽约发生近70起火灾,但全部被及时扑灭。据统计,在这次停电事故期间,全纽约只有850人因各种罪行被拘留,比平时平均每天950人被拘留的数字还低些。《纽约时报》17日发表文章分析说,纽约人公民意识的形成归因于纽约市长期的经济繁荣、政府维护治安的强硬政策以及"9·11"事件后形成的互相关爱的社会风气。

总之,停电事故发生后,政府、公众和企业在救灾过程中密切配合、各尽其责,有条不紊地将整个城市带出了危机。

点 评

纽约应对危机的情况表明,大都市必须具有完备的应急机制,一旦发生恐怖袭击或严重自然灾害,政府可在极短的时间内将其启动,把灾害造成的损失降到最低。纽约人从容应对停电事故离不开政府平时对

防灾意识的反复提倡。纽约市紧急事务办公室在其网站上公布了该市平时可能遭遇到的灾害,说明应对措施,告知从住宅、地铁、高楼等地撤离时的注意事项。此外,该办公室还和纽约的学校、企业等合作,定期举办防灾演习。这些形成了人们应对危机的良好心态,提高了公众和商业机构应对危机的能力。危机随时可能发生,所以政府平常就要建立危机预警、应对、救助等危机处理系统工程。平常还要注意与其他单位、企业的合作,加大对群众的危机防范、应对知识的宣传。政府主导,其他单位、企业配合,群众不加慌乱的协助,如此才能更加从容稳妥地处理好突发性的事故灾害。

拍案二　1979年浙江某厂氯气中毒事件中的技术保障支持

1979年9月7日下午13时55分,浙江某厂发生液氯钢瓶爆炸事件,大量液氯气化并迅速扩散,波及32个居民区和6个生产单位。临近省市组织了90余位医务人员组成12支医疗队陆续到达现场,参加了抢救工作。当时该厂所在市没有职业中毒防治机构,没有专职医生,各医院都缺乏氯气中毒的抢救知识。短时间内,上千名中毒患者被送到各个医院,医生没有思想准备,抢救药品、器械不足,工作秩序混乱,治疗效果较差,在短短几个小时内就有几十名中毒病人死亡。经过从中央到地方的各级行政和技术人员组成的专门的指挥部协调救援工作后,厂区周围人员全部疏散,共有8万人撤离了危险区。本次事故共死亡59人,其中现场死亡18人,另外41人均为氯气中毒死亡。

该厂发生的液氯钢瓶爆炸事件,之所以会导致如此严重的人员伤亡,就是由于人们普遍缺乏中毒救治经验,即使是医院和医疗人员也缺乏专业的氯气中毒抢救知识。当上千名患者被紧急送到医院时,各医院医生没有任何思想准备,医院的抢救药品和抢救器械也不足,导致工作秩序混乱,治疗效果很差,致使很多额外的人员死亡。应对高技术突发事故灾害,高技术的救灾队伍和专业的救灾物资与设备都是必不可少的。

点 评

  社会的发展不仅体现在经济的日益繁荣上,也体现在科学技术的进步上。社会生产随着科技的发展日益技术化、复杂化,高技术含量的电子工厂和化工厂越来越多,在带来巨大生产力和社会效益的同时,也蕴含着巨大的灾难风险。其中最典型的例子就是核电站的建设,虽然安全系数已经十分可靠,事故发生几率很低,但是一旦稍有疏忽发生意外,其影响将是常规事故灾害所难以相提并论的,应对起来也将十分棘手。因此政府不仅需要应对社会公共活动中的常规安全隐患,也需要提高应对高技术突发事件的能力,加强各重点生产单位的安全监督,提高生产单位和工人的安全意识,提高医疗人员的知识水平和医疗救助水平,以充分应对那些技术生产单位或在公共社会中经常接触到的各种安全隐患。

拍案三 市场快速反应系统保障居民生活必需品的正常供给

  商务部于2003年11月公布了《突发事件生活必需品应急管理暂行办法》。生活必需品市场异常波动,是指因突然发生的严重自然灾害、公共卫生事件、战争、恐怖袭击或其他事件,造成肉类、蔬菜、蛋品、奶制品和卫生清洁用品等生活必需品供求关系突变,在较大范围内引起抢购,导致价格异常波动或商品脱销的状态。
  该办法规定了在生活必需品市场发生异常波动时应该采取的五项具体措施:一是通过及时向社会发布市场供求信息引导消费;二是通过大型流通企业已建立起来的供应链、连锁网络组织将应急商品投放市场;三是区域之间进行应急商品余缺调剂;四是动用国家和地方应急商品储备;五是在国内资源不足时迅速组织进口等。商务部将负责建立全国统一的城市生活必需品市场异常波动检测预警系统,并负责发布市场异常波动警报,该办法规定的市场异常波动分为"红"、"黄"两级。黄色预警为二级,它是指一个省、自治区、直辖市较大范围内或一个计划单列市、省会城市的市场异常波动,发布黄色预警警报,启动发生地省会城市以上应急预案,做好在全国范围内启动应急预案的准备。红色预警为一级,它是指全国或跨省、自治区、直辖市的市场异常波动,发布红色预警警报,启动全国市场异常波动应急预案。

2003年11月前后全国各地市场上粮食开始涨价,与此同时,副食品价格上扬。粮油涨价波及白酒平均涨幅为20%。2003年10月中旬,北京部分粮、油、肉、蛋、菜等商品批发、零售价格有所上升,并在10月26—28日达到价格最高点,随后逐步回落,并稳定在一个新的价格平台上,就是得益于市场快速反应监控系统的建立。经过这次"粮油涨价"风波后,北京市商务局马上启动了市场快速反应监测系统,随后组织部分商业企业进货,平抑价格,使市场货源能保持充足,并没有出现所谓的抢购现象。北京市商务局建立的快速反应监测系统,主要是对商品的当日交易量和商品价格进行有效监控,为政府部门调控市场平抑价格提供有效而科学的依据。

点 评

社会基本生活保障是人们生活稳定的必要条件,尤其是居民生活必需品的保障是不容忽视的。如果是在一个投机盛行、物价飞涨、市场秩序混乱的社会里,人们会普遍感觉不安,而这种不安进一步加剧市场上的恐慌情绪,又会反过来导致市场的混乱,形成恶性循环。社会事故灾害的突然发生,往往都会伴随着社会一定恐慌,若是关系到市场上的某种商品或某类商品,例如在SARS肆虐期间的板蓝根,在哈尔滨水污染事件中的纯净水的销售,立即会产生公众哄抢和商家投机的行为,导致市场的混乱,给社会造成极其恶劣的影响。因此,政府在社会日常管理过程中就要加强社会基本生活保障机制的管理,有效监控社会和市场的异常波动,防止不良投机厂商借社会灾害发不义之财,避免事故灾害发生后社会的剧烈波动。一个城市或一个地区要建立市场监测点,一个国家要形成一个市场监测系统,做好充分的准备并制定好危急时刻的应对措施,在社会危机到来之时才不会导致社会普遍的恐慌,陷入集体的无序状态。

回味隽永

从以上多个案例的分析阐释中,可以看出应对事故灾害政府要重点做好以下几方面工作。

第一,现场应急处置。在事故灾害发生时,政府和安全部门必须迅速展开现场应急处置,这是避免灾害造成严重影响和损失的最重要的环节。首先是现场人员和财物的疏散和转移。在事故危机发生的情况下,把处于危险环境中的受害者和潜在的受害者转移到安全的地方,是一项非常重要的工作,在人员的生命安全受到严重威胁的情况下,这项工作是危机应急处置的核心内容。灾害性事故危机持续的时间长短不一,无论出现哪种情况,都必须有专门部门组织人员和财物的疏散和转移;其次是维护现场秩序。事故危机现场秩序的维护是有效应急处置的重要部分。当突发的事故发生时,在事故现场的公众经常会出现惶恐和秩序混乱的情况,盲目逃生,大伙的蜂拥无序导致更大的恐慌,陷入恶性循环。因此,为了控制现场,尽快救助受害人脱离危险,防止灾害性事故危害的扩散,必须积极维护现场秩序,组织人员迅速有序地撤离;最后是保护现场。灾害性事故危机发生的原因和性质在应急处置阶段尚不明确,还需要进一步调查,而危机调查工作依赖于现场信息的搜寻。因此,完全有必要把灾害性事故危机的现场保护起来,以有利于收集危机现场的信息,分析判明危机的性质和原因。政府应当增强保护现场的意识,积极地组织保护现场,其他参与应急处置的部门和机构也必须增强这方面的意识。

第二,妥善做好善后工作。事故发生后,难免会出现一些财物损失和人员的伤亡,使受害人情绪容易激动或陷入极大的悲伤之中。然而,事故发生的事实已经无法改变了,但可以改变的是人们对事件的看法。政府要积极行动,及时与危机事件的受害者进行沟通,明确应该承担的责任,并诚恳致歉,安抚受害者和受害者家属的情绪,认真听取受害人的意见和要求,并适时答复,适当给予补偿和帮助,以诚意来取得公众的认可和宽容,确保事故善后处置工作的顺利进行,防止危及社会稳定。

第三，总结经验教训，完善灾害应对预案。一场事故灾害的发生和解决不能只针对一事一时，危机过去了就抛于脑后，必须对危机处置情况进行全面调查和评估，并将检查结果写成书面报告，及时总结经验教训，找出危机处置中的薄弱环节，不断完善相关机制。政府或应急部门在灾害性事故危机发生时应迅速启动灾害应急预案，因此政府在平时就应做好各种预案的准备工作，根据危机预测制定可能发生的危机反应预案，做到有备无患。预案应该尽可能周密、详尽，并根据情况变化作出适时修改。另外，应对事故灾害中救灾人员、医疗人员、救灾物资和技术能力重视起来，只有这样才能在事故来临时做到迅速有序，保障有力，减少事故灾害损失。

第二十篇

领导者个人形象公关
——从关注民生说起

　　领导者，在国家的发展中有着至关重要的作用，然而，不同于其他主体，他们有着自身主体地位的特殊性。他们既是目标的决策者和政策的制定者，又是社会主义事业的建设者和实践者；既是引导群众的教育者，又是群众的学习者。在领导者身上，权力、责任、义务三位集于一体。这种特殊的地位，使得领导者个人形象公关显得尤为重要，如何能更好地履行领导者的职能，通过运用传播手段与社会公众建立相互了解、相互适应的持久联系，从而达到在公众中树立良好的形象的目的，以争取公众对自己工作的理解和支持，是领导者个人形象公关关注的问题。

温家宝映秀镇答记者问

2008年9月2日上午,中共中央政治局常委、国务院总理、国务院抗震救灾总指挥部总指挥温家宝,在汶川大地震震中——汶川县映秀镇慰问受灾群众后,就近在居民安置点举行了一场"记者招待会",就灾区重建工作回答了记者的提问。

温家宝总理回答的记者提问主要涉及了以下几个方面:

一、前一阶段抗震救灾工作的内容。

第一,千方百计抢救被困人员,把救人摆在第一位;

第二,在衣、食、住、医方面妥善安置了灾区群众;

第三,抓紧恢复基础设施,这是保障民生、恢复生产的关键所在;

第四,派出了大批医疗队,以确保大灾之后无大疫;

第五,应急处置次生灾害,其中成功处理了唐家山堰塞湖,没有造成任何伤亡。

二、灾区重建工作的方针和目标,即要以人为本、尊重自然、统筹兼顾、科学重建,用3年的时间基本使灾区的生产生活条件得到恢复,争取超过震前;使灾区的基础设施、公用设施和生产能力得到恢复,而且有比较大的提高。

除此以外,温总理还就一些具体的问题做了更为详细的回答,如随着天气转凉,如何确保群众的用水,保温避寒等。

"记者招待会"历时约40分钟,有10多家中央和地方新闻媒体的记者参加。

在汶川地震发生的当天下午,温家宝便乘专机抵达四川成都,赶往地震灾区,指挥抢险救灾工作。2008年9月2日,在汶川大地震过去110多天,灾区大规模恢复重建工作即将展开之际,温家宝总理慰问了汶川县映秀镇受灾群众,就近召开了"记者招待会",其中体现的温家宝个人形象公关的几大亮点是值得我们注意的。

亮点一,以民生为重。温家宝,作为国务院抗震救灾总指挥部总指挥,在抗震救灾中,把救人摆在第一位,指出只要有一线希望,就要用百倍努力,绝不放弃。这样一共从废墟中救出8.4万人。并且他密切关注灾区人民的衣、食、住、医,共转移安置群众1500万人,救助1000万人,抢救伤员近300万人,入院治疗的9.6万人。从而使得老百姓的生活基本上得到了妥善的安置,比起100多天以前的映秀镇情况有了较大的改观。此外他还指出要抓紧恢复基础设施,修复基础设施,是保障民生、恢复生产的关键所在。

亮点二,凝聚人心。地震发生后,民房和城市居民住房的损失占总损失的27.4%,因此住房问题,应是灾区人民最为关注的问题。温家宝总理在回答记者问中,指出当前最急需解决的问题之一便是城乡倒塌和受损住房的重建工作。根据已经制定的政策,准备在农村,通过中央政府和地方政府补助,银行发放优惠贷款,以及群众自筹资金,三方的共同努力,争取用一年多的时间把房子盖好。此外,温家宝总理还针对灾区人民如何温暖过冬的问题,提出了一系列的解决方案。温家宝这一系列举措无疑给灾区人民吃了一颗定心丸,让灾区人民在绝望中又点燃了一线希望之火,温暖了受灾人民的心灵。

亮点三,以科学理论为指导原则。灾区大规模的重建是一件异常艰巨而又繁重的工作,因此灾区的重建工作必须要以科学理论为指导,不能盲目行事。温家宝总理在重建工作中确立了以人为本、尊重自然、统筹兼顾、科学重建的方针,以及制定了灾区重建工作的目标,即要用3年的时间基本使灾区的生产生活条件得到恢复,争取超过震前;使灾区的基础设施、公用设施和生产能力得到恢复,而且有比较大的提高。科学的重建方针,实际合理的重建目标,必然会推动灾区重建工作的成功、顺利展开。

亮点四,树立了良好的个人形象。温家宝总理在四川地震灾害中用自己的实际行动,向四川人民、全国人民、全世界展现了一位亲民、爱民,为群众尽实心、办实事的中国政府领导者的形象,给了灾区人民重建家园极大的鼓舞和动力,增强了全国人民对政府的信任和信心,加强了中华民族的凝聚力,而且也赢得了全世界的赞许。《纽约时报》指出"关键时刻中国政府反应迅速","温总理对灾区群众高度关切的形象和他亲临第一线的鲜明姿态一次次出现在电视屏幕上,与其他一些国家发生灾害后政府的迟缓表现形成了鲜明对比。中国领导人的努力证明了在关键时刻中国政府能够做到反应迅速。"

史镜今鉴

温家宝总理之所以能在全国、全世界树立一个良好的政府领导者形象,关键一点在于他以民生为重,关心百姓的衣食住行。自古以来,凡以人民为重,体恤人民,使人民的衣食住行得到保证的领导者,大都会受到人民的拥护和爱戴,反之,则会被人民推下历史的舞台,这在历史上并不少见,其中,商纣王暴虐失天下便是一个典型。

商纣王,为商代第三十二位帝王,也是商朝最后一位帝王,名辛,史称为纣王,"纣"有残义损善之义。据《史记》记载,虽然纣王"资捷辨疾,闻见甚敏;材力过人,手格猛兽",然而他耽于酒色,宠爱妃子妲己,对其言听计从,置朝政于不顾,使皇宫整日充斥着丝竹管弦之音。此外他加重税负,广敛百姓钱财,用于修造鹿台等奢华场所,以供自己玩乐,并以收养鸟兽为喜好。其中,最令百姓怨声载道的是纣王肉林酒池的建造,他让男女全裸追逐其中,自己则在一旁观看,伴以终日饮酒,淫糜颓废。百姓如对纣王有怨恨责怪之意,纣王便用严刑加以惩戒,其中最严酷的刑罚莫过于炮烙之法。面对纣王的种种劣行,大臣比干向纣王强谏,然而却遭到了纣王剖心,不幸丧命,自此朝野上下一片沉寂。纣王的暴行使其渐渐失去了民心。与此同时,西周武王姬发韬光养晦、励精图治,西周国力渐盛。公元前1046年正月,周武王统率兵车300乘,虎贲3 000人,甲士4万5千人,浩浩荡荡东进伐商。在向朝歌进军的途中,周师没有遇到任何商军的抵抗,开进顺利,仅经过6天的行程,便于二月初四拂晓抵达牧野。商纣王仓促部署防御,武装了大批奴隶,连同守卫国都的商军共约17万人,由自己率领,开赴牧野迎战周师。然而商军中的奴隶和战俘心向武王,这时便纷纷起义,掉转戈矛,帮助周帅作战。于是商军十几万之众顷刻土崩瓦解。纣王见大势尽去,于当天晚上仓皇逃回朝歌,登上鹿台自焚而死。周军乘胜进击,攻占了朝歌,灭亡了商朝。

纣王本来具备成为一个好的领导者的先天条件,他"资捷辨疾,闻见甚敏",但是他忽略了领导者个人形象公关一个重要的方面,即要以民生为重。渐渐被酒色迷惑的纣王,不仅将国事置于一旁,不管百姓的生活、生产,反而处处盘剥百姓,增加百姓的税负,用于修建自己的玩乐场所。纣王的这些行为,不是在为百姓办实事,谋实利,相反,他为了一己私欲,极大地损害了百姓的实质利益,招来百姓对他的不满,使得商朝人心涣散,民心缺失,促使了商朝的灭亡。

纣王失民心,失天下,与其形成鲜明对比的是唐太宗李世民,他深刻明白人民是水,君主是舟的道理,时时强调要以民为本,从而迎来了大唐一代盛世。

唐太宗李世民(599—649),是唐朝第二位皇帝,其名字具有"济世安民"之意。他开创了历史上的"贞观之治",使大唐呈现出了繁荣鼎盛的局面。在李世民统治期间,他采用了"安百姓"、"重人才"、"强政治"的治国思想。一是唐太宗认识到了统治者与人民是"舟与水"的关系,正如魏征所说"民,水也;君,舟也。水能载舟,亦能覆舟。"故唐太宗强调要以民为本,在太宗即位之初,他便下令轻徭薄赋,让老百姓休养生息,通过土地赋税制度的调整达到了"安百姓"。二是他认识到了重用人才,虚怀纳谏的意义。在用人上,他知人善任,从谏如流。太宗在位的20多年,进谏的官员不下30余人,其中大臣魏征一人所谏前后200余事,数十万言,皆切中时弊,对改进朝政很有帮助。以此唐太宗营造出了政治清明的氛围,保证了较为开明正确的政治、经济、民族、外交、文化上的政策得以制定和实施。三是加强政治,完善三省六部制和科举制,以巩固中央集权,提高行政效率,扩大统治基础。此外,唐太宗十分注重法治,执法时铁面无私,但量刑时又非常慎重,尤其表现在死刑的运用上,他认识到人命至重、不可妄杀,规定死刑需三复奏(外地五复奏),复审批准后方可行刑。并且他还积极倡导廉政、节俭、朴素,使得官员奉公守法、廉洁自律,在当时的社会形成了一种朴素求实的作风。

总之,唐太宗以民为本的思想,广开言路,虚怀纳谏的胸襟;重用人才,唯才是任的准则;铁面无私,依法办事的气度;廉洁自律,朴素求实的做事风格,使他成为一代明君,广为后人称赞。

唐太宗李世民与纣王截然相反。第一,他懂得人民的重要性,深刻明白水与舟的关系就恰如民与君的关系。他轻徭薄赋,让百姓得以休养生息,使人心得到了极大的安定,社会生产力得到了极大的恢复。并且在适用刑罚上,他格外关注人命,死刑需反复奏审方可执行,正因为他如此爱惜百姓，百姓也更加的拥护和支持他。第二，他虚怀纳谏，善于听取贤臣的意见和规劝，具有早期民主意识的萌芽，这对于一个封建社会的君主来说是难能可贵的，而对于当代的政府领导者来说也同样具有更重要的意义，其直接影响着该政府领导下的群体的凝聚力，以及共同克服工作中所遇到的困难的信心和勇气。第三，他倡导廉政、节俭、朴素，这同样是当代政府领导者所应学习与追求的，一个形象良好的领导者必须能够守得住底线，做到一心为民，不为金钱和私欲所诱惑。在这个案例中，除了唐太宗的以民为本思想能够给我们启示外，他的民主意识，廉政节约的思想，同样是值得我们学习和借鉴的。

在中国历史上以民为本的统治者受到了后人的称赞和学习，同样，在国外历史上，那些关注人民生活，保障人民权利的统治者也被后人载入历史的伟册中。

托马斯·杰弗逊(1743—1826)，为美利坚合众国第三任总统，同时也是美国《独立宣言》(1776年)主要起草人，及美国开国元勋中最具影响力者之一。由于深受多名欧洲启蒙思想家见解的影响，尤其在政治原则上深受约翰·洛克"不可转让之权利"与"人民主权"的影响，杰弗逊相信，人皆拥有"某种不可转让之权利"，即无论政府是否存在，人所拥有，不可创造、夺取或转让的基本权利永存。而杰弗逊在其任期内也确实为争取、主张人民的权利做出了努力和贡献。作为《独立宣言》的撰稿人之一，他曾在序文中写到"以下事实神圣不容否认：人生而平等且独立自主；平等而生并取得无可转让之权利，包含维持生活、自由与对幸福的追求……任何形式的政府，若坏此标的，则人民有权改组或废弃之，并另立本诸前述原则所组织而成之新政府形式，一如人民应以最大努力追寻安全与幸福。"并且对于奴隶制度，杰弗逊持反对和批评意见。1778年，弗吉尼亚州议会通过了他的一项提案，该州禁止输入奴隶。1784年，杰弗逊在西北地域法令初稿中规定，自西北属地中新加入联邦的州"既不可蓄奴，亦不可奴役非自愿受者"。总之，杰弗逊积极主张人民的权利，"杰弗逊式民主"便因他而得名。他创立并领导的民主共和党，成为今日民主党之前身，统治了美国政治达四分之一世纪。

以上三个案例，从正反两个角度，反映了一个共同的问题，要想树立一个良好的政府领导者形象，就要以民生为重，以人民为依托，为人民多做实事，多谋福祉，使人民生活稳定，生活水平提高。

三刻拍案

拍案一　心系百姓，关注民生——社会建设引发的公关思考

在人民心中树立了良好形象的领导者，必然能做到以人为本，始终把最广大人民的根本利益作为一切工作的出发点和落脚点，并能"正确处理新形势下人民内部矛盾，认真解决人民群众最关心、最直接、最现实的利益问题"，因此如何能处理好民生问题是工作中的重中之重，也是构建和谐社会的一个重要问题。

关于如何解决民生问题，胡锦涛总书记在党的"十七大"报告中做过明确的阐述：要推进社会体制改革，扩大公共服务，完善社会管理，促进社会公平正义，努力使全体人民学有所教、劳有所得、病有所医、老有所养、住有所居，推动建设和谐社会。以此为基础，胡锦涛总书记提出了加快推进以改善民生为重点的社会建设的六大任务。

第一，优先发展教育，建设人力资源强国；第二，实施扩大就业的发展战略，促进以创业带动就业；第三，深化收入分配制度改革，增加城乡居民收入；第四，加快建立覆盖城乡居民的社会保障体系，保障人民基本生活；第五，建立基本医疗卫生制度，提高全民健康水平；第六，完善社会管理，维护社会安定团结。

首先，"教育是民生之基"，"教育"是强国富民的基础。对于一个国家来说，教育可以提高国家的国际竞争力；对于一个家来说，教育可以通过提高人的知识水平，改进人的思维方式，让人用知识创造财富，使家逐步脱离贫困的困扰。正是因为教育切实关系到人民的生活质量能否提高的问题，所以要把教育放在优先发展的战略地位，加大教育投入，加强农村义务教育，切实落实"两免一补"，解决进城务工子弟上学难等问题，让孩子们都能无忧无虑地读书，让家长们不再为学费发愁。

其次，"就业是民生之本"，"就业"是人民生存和生活的根本。尤其是2009年时值经济危机，就业岗位比往年有所下降，这更使得就业成为一

个要着力关注和解决的问题。而在就业问题中,高校毕业生的就业问题更是其中一个相对突出的问题,2009年大学毕业生数量达600多万,比2008年增加了50多万,因此如何确保大学生的就业率不低于往年,成为国家教育部门重视的一个问题。此外还要大力解决好农村富余劳动力,复转军人、新增劳动力等群体的就业问题,以"劳动者自主择业,市场调节就业,政府促进就业"为方针,实现人人有活干,有饭吃。

第三,"分配是民生之源","分配"是人民休养生息的源泉。要推进分配制度改革,完善以按劳分配为主、多种分配形式并存的分配制度,建立正常的工资增长机制,通过"扩中、提低、限高",缩小贫富差距,形成"两头小、中间大"的分配格局,让广大人民群众都过上好日子。

第四,"社保是民生之依","社保"是人民生存和发展的依托。就是要把老百姓都装进"保险箱",完善和健全养老、失业、医疗等社会保障机制,落实城镇居民最低生活保障;探索建立农村养老、医疗保险和最低生活保障制度;大力加强对特殊困难群众的救助,确保弱势群体的生活底线,使人民群众老有所养,病有所医,居有其屋,衣食无忧。

其中,在党的"十七大"报告中,胡锦涛总书记单独将医疗卫生作为改善民生的一个方面,可见医保有着特殊的意义和非常的作用。建设中国的国民医疗保障体系对于民生促进、经济发展和经济增长,都有着重大的意义和贡献。在2009年4月6日中国政府向社会公布了国家医疗卫生体制改革的方案,这是自1949年新中国成立以来,国家最系统、最认真、最全面地尝试设计全民医疗保障体系的蓝图。

第五,"稳定是民生之盾","稳定"是人民安居乐业的可靠保障和坚强后盾。"稳定压倒一切。""利莫大于治,害莫大于乱。"就是要重视社会稳定工作,健全社会矛盾纠纷处理机制,排难解纷,把各种矛盾化解在萌芽状态,加强社会治安防控体系和综合治理,依法严厉打击各种刑事犯罪,争取社会治安状况的根本好转,增强人民群众的安全感。

由此可见,胡锦涛总书记所提出的教育、就业、分配、社会保障、医疗制度、社会安定团结六个方面都与人民息息相关,切实关系到了人民的根本利益问题。胡锦涛总书记在构建和谐社会中,着力解决民生问题,是在为人民做实事。然而民生问题的真正解决并不是一朝一夕的事情,胡锦涛总书记将民生问题放在社会建设重中之重的地位,表明他已经做好了长期解决民生问题的准备,这更表明胡锦涛总书记是一切从实际出发来决定和处理问题,而不是急功近利,搞官僚主义和形式主义。胡锦涛总书记是一心一意为了老百姓抓实干,正所谓为官一任,造福一方,改善民生给老百姓带来的实实在在的利益和幸福,必然会使胡锦涛总书记得到人民更多的信任和拥护。

 点 评

  作为公共部门的领导者,各级人民政府领导人要能够真正展现公关的力量,都要切实地做到以民为本,在工作中一方面要随着时代的发展变化,不断地用知识来武装自己,使自己跟上时代的步伐,当遇到问题时,不急、不躁、不放弃,保持一种坚忍不拔、奋发向上的精神状态;另一方面还要实事求是,脚踏实地,多解决人民生活中的实际问题,想人民之所想,急人民之所急,为人民多做实事,改善人民的生活环境,提高人民的生活质量,做人民的好公仆,树立政府领导人的好形象。

拍案二　人民公仆焦裕禄

  焦裕禄,山东省淄博市北崮山村人,1922年8月16日出生于贫农家庭,1946年1月加入中国共产党,同年参加县区武装部工作。解放战争后期,焦裕禄随军离开山东,到河南尉氏县工作。1953年到1962年,焦裕禄在洛阳矿山机器制造厂担任车间主任、科长。1962年12月,焦裕禄被调到兰考县先后任县委第二书记、书记。他上任之后带领全县人民进行封沙、治水、改地的斗争。焦裕禄身先士卒,以身作则;风沙最大的时候,他带头去查风口,探流沙;大雨瓢泼的时候,他带头踏着齐腰深的洪水察看洪水流势;风雪铺天盖地的时候,他率领干部访贫问苦,登门为群众送救济粮款。他经常钻进农民的草庵、牛棚,同普通农民同吃同住同劳动。他把群众同自然灾害斗争的宝贵经验,一点一滴地集中起来,成为全县人民的共同财富,成为全县人民战胜灾害的有力武器。

  焦裕禄对同志对人民满腔热情。他常说,共产党员应该在群众最困难的时候,出现在群众的面前;在群众最需要帮助时候,去关心群众、帮助群众。他的心里装着全县的干部群众,唯独没有他自己。他经常肝部痛得直不起腰、骑不了车,即使这样,他仍然用手或硬物顶住肝部,坚持工作、下乡,直至被县委强行送进医院。

1964年5月14日,焦裕禄被肝癌夺去了生命,年仅42岁。他临终前对组织上唯一的要求,就是"把我运回兰考,埋在沙堆上,活着我没有治好沙丘,死了也要看着你们把沙丘治好"。

点 评

焦裕禄心系群众,在群众最困难的时候,关心、帮助群众。他查风口,探流沙,带头察看洪水流势,访贫问苦,为群众送救济粮款,钻进农民的草庵、牛棚,同普通农民同吃同住同劳动,甚至在临终时仍不忘记治好沙丘的职责……焦裕禄在个人形象公关上充分体现"领导就是服务"的思想,从他对人民满腔的热情中我们可以解读出县委书记这个人们心目中的"官"更多意义上讲是一种职责,一种沉甸甸的责任,它的追求是造福人民,哪怕要付出个人生命的代价。组织领导人的形象直接影响到他所领导集体的形象,焦裕禄忠心耿耿地为党为人民工作的个人魅力感染着人民,因此人们必然对他所领导的政府组织更加支持,他所领导的政府组织因而将具有更强的执行力。

拍案三 为官要为老百姓

梁雨润在夏县任纪委书记的3年间,以查处"大檐帽",不怕丢"乌纱帽"的决心,对执法过程中违法行为坚决查处,处理过大小案件不下200起,解决了许多群众上访和举报中久拖未决的疑难案件。他被当地民众誉为"百姓书记"。

1998年梁雨润刚上任,就变群众上访为干部下访。到任第6天,他就对照一封上访信的地址,上门了解情况,随即成立调查组,7天时间便案情大白。之后,梁雨润专门组织了"抽百人查百案"活动。一时间,这个县拖了十几年甚至几十年的积案,全部被"翻腾"出来,一一得到了解决。当地群众和纪检干部总结出他解决群众问题的"五部曲":流泪听状子,承诺定日子,调查进村子,说服耐性子,处理快步子。2001年3月5日梁雨润调离夏县,上千群众自发地为他送行,现场感人至深。

2003他荣获"感动中国年度人物"。

点 评

梁雨润本着为民服务的思想,矢志不渝地追求着为老百姓办事的政治理想,他切实地解决了人民群众的各种问题,在人民群众心目中树立了良好的形象,人们为他编的"解决问题五部曲"便是他良好形象的外化。有了对领导人形象的一致好评,人民群众自然更加信赖政府,大胆放心地把自己的事情交给人民政府。良好的形象是成功的基石。无数的事实已证明这是条颠扑不破的真理。当然,良好的形象不会自动树立,它需要领导人真诚的自觉塑造自我的形象,必要时可以巧妙地运用各种公关手段,各种公关方法强化个人的良好形象。

回味隽永

领导者个人形象公关意义重大,它直接关系到领导者能否树立良好的形象,如何更好为人民服务的问题。在领导者个人形象公关上,所应坚持的原则和注意的方面众多,但立足于本组案例,纵观中外历史古今的优秀领导者,其身上体现出的个人形象公关技巧虽然不能囊括所有,但已经对现代领导者颇具有启发意义了。

第一,要坚持利益一致性。其主要表现为领导组织与社会公众利益之间的一致性,因此现代领导者组织的一切公关活动都要体现社会公众的利益。在汶川大地震中,中国政府领导者在应对公共危机中首先考虑到的是人民的住房重建问题,基础设施恢复问题;人民公仆焦裕禄和梁雨润都以人民利益为重,工作中深入群众,了解群众实情,解决群众问题。在中国共产党领导下,改善民生已成为了社会建设的重点之一。

第二,要坚持公开透明性。公开透明已成为现代领导展开公关活动必须遵守的一条原则,政府工作的透明度,为政府和公众的双向沟通提供了坚实的基础和依据。汶川地震是 2008 年牵动中国人民心的一件大事,因此如何开展灾区的重建工作不仅仅牵涉到的是灾区人民的利益问题,更是中国政府对全国人民的一个交代。温家宝总理的映秀镇答记者问,通过电视、报纸、网络等媒介,将灾区重建工作的目标和方针公布给灾区人民、全国人民,实现了政府和公众的沟通,极大的稳定了人心,增强了人民对于领导者的信任。

第三,要坚持突出政绩赢得公众。领导者要树立良好形象,必须把功夫下在做好领导工作上,取得突出的实实在在的政绩,这是最基本的途径。焦裕禄把群众同自然灾害斗争经验总结起来,为指导人民战胜灾害提供了重要的参考。梁雨润在任纪委书记的 3 年里,处理了上百件的大小案件,解决了群众们久而未决的难题,切实地为群众做了实事、好事。

总之,各级政府的领导者要高度重视自己的形象,通过运用各种公关技巧,树立一个良好的政府领导者形象。

全心全意为人民服务　争做人民好公仆

——以福州市公交进入一元时代为例

　　政府公共关系不是自然而然形成的，而是积极主动地建立起来的，政府妥善处理好与公众的关系，就会有威望，有利于形成和谐稳定的社会政治局面。而政府如果离开了公众或漠视公众的利益，就失去了存在的价值与可能，因此政府公共关系思想重要内容之一就是"公众至上"，在政府公关中，我们可以将公众至上理解为人民群众至上，即全心全意为人民服务。

开篇导例

国家领导人与亿万网友在线交流

2008年6月20日,胡锦涛总书记通过人民网"强国论坛"与广大网民进行了交流。胡锦涛首先表示:"对于网友们充满期待和希望,我们党和政府非常关注网民的意见和监督,我们需要倾听人民的声音"。据了解,网民们在短时间之内向他提出了近300个问题。虽然由于时间关系,胡锦涛只回答了3位网友的提问,但"强国论坛"上的留言却很快就达到了上千条。得知胡锦涛上网主要是希望从网上了解网民对党和国家的工作有些什么意见和建议后,广大网友倍感欣慰,纷纷表示要将献计献策进行到底。

胡锦涛总书记在网络直播上一出现,那种随和亲民的氛围就深深打动了很多记者和网民,特别是有关"我们需要倾听人民的声音"的讲话使很多记者与网民深受感动。此次交流引起海内外诸多媒体的广泛关注,英国《泰晤士报》、《卫报》,新加坡《联合早报》,台湾《联合报》、《中国时报》,澳门《澳门日报》等海内外媒体都给予了报道。

互联网作为一种新兴的交流平台,以其日新月异的发展速度迅速地拉近了不同国家、不同地区、不同人群之间的距离,以其高度综合性、充分互动性、便捷性等特点,在人们的生活中占据着越来越重要的地位。我国领导人运用互联网这个媒介与广大网友民众交流,了解民情汇聚民智,无疑是一次顺应民心、顺应时代潮流的重要举措,使网友和社会更直接地认识到政府、领导人对网友和社会的意见是非常关注、非常重视的,同时也塑造了与时俱进的政府形象。这也正是本案例最大的亮点之一。

亮点二,我国中央领导人在互联网上与亿万网友交流,自始至终都笑容可掬,看起来很放松,很大程度上缩短了政府与公众的距离,增强了公众对政府的信任感,亲民、负责任的领导人形象被网民广为传诵。中央领导人"触网",极大地激发国人强烈的爱国热情,增强了社会的凝聚力和号召力。

亮点三,中央领导人在互联网上与网友交流使记者与网民深受震动,引起海内外诸多媒体的广泛关注,更有媒体将其称为"破天荒第一遭"。中央领导人"触网"充分展现了我国政府及领导人开放、自信的执政风格。有的评论称,与中国过去总给世界"神秘而不可测"的形象相比,网络时代中国媒体的弱势也将从此改变。"随着网络时代的来临,中国的信息流遍全世界",信息时代中国政府重视民意、与时俱进的国际形象瞬时传遍全球。

古语有云:"酒香不怕巷子深",也就是说好酒的酒香自然而然地能飘到很远的地方,引起人们的注意和购买欲望。然而,这句古语在信息流动速度极快、大众传播盛行的今天,似乎已失去了效力,反而成了"酒香也怕巷子深"。一个负责任的政府,如果不与大众传媒积极互动,获得大众传媒的广泛好评,其形象就很难在短时间内在各个地区传播,并得到公众的认同和理解。

现代新闻传播技术的发展为政府通过公众塑造形象创造了有利条件,灵活使用新闻传播媒体,可以在较少的时间取得广泛深入和持久的公关效果,使公众感受到政府是为民众工作的,从而提高公众对政府工作的关心和拥护。

政府通过公众来塑造形象可以借助于媒体产生广泛的影响,但公众、舆论对政府印象皆是由于与政府有关的客观存在的人、事、物等因素的感受,也就是说政府形象具有客观性。因此,评价一个政府形象的好坏最根本的还是要看政府是否切实地为民众着想,是否为民众办实事、谋实利。只有政府真正造福人民、社会,才会在民众中树立良好的口碑,赢得民众广泛的信任和坚实的拥护。

政府形象的客观性表明良好的政府形象不是通过喊口号或贴标语形成的,它有赖于政府的实际行动。战国时期,齐景公在位多年,早年曾想重操霸业,但不能从始至终,受挫后就消沉起来,生活比较淫糜,内政也很腐败。有一次他问晏子说:"你经常到市面上去,你知道什么东西贵,什么东西贱吗?"晏子回答说:"踊贵而履贱。"踊,是被砍掉脚的人假脚上穿的鞋。当时齐景公滥用刑罚,经常施以刖刑,晏子借此来劝谏齐景公。

这种情形正好为齐国的田桓子收取人心,壮大势力提供了良好的条件。他将粮食贷给民众,比之其他奴隶主贵族相对减轻一些剥削,用大斗借出,小斗收进,虽然自己吃了亏,但却赢得了广大百姓的好评,民众十分感激,大量逃往田氏门下,"归之如流水",田氏把这些人藏起来,并不上报户数,称之为"隐民",逐渐发展了封建的政治经济关系,齐国的政权终于落入陈氏(即田氏)手中。

由此不难看出,政府只有通过踏踏实实的行政,以实事求是的态度为公众谋福利,真正为群众办实事、办好事,为群众所见所闻,才能说服群众,才能得到群众的较高评价。齐大夫田桓子正是关心民众的疾苦,把粮食贷给民众,大斗借出小斗收进,在民众中拥有较高的评价,进而为取代齐国的政权打下了坚实的基础。

但是,政府在行政过程中,要获得公众的认可,也不能孤立的蛮干而忽视与民众的互动。政府也要积极主动地与公众保持密切联系,及时了解公众的需求,重视听取公众意见,使公众感受到政府是为民众而工作的,才能提高公众对政府工作的关心和拥护。乾隆时期的"千叟宴",可以说是我国古代统治者积极主动地通过公众来塑造政府形象的成功案例之一。

千叟宴始于康熙,盛于乾隆时期,是清宫中规模最大,与宴者最多的盛大御宴,其影响力比现在的春节团拜会要大的多。按照清廷惯例,每五十年才举办一次千叟宴。乾隆五十年(1785),四海承平,天下富足。适逢清朝庆典,乾隆帝为表示其皇恩浩荡,在乾清宫举行了千叟宴。宴会场面之大,实为空前,被邀请的老人约有三千名,少数民族和属国使节中的老人均在受邀之列。宴席上,乾隆皇帝还亲自为90岁以上的寿星一一斟酒。据说晕倒、乐倒、饱倒、醉倒的老人不在少数。宴后还赏赐70岁以上老人每人一面"千叟宴"银牌,上书"御赐养老"四字,以示纪念。史载,凭此银牌,各位老者可以在所在地衙门支取养老费用。千叟宴这场浩大酒局,被当时的文人称作"恩隆礼洽,为万古未有之举"。

从这个案例可以看到,乾隆的以民为本的意识,高超的政治手腕,是让人叹为观止的。一个"九五之尊"的皇帝,在自己酒足饭饱之余,还能让天下那些被历代贵族瞧不起的,脚上沾满泥巴衣着布衣的下层老人们,到至高无上的皇宫中来"见见世面",可以说,"千叟宴"不仅彰显了乾隆治理下的太平盛世,也表示了对老人的关怀与尊敬,为乾隆在民间树立了亲民爱民、尊老敬老的政治形象起到至关重要的推动作用。从参加宴席者的角度来看,天下的平民百姓看着自家的老人或身边的老人被贵为天子的皇帝如此尊崇,如此优待,涌动在他们心中的该是怎样一种感动?

树立公众利益第一的观念是开展政府公共关系工作的基本要求,政府工作人员一定要摒弃老爷作风,树立起全心全意为人民服务的观念,将维护公众的利益作为自己工作的出发点,处处体现为人民服务的宗旨。

俄国女皇叶卡特琳娜二世一生以政治作为其生活的最高准则,特别是她当上俄国皇帝以后,对国家更是全身心地投入。在她登基后相当长一段时间里,凡是给她写请愿书的,告状的,请求解决问题的来信和材料她都一一过目,并平反了一大批冤假错案。只要她前往教堂、议会中心或杜马会堂时,沿途便挤满了拦路告状喊冤叫屈的人。有一次,她终于被老百姓团团包围住了。禁卫部队和警察们挥舞着鞭子试图驱散拦路的人,当一个警察扬起鞭子向一位满脸泪痕的人抽去时,人们意想不到女皇会伸出手臂挡住了鞭子,女皇瞪了那警察一眼,老百姓看到这惊人的一幕,马上闪开了,让出一条通道,高呼着"小母亲万岁",目送她步入杜马会堂。

叶卡特琳娜二世亲民、爱民、为民负责的领导者形象使俄国民众产生了信任感、成就感及自豪感,形成了强大的凝聚力。最终,她的统治结束了彼得一世之后的混乱局面,俄国进入鼎盛时期,其政绩博得贵族的赞赏,被授予"大帝"的称号。

以上几个案例给我们这样的启示:政府在实际工作中,只有积极主动的与民众联系,重视民意多办实事,取信于民,把为人民服务的宗旨落实到具体工作中,才能在公众中产生良好的影响,才能通过公众塑造良好的政府形象,进而增进人民群众对政府的信心和好感,提高政府的吸引力、凝聚力和号召力。反之,政府则无法在公众心中拥有良好的形象,而形象欠佳的政府必然会逐渐丧失民心,最终失去存在的基础。

三刻拍案

拍案一　福州公交进入一元时代——为民着想　共享经济发展成果

公交车夏天开空调该不该加收这1元钱,每到夏天,这个话题总是不绝于耳。以前,总拿北京来当做例子,确实,北京便宜的公交费让大家羡慕。现在作为福建省会的福州率先迈出了一大步,福州城区所有公交线路于2009年8月1日免收空调费,空调费免收后,公交空调车夏季期间继续开启空调。福州市迎来公交车一元时代。

福州市公交空调收费自1998年以来,一直实行公交空调期全程2元一票制收费。但夏季加收一元空调费给持卡群众带来不便,同时也增加了群众的出行支出。相关部门反复论证后,决定免收公交空调费。空调期开启空调所增加的直接成本由市财政部门承担,以解决公交企业免收公交空调费后所带来运营成本增加等经营困难,确保公交行业稳定发展。并且,福州将继续加大对公交事业的财政投入和政策扶持力度,加大新购车力度,2009年内全部淘汰公交行业现有欧Ⅰ和非欧排放标准的公交车,增加公交专用车道,不断改善公交服务运作状况,努力提升省会中心城市公交形象,更好地惠及广大群众。

据介绍,取消公交空调费是福州市委、市政府深入贯彻落实科学发展观,迅速落实福建省委领导关于"公交事关普通民众、公交事关城市形象、公交体现政府作为、公交代表城市交通发展的重点和方向"指示精神,大力实施公交优先发展战略,建设宜居城市的一项具体措施。

点评

　　此案例与前文讲到的"齐国田桓子贷粮,大斗借出小斗收进"有异曲同工之处,两者都是为民众着想,通过实际行动,解决民众困难,提高了政府在民众中的美誉度。这也明确说明,我国政府公共关系的一个鲜明特色,即一切从人民利益出发,全心全意为人民服务。

　　政府能否在公众中拥有良好的声誉,往往取决于它能否为人民切实地解决一些实际问题。什么事情最重要,什么事情最迫切,群众心里最明白,领导心里也要最清楚。乘坐公交车,是大多数市民选择出行的方式。在城市居民中,那些每天乘坐公交车穿行于城市中间的大多数人,是城市的主体,关心大多数人最关心的问题,关心他们的切身利益,将城市交通的重点放在他们身上,是构建和谐社会的需要。

　　福州公交免收空调费大大降低了民众的出行成本,这是一次普惠型的让利于民的行动。虽然空调期开启空调所增加的直接成本由市财政部门承担,但民生却因此得到了改善,经常说经济发展成果全民共享,此次福州公交免收空调费就是公众所享的公共财政的阳光。当然,政府财政部门购买类似公交的公共服务,并低价提供给民众,往往受制于财力,没有强大的财政实力做后盾,那也只能是心有余而力不足。公共财政就是为民众提供公共服务的,由人民共享的财产。政府如何支配这一财政并将其最大限度地用之于民事关政府良好形象的建立,万不可小视。

　　只有时刻为民着想的政府才可能在实践中为民服务,才有可能通过了解民众意见倾听百姓声音等途径履行好人民公仆的职责。

拍案二　天津实施实事工程——了解民众意见　做到有的放矢

　　20世纪80年代,天津市政建设与经济发展较不匹配,人民群众生活存在许多实际困难。市政府决心为群众办实事,一件一件地解决落实,样样兑现。1983年,首先为市民办了10件实事,从1984年开始每年坚持为城乡人民办20年实事,到1989年已办了130件。市政府注意利用新闻媒介,向群众通报情况,并发动群众展开讨论,还经常邀请基层的人民代表、政协委员举行对话会,同时,进行千户抽样调查、民意测验,倾听群众意见,在民意测验的每张问卷上都有上百个问题,如今年最满意的十件事是什么,最不满意的十件事是什么,目前最急需解决的十件事是什么,明年要求干的十件事是什么,你对哪个干部最有意见,你认为哪个干部工作最好……问的具体,回答明确。广大人民群众对市政府、市领导的满意程度达92%~99.4%,形成了心齐气顺、政通人和的社会政治局面。

　　天津的市政建设取得了很好的成绩,经验之一就是政府部门和公众保持密切的联系。这不仅对政府决策有好处,而且督促政府干部落实为人民办实事的思想,提高工作效率。天津市政府就是通过经常与人民代表、政协委员对话,进行抽样调查、民意测验等方式,准确了解民众意见态度,做到有的放矢,取得民众支持与信任,从而树立了良好的政府形象。

点评

　　因此,在政府为民办实事、出台事关民生的重大政策或措施前,要充分了解公众的基本意见和态度,制定出符合实际的决策方案,这样,既加强了与公众的沟通了解,又为科学、民主决策提供了前提条件。如果事关民生的决策由个别人、少数人决定,随意性和失误自然难免。

　　另外,政府在为民众做实事时要特别注意"言必信行必果"。如若只给公众"打白条"、说空话,理想与现实的反差就会令公众失去对政府的信心,公众就会对政府产生好大喜功、弄虚作假的印象。这样,政府的形象非但得不到改善,反而会更加负面。因此,政府公关不仅仅是政府信息公开、做表面文章应付式的公关,更重要的是组织指挥经济、文化建设,发展社会福利事业,开展社会公益活动等,真正的为民办实事、办好事,取信于民。只有这样,政府才能得到公众真心实意的拥护支持,才能在公众中树立良好的形象。

拍案三　湖北某市城管打人事件——树立亲民理念加强公仆意识

　　2008年1月7日,湖北省某市城市管理执法局50多名执法人员因填埋垃圾与农民发生冲突,多名村民被打伤,其中62岁的女村民陈某多处软组织挫伤,村民李某鼻梁骨折,另一李姓村民腰椎出现骨折现象。某公司总经理魏某路经事发现场时使用手机对现场情况进行拍摄,被十几名城管执法人员团团围住,进行殴打,从路东打到路中,从路中打到路西。直打得魏某瘫软在地,方才住手,最后魏某被殴打致死。

点评

"城管打人"不仅与建设文明城市格格不入,而且与城管工作本身的职责也相去甚远。这种"城管现象"不得不引起我们的深思。城管部门是政府职能部门中最接近基层群众的部门之一,城管行政执法的水平和执法方式直接影响人民群众对政府机关的评价。城管作为政府工作人员,其形象是政府形象的重要组成部分,在某种程度上可以说是政府形象的具体化和人格化,他们是劳动群众身边的政府,他们形象的好坏,会直接影响到政府的整体形象。

要在公众中树立良好的形象,首先就要提高工作人员的素质,培养其公关意识。这是政府要在民众中树立良好形象的首要前提。培训要包括业务技术的培训,也应包括思想道德及职业道德的培训。提高其遵守国家政策、法令的自觉性。同时,也要增强他们的公关意识,要认识到其一举一动都关系到政府形象。

其次,政府工作人员要改善工作作风,树立公仆意识亲民理念,想群众所想,急群众所急,真正了解群众的困难。因此,改善工作人员的工作作风,是提高工作人员服务品质的必要条件,也是树立政府在公众中良好形象的必要前提。

再次,加强对政府制度建设及政府工作人员的监督。政府及其职能部门要建立健全各项规章制度,增强工作的透明度,同时,把各级工作人员、各种权力的行使置于广大人民群众的监督之下,从而树立秉公办事、廉洁为民的工作作风。

最后,工作形式要灵活多样,勇于创新。如建立工作热线、定期走访、开展公众座谈等形式,不仅能提高工作效率,发现工作所面临的问题,还能增进民众对工作人员的理解与支持,从而发现产生这些问题的主要原因,从根本上解决问题。

一个人要受到社会欢迎,得到公众的爱戴,必须具有良好的个人形象;一个组织要在社会中牢固立足、兴旺发达,必须具有良好的组织形象,对于政府,也是如此。一个政府要在公众中拥有良好的形象,赢得公众的了解、支持与信任,必须要注意以下几点。

1. 加强政府与公众的沟通

信息时代,沟通是信息的生命。政府要在公众中树立能为公众所接纳的良好形象,赢得公众的理解、信任及支持,就要构建一个良好的信息沟通网络,倾听公众对政府的种种建议和批评。同时,运用信息沟通的技巧或媒介将政府的信息迅速及时地传播出去。让民众了解政府,充分享受其对政务工作应有的知情权,提高其参政议政的能力。如我国领导人先后运用互联网这个媒介与广大网友民众交流,就充分展现了我国政府及领导人的开放、自信的执政风格,极大地激发了70后、80后等现在社会主流力量的爱国热情,增强了社会的凝聚力和号召力。

政府在与公众沟通的时候,由于公众的广泛性及复杂性,必须要建立科学高效的传播系统,同时,加强与新闻媒介的联系,充分发挥新闻媒介的作用。如天津市政府在20世纪80年代实施实事工程时,就注意利用新闻媒介,向群众通报情况,并发动群众展开讨论,创造了群众参政议政的新经验。

2. 树立公仆意识,全心全意为人民服务

全心全意为人民服务,一切为人民谋利益,这是政府工作的最高宗旨,也是政府公共关系的总体目标。全心全意为人民服务,做人民的公仆,要尽心竭力地为人民谋利益,就要调动和发挥群众的积极性,经常深入基层调查研究,体察民情,及时把分散意见集中起来,更好地为群众服务。

湖北某市城管打人事件就是因为其公仆意识不到位,工作方法不当,而在群众中产生了恶劣的影响,严重影响到当地政府形象。

3. 不做面子工程,为民办实事

一个政府形象的好坏,往往取决于能否为人民切实解决一些实际问题,因此,政府在工作中,要避免做面子工程、绩效工程。如福州公交进入一元时代、天津实施实事工程,都是从群众普遍关心的问题入手,齐国的田桓子、俄国女皇叶卡特琳娜二世等也都是从民众最关心的问题入手,从而赢得民众信任与认可的。

政府为公众办实事要避免几种偏向,一是做表面文章,应付式的办事。避重就轻的结果就是捡了芝麻,丢了西瓜,群众意见会越来越大。二是政府办实事要根据自己的承受能力,如福州公交进入一元时代的案例中,政府相关部门及领导就是根据政府财政的承受能力而取消了空调费。另外,政府还要避免在为民众承诺办实事时"打白条",只说不做或是好说难做,都会使民众对政府失去信心。

4. 改善工作作风,创新工作方法,完善政府形象

政府机构的专业化使之与人民群众的直接联系日益淡化,改善工作作风,创新工作方法是加强政府在公众中形象的重要手段。

政府工作人员进行工作时,还要特别注意工作方法。湖北某市城管打人事件中暴露的执法水平和执法方式直接影响人民群众对政府机关的评价。在开展政府公共关系活动时,应积极开拓公众参与性强的社会沟通渠道,如建立工作热线、现场办公、与民众联欢、看望慰问普通公众等,都能让公众的意见能够充分地表达出来,为政府制定政策提供依据,开拓公众参与性强的社会沟通渠道,还有利于形成生动活泼、稳定和谐的政治局面与社会秩序。

无刃外交，公关无棱
——国家公关舞台上的夫人风采

  在一个崇尚话语胜过刀剑的时代，光靠事实说话，靠实力说话，是远远不够的。国家公关更是如此。国家公关需要的是一个多元的表达主体。国家公关的"统一战线"，包括组织化的大众媒体，也包括学术精英、社会活动家和宗教领袖，还包括因特定公共议题而临时聚合起来的社会公众。同时，海外精英、公众作为第三方话语同盟也不可或缺。他们的杰出成就、人格力量和精神气质，最容易为海外公众感知。

开篇导例

关颖珊任美公众外交大使

关颖珊是美国历来最优秀的花样滑冰选手之一,被誉为兼具东方典雅与西方激情的"花样滑冰皇后"。曾经9次夺得全美花样滑冰冠军、5获世界锦标赛冠军,并且两次得到冬季奥运会奖牌。在不少美国人眼中,她是勤奋律己的典型代表,也是青少年仰慕的偶像。最近被国务卿赖斯任命为美国首位"公众外交大使",推行软性外交。她借助其健康活力的形象和不懈努力的故事,到世界各地宣扬美国的价值观,改善外国人对美国的印象。

有"冰上花蝴蝶"之称的关颖珊这次被赖斯委以重任,可以说是始于一次机缘。2006年4月,关颖珊获邀出席美国总统布什在白宫宴请中国国家主席胡锦涛的晚宴,席间她认识了赖斯,交谈中向赖斯表示,若有需要,愿为国家效力。由于大家有共同的嗜好和目标,因此一拍即合。

赖斯在11月9日任命关颖珊为美国首位公众外交大使,向世界各地的年轻人介绍美国的民主社会和外交信条。这印证了赖斯之前所说,美国21世纪的公众外交是争取每一个国家每一个人的支持,要互相对话,而非唱独角戏,这是美国全民的工作,不应单由政府的专业人士去做。

"公众外交大使"是美国国务院首次设立的职衔,隶属于负责公共事务的副国务卿卡伦·休斯,并无薪金。虽然这是一项非政治性的工作,但休斯明言,开设这个职位是因现有不少外国年轻人对美国怀有仇恨,并做出对抗美国的宣传,所以有需要与这些国家培养共同的价值观念。

休斯说:"体育是人类的共同语言,可以将不同地区、不同种族和不同宗教信仰的人拉在一起。"外界认为,美国共和党在中期选举失败后宣布这项任命,是要改善对外关系,尤其是针对伊拉克和阿富汗等伊斯兰国家,希望借着关颖珊在运动方面的优异表现,及其背后的励志故事,加强彼此的了解,同时减少美国民众对政府的不满。

本身毫无外交经验的关颖珊表示,已熟读"上司"休斯的备忘录,了解官员与传媒谈话时要坚持的政策。她上任后第一项工作,就是在明年初访问中国。她的父亲关惠棠在上世纪70年代从香港移居美国,而她则在加州Torrance出生,懂得广东话,也能说简单的普通话,但对中国的认识并不深。

关颖珊说:"期待与世界各地的年轻人交流,分享我的体验、故事,以及从比赛中学到的教训,例如专心致志、如何制订和达到目标、团队合作的重要性,以及人生真谛等。人生并非总是一帆风顺,遇到挫折时要收拾心情继续前进,希望人们能从我的经验中学习,在他们的生活中应用。"她期望这份工作至少能够进一步拉近人与人甚至国与国之间的距离。

事实上,关颖珊是第一个出任公众外交大使的世界冠军,但却不是唯一肩负这项使命的运动员。在她之前,其他一些美国运动员也曾根据美国国务院的"文化交流"计划,以国务院体育特使的身份前往世界各地从事特定的体育讲习工作,例如纽约洋基棒球队的伯尼·威廉斯和凤凰城太阳篮球队的吉姆·杰克逊。在宣布这项任命的同时,美国国务院还在与其他运动员和文化方面杰出人士接触,邀请他们今后担任美国公众外交大使。应该说,即将大学毕业的关颖珊赶上了一个"好时候"。这种时机的大背景是在伊拉克战争影响下美国外交的策略调整。有着出色公关技巧的卡伦·休斯于2005年3月出任主管外交与公共事务的副国务卿,显示了布什政府对加强公共外交的考虑。刚刚结束的美国中期选举,其实也在某种程度上以其伊战主题彰显了公共外交的重要性,也赋予了关颖珊出任公众外交大使以特别的象征意义。

在休斯看来,公共外交的核心是人与人之间的和谐交流与信任感的增强,而文化和体育交流活动恰恰体现了作为公共外交内核的互相合作与互相尊重的精神。用她的话说,"艺术——视觉与表演艺术——表现了人类各方面的经历,促使我们认识到,尽管我们之间存在着语言和种族、政治与政策的差别,但我们作为人类的经历具有共同性。艺术拨动了世界各地人民的心弦,引起精神上的共鸣。"赖斯和休斯对关颖珊的期望正在于此用"平民色彩"改变美国形象。

关颖珊出任公众外交大使反映出美国公共外交思维一个微妙的转

变。在赖斯看来,关颖珊——这个中国香港移民的女儿,她的成功带有许多象征意义,不仅她的个人奋斗的传奇能很自然地打动世界各地的人们特别是年轻人,而且她所具有的平民色彩、特有的亲和力,也非常有助于改善美国的形象。在这方面,美国国务院前主管公共外交事务的次卿玛格丽特·塔特怀勒有过很深的感触。这位曾担任过美国驻摩洛哥大使的公共外交专家在参议院的一次作证中颇为感慨地指出,美国的公共外交面临着许多挑战,一个重要的原因是美国政府一直注重跟外国政府和官员的沟通,但没有下足够的功夫跟外国民众沟通,"因此,从今天开始,我们必须把重点放在这个方面"。

诚然,古今中外传统的外交模式是高度集权的,对外只局限于主权国政府之间的交往,对内则是集中在最高领袖与封闭式的外交系统,跟民间社会"河水不犯井水",然而这种模式在全球化时代已经落伍。今天,随着全球化和信息化社会的深入发展,复杂的相互依赖、文化全球化、舆论的影响力、大众传媒与日益增加的国际文化流动以及观念和信息等因素对各国政府产生越来越大的压力,促使它们重新铸造其外交政策结构,把影响国外公众看作其外交战略因素及其所追求目标的不可缺少的一环。换言之,基于军事或经济实力的传统强制性方法正逐步让位于依靠说服力和影响力的灵活外交艺术,即"软权力"和"硬权力"相对重要性开始得到重新权衡。在这一背景下,一种被称作公共外交的新外交形式被委以重任,成为各国外交中的至宝。公共外交就是通过公共关系来实现外交的目的,它的目的就是建立不同国家外交方面的共识,达成相互理解和信任。作为一种理论,它尚年轻,作为一种实践,公众外交自古就有。按照胡百精的看法,公众外交即:(1)一国政府对他国公众;(2)一国公众对他国政府;(3)一国公众对他国公众的外交。但公共外交(Public Diplomacy)一词反映了典型的美国观念:相信公众在国家治理和社会表达中的作用。而公共外交可以担当政府不宜、不必、不能承担的外交事务。赖斯任命关颖珊为美国公众外交大使,正是通过她奋斗的传奇、平民的色彩,特有的亲和力,甚至其成功的象征意义达到这种有异于传统公关方式的作用,更直接、更广泛地面对外国公众和主流社会人士,更有效地增强美国的文化吸引力和政治影响力。

史镜今鉴

《红星照耀中国》是美国著名记者埃德加·斯诺的不朽名著,一部文笔优美的纪实性很强的报道性作品。作者真实记录了自1936年6月至10月在我国西北革命根据地(以延安为中心的陕甘宁边区)进行实地采访的所见所闻,向全世界真实报道了中国和中国工农红军以及许多红军领袖、红军将领的情况。毛泽东和周恩来是斯诺笔下最具代表性的人物形象。

在《红星照耀中国》中,斯诺探求了中国革命发生的背景、发展的原因。他判断由于中国共产党的宣传和具体行动,使穷人和受压迫者对国家、社会和个人有了新的理念,有了必须行动起来的新的信念。由于有了一种思想武装,有一批坚决的青年,所以能够对国民党的统治进行群众性的斗争长达十年之久。他对长征表达了钦佩之情,断言长征实际上是一场战略撤退,称赞长征是一部英雄史诗,是现代史上无与伦比的一次远征。斯诺用毋庸置疑的事实向世界宣告:中国共产党及其领导的革命事业犹如一颗闪亮的红星不仅照耀着中国的西北,而且必将照耀全中国,照耀全世界。

《红星照耀中国》的另一魅力,在于描绘了中国共产党人和红军战士坚韧不拔、英勇卓绝的伟大斗争,以及他们的领袖人物的伟大而平凡的精神风貌。他面对面采访了毛泽东、周恩来、朱德、彭德怀、贺龙等中国共产党的领导人和红军将领。其中最重要的无疑是毛泽东。斯诺准确地把握到毛泽东和以农民为主体的中国民众的精神纽带。没有人比毛泽东更了解他们,更擅长综合、表达和了解他们的意愿。

这样,斯诺对中国的认识达到了一个前所未有的高度。他发现了一个"活的中国",对普通中国百姓尤其是农民即将在历史创造中发挥的重要作用作出了正确的预言,他发现了隐藏在亿万劳动人民身上的力量,并断言中国的未来就掌握在他们手中。

从文学的角度看,《红星照耀中国》在人物刻画、环境描写以及叙事的角度几近出神入化的程度,它无疑是一部文笔优美的纪实性很强的报道性作品,在报告文学创作的艺术手法上无愧为同类作品的典范。而从公关的角度来说,《红星照耀中国》更是照耀出共产党人在革命时期的公关智慧。在被国民党包围封锁的时期,共产党很难通过有效的渠道让世界认识自己的主张,了解自己是一支什么样的武装力量,而通过邀请美国记者埃德加·斯诺对中国的土地革命进行报道以及这部不朽的报告文学作品,让许多人认识了"活的共产党"。1937年10月,《红星照耀中国》首先在英国出版,一问世便轰动世界,在伦敦出版的头几个星期就连续再版七次,销售10万册以上。世界舆论普遍认为这是一个杰作,标志着西方对中国的了解进入一个新时代。《西行漫记》在对国外民众宣传中国革命以及党的政策主张、让世人认识真正中国共产党等方面取得了巨大的成功,大大纠正了之前美国国内对于中国革命的错误认识,使得更多的美国民众对中国革命给予了客观的评价和友善的同情。美国历史学家哈罗德·伊萨克斯的调查说明,作为美国人对中国人印象的主要来源,《红星照耀中国》仅次于赛珍珠的《大地》。《大地》使美国人第一次真正了解中国老百姓,而《红星照耀中国》则使西方人了解了中国共产党人的真实生活。从某种意义上说,一代美国人对中国共产党人的认识都是从斯诺那里得来的。同时,这部作品也让国内的民众了解了共产党和她正在进行的事业,成千上万个中国青年因为读了《红星照耀中国》,纷纷走上革命道路。

哈默的一生经历了一个世纪的十分之九,他不仅是一位成功的企业家,也是一位为世界和平和发展做出重要贡献的和平使者。有人称他是沟通东西方贸易的"和平使者",有人赞他是精通百业的"万能商人",更有人惊叹他是有魔力的"商业精灵":一位大学时代就成为百万富翁的美国商人,他也被誉为红色政权的"资本家同志"。

哈默的商界地位与其商业头脑紧密相关,但他红色政权"资本家同志"的政治光环,却肇始于苏联,与苏联运用国外民间人士为其经济建设服务的策略密不可分。1917年苏联革命成功,帝国主义对它恨之入骨,不仅严加封锁,而且发动了一次14国联军的讨伐,企图把它消灭在"摇篮"里。在苏联最困难的时期,哈默来到苏联,第一个伸出援助之手。在乌拉尔地区考察时,看到了令人心酸的饥荒、疾病和死亡,也看到了巨大的市场,多少矿产亟待开采,多少珍宝亟待出售,但由于出口贸易的道路不畅,人们只能守着宝山挨饿。哈默决定以自己的力量来改变这种局面。他火速给哥哥发去电报,让他在美国购买100万美元的小麦运往苏联的彼得格勒港,以易货方式换取100万美元当地产的毛皮和矿产。哈默的胆识受到了伟大领袖列宁的赞赏,在一片"宁可饿死不卖国"的声音中,根据为恢复和发展国民经济实行的"新经济政策",苏联以"租让制"或"公私合营"的方式邀请资本家去苏联直接经营或以合营的方式引进西方资金、技术和人才,列宁决定给哈默以特许经营权,并与哈默建立了一种不寻常的友谊。通过不懈的努力,哈默成了沟通了苏美贸易渠道的西方商人。美国到了1933年11月罗斯福当选总统实行"新政"以后终于承认苏联。

由于他与世界上许多国家的领导人都保持着友谊,便经常奔波于不同的国家传递和平信息,成为世界各国首脑之间进行私人外交活动的信使。他曾设法促进美苏两国进行会谈,共同研究"星球大战"计划,共同宣布不首先使用核武器的决定。不仅如此,他也是中国人民的老朋友。1979年邓小平访问美国期间,盛赞哈默当年对列宁的帮助,并邀请他到中国访问,希望哈默能为中国经济建设作出贡献。80岁高龄的哈默于当年便应邀访问中国,以后又多次来华,开始为中美贸易铺路搭桥。1982年,他与中国有关部门签订了山西平朔露天煤矿的可行性意向,并于1986年正式破土动工,这是当时最大的一项中外合资项目。

三刻拍案

赖斯任命关颖珊为公众外交大使是看中了她的成功带有许多象征意义,不仅她的个人奋斗的传奇的感召力,以及她所具有的平民色彩、特有的亲和力;列宁与哈默的友谊彰显的是商人在对外公关中的强大力量。事实上,在政府对外公关活动中,能够进行公共外交的,不仅是普通民众,也可以是政治精英,甚至可以是商界大腕和文体明星。我们可以看看他们是如何在政府对外公关活动中发挥作用的。

拍案一　国家公关舞台上的夫人风采

"夫人外交"指的当然就是夫人在对外交往中的活动和作用,其中又尤其指由夫人出面完成某些特定的外交任务的外交形式。这里的夫人首先指国家领导人和高级外交官的夫人，即有资格作为国家政治代表的夫人。可以说，自有现代意义的外交以来，"夫人外交"就登上了历史舞台，现已成为国家外交中不可或缺但又较为特殊的组成部分。她们在世界外交史上留下了许多精彩的传说。

1961年肯尼迪总统偕夫人杰奎琳出访法国，杰奎琳用流利的法语、对法国文化表现出来的尊敬和品位赢得了广大法国人民及时任法国总统的戴高乐将军的强烈好感，以至于肯尼迪总统不失幽默地表示："不是杰基陪我，而是我陪杰基·肯尼迪出访巴黎。"此次访问也因杰奎琳而大获成功。这一外交实例，如今已成为夫人外交的经典。而现任美国第一夫人米歇尔在白宫中种菜也是夫人外交的一种形式。据说，这种方式已影响到英国，英国的皇宫也开辟了菜园。而米歇尔本人则就此问题与英国女皇有过亲切交谈。

实际上，夫人们经常利用家宴、茶会、剧场影院、庭院草坪、慈善活动等方式来作为沟通的中介，大家在谈笑中增加友谊，在交流中加强了解。这些可以取得常规化外交方式中难以取得的成绩。

取得信任，赢得支持

取得信任，赢得支持，是国家外交的最终目的，也堪称夫人外交的最高境界。在这一方面不得不提宋美龄。

宋美龄虽为在民国外交界正式任职，却以其特有的政治身份、兼而融合东方古典气质和西方优雅气度以及与生俱有的美丽、手腕、魅力，倾倒全美，震撼世界，成为民国外交史上深具影响力的人物之一。

宋美龄在民国外交中最具影响力的历史性事件是1942年11月26日至1943年7月4日，应罗斯福总统之邀访问美国，受到美国朝野的热情接待和欢迎。

宋美龄虽以私人身份出访，实际上是蒋介石的特使，其使命是协助外交部长宋子文办理中美外交，向美国人民广泛宣传中国抗战，争取美国朝野对中国的支持。宋美龄受到了罗斯福总统夫妇以及美国人民的盛情接待。她飞抵纽约后，先进医院治疗。罗斯福夫人亲自到医院探望，把她视同亲人般亲切款待。宋美龄在战时展示的坚毅个性、女性风范与罗斯福夫人有许多相似之处。宋美龄出院后，罗斯福总统邀请她到总统府别墅小住两个星期，罗斯福夫人不仅给宋美龄介绍华府名流，还为她举办白宫记者招待会。出席的世界各地记者多大达170余人。美国《时代》杂志多次登载她的玉照及专访。一时间，美国出现了万人争睹其风采的盛况。

美国国会两院都邀请她前去演讲,她是继荷兰女王之后应邀在美国国会演讲的第二位女性。1942年2月18日,宋美龄在美国国会发表演讲,受到美国朝野好评。

在美期间,宋美龄还广赴美国各地发表演讲,如纽约市政厅、麦迪逊广场、芝加哥运动场、旧金山市政厅、好莱坞等,所到之处广受欢迎。在好莱坞,她在露天广场向三万名听众发表演讲,会见了200多位支持中国抗战的影剧界人士,不少为中国人所熟知的大牌明星如秀兰·邓波儿、凯瑟琳·赫本等都与宋美龄寒暄,并踊跃捐款支持中国抗战。宋美龄以其非凡的个人魅力、面带微笑的开朗性格以及流利的英语征服了许多美国人的心,在美国刮起"宋美龄旋风"。这对于增进美国人民对于中国抗战的了解,促进美国人民对于中国抗战的慷慨捐款,推动美国政府加强援华起了一定的作用。蒋介石曾对记者称赞宋美龄说:"她的价值相当于20个师。"

侧面破冰,修复国家关系

历史将记住这一夜——2003年6月23日晚间,在中国北京的人民大会堂签字厅,中印两国总理温家宝和瓦杰帕伊在被英国《金融时报》成为"中印里程碑式宣言"的《中印关系原则和全面合作宣言》上签上了自己的名字,互换文本。这份宣言首次明确"印方承认西藏自治区是中华人民共和国领土的一部分","它为这两个邻国之间融洽关系的新时代奠定了基础。"而这一成绩的取得,离不开驻印大使夫人们的努力。

1998年4月22日,已经先后出使过马来西亚、巴基斯坦和印尼的周刚偕夫人邓俊秉抵达印度首都新德里担任新一届的中国驻印大使。然而,周大使还没有来得及递交国书,中印关系就遭到了严重挫折——当年的5月11日、13日,印度以"中国威胁"为借口进行了两轮核试验,这令周大使处境变得相当困难。"从那时候开始,别说是部长级的,连司局级的印方负责人都很少见得到。"中国大使刚刚履新就坐上了冷板凳。为打开外交僵局,宣传中国的政策,周刚在印度找各种机会演讲。通过种种努力,6月1日,印度总统纳拉亚南和夫人乌莎在总统府接受了周大使递交的国书。

纳拉亚南是1976年中印关系恢复互派大使后的首任驻华大使,乌莎夫人当时也随夫出使中国,夫妇二人对中国相当友好。乌莎夫人也表现得相当热情,递交国书后,常邀邓教授到总统府去喝茶。邓俊秉从现实出发,也作为礼尚往来的回复,计划在使馆举行一次邀请总统夫人乌莎女士做主宾,印度党政军和民间上流社会的夫人们参加的高规格活动。最后经协商及周密的准备,夫人活动如期进行。总统夫人来了,前总理古杰拉尔夫人来了,总理首席秘书米什拉夫人来了,陆军参谋长马立克上将夫人来了,其他方面的代表也来了。这次夫人活动的内容很丰富:教夫人们包饺子,参观菜园,观看名为《花》的教科短片,最后共进午宴。"对印度核试验这件事本身,作为大使夫人来说,不方便直接谈论。通过举办夫人活动这样的软性活动来促进两国关系,增加友谊、增加友好。这样的话,效果会更好。"邓俊秉在印度三年,成功举办了三次夫人外交活动,为中印关系破冰起到了良好的促进作用。

实际上,在两国关系紧张时,总统及大使夫人们往往就担任起侧面破冰,修复国家关系的重任,用不涉及政治的温和外交方式来让双方互增信任及好感。这是夫人外交的作用之一。

中和形象,软硬结合

夫人外交的另一个重要作用是中和总统或大使的强硬风格,使得整个国家的外交政策软硬结合。在这一方面,最有代表性的是日本前首相安倍晋三的夫人安倍昭惠树立的温柔又大方的第一夫人形象。

作为亚洲金融中心,日本在整个亚洲的作用举足轻重。同时,日本又是一个十分重视传统文化的国家,无论是日本皇室的太子妃还是首相夫人在公众面前的表现都非常低调,但安倍昭惠是个例外。

2006年9月,随着日本自民党总裁安倍晋三当选第90届日本首相,日本有史以来最年轻的首相夫人安倍昭惠走进人们的视野。安倍昭惠与以往躲在丈夫身后,国民都不知其名和姓的老一代第一夫人们不同,显得既洒脱张扬,又温和大方,她爱喝酒,热爱肥皂剧,跳弗拉明戈舞,并且曾经做过电台DJ,被媒体称为"新潮时髦的日本第一夫人"。

2006年10月8日安倍晋三偕夫人访华,这是自他担任日本首相以来的第一次访华,也是安倍昭惠首次亮相国际舞台。当他们乘坐的专机抵达机场时,安倍晋三和夫人携手走下飞机,这一幕给很多人留下了深刻印象。首相夫妇在世界瞩目下牵手而行,在以大男子主义闻名的日本来说,绝对是具有爆炸性的举动,不过反响很好,不少日本女性认为,这代表女性越来越有地位,无形中,安倍又争取到了女选民的心:因为他疼爱妻子。

而在出访韩国时,安倍昭惠更是出尽风头。出于对韩剧的热爱,她曾专门学习了韩语。在首尔访问光熙小学时,和学生们共度了一段美好时光,用流利的韩语念了一段文章,"得到韩国学生们的热烈鼓掌"。而对于韩剧明星的崇拜又加深了韩国民众的好感,安倍晋三刚上任时她即以第一夫人的身份在东京参加韩剧《冬季恋歌》发布会,与韩国驻日大使一行交谈频繁。此举赢得了韩国民众的良好印象,尤其是在随安倍出访韩国后,安倍昭惠谦和有礼的模样在韩国人心中留下深刻印象。

除此之外,在安倍晋三支持率下降时安倍昭惠又及时在网上开设个人博客,页面设计得非常温馨,介绍她陪同丈夫出访欧洲等地的经历。她和安倍的一些日常生活场面也会不时在博客中出现,在圣诞节那天,安倍昭惠特意贴出了一张"安倍喝粥"的照片,把安倍不为人知的平常一面展示在世人面前。

安倍晋三及其幕僚意识到安倍昭惠的温柔外交可以弱化安倍的强硬特色,为其加分,于是日本政府甚至启用前驻华公使、民间智囊团代表宫家邦彦及原航空公司的一个空姐作为妻子的服装顾问,辅佐安倍昭惠开展"第一夫人外交"。

点评

不管是宋美龄访问美国取得的美国人民对于中国抗战的了解,赢得美国人民对于中国抗战的支持,还是邓俊秉在印度通过夫人外交活动促进了中印关系破冰,或是安倍昭惠的温柔形象弱化安倍的强硬特色,其中所展现的,不是看得到的策略,而是无形的智慧。她们虽然在具体的形象和风格上有差异,但却集体展现出来了女性特有的魅力和这种有异于传统公关方式的作用:更直接、更广泛地面对外国公众和主流社会人士,更有效地增强本国的文化吸引力和政治影响力,改善国际舆论环境,维护国家的利益。

拍案二 中日韩跨国智囊坐在一起讨论敏感问题

当一些国家正因为历史和现实问题而怒目相向,"战火""阴云"密布,而上海,细雨和艳阳交错的春天,显得平和。

在景象鲜明的东方明珠塔附近,中国人、日本人、韩国人……坐在一起,心平气和地讨论敏感问题,并准备把结论,呈报给各国的领导人。

2005年4月1日,来自东亚和东盟的50位专家刮起了一场"头脑风暴"——参加"东亚思想库网络"(NEAT)金融合作会议。这个会议,仅仅是整个 NEAT 系列活动的一个部分,其余将陆续展开,涉及政治、经济、外交中的许多"尖端问题"。

显然,会议给人以特别的印象。在"政冷"使得一些国家的高层互访变得似乎遥遥无期时,在冰层之下,却有特别的力量,为各国领导人进行思想共享搭建着新的平台。

上海社会科学院院长助理屠启宇说,许多人不知道,除了政府之外,解决东亚问题还有"第二轨道",它很活跃。

点 评

随着国际事务的日益繁杂,一元的国家公关表达主体已无法担当起时代的重任,因此,"第二轨道外交"(以下简称"二轨外交")应时而出现。它是一种特殊的非官方外交,相对于政府间的"第一轨外交",它是指运用非官方人物,包括学者、退休官员、公共人物、社会活动家、非政府组织等多种渠道进行交流。它的交流方式比较灵活,"二轨外交"成功之后往往进一步将民间成果和经验向官方外交的轨道转化,从而推动真正影响大局的"一轨外交"的顺利进行。

我们从案例中也看到了"二轨外交"为搭建各国领导人交流平台所起的重要作用。比如,韩国影星裴勇俊就可以说是韩国对日最好的"民间大使"。由于他主演的《冬季恋歌》在日本的热映,使他拥有了大批的日本影迷。由此使日本"韩流盛行",日本对韩国社会文化的兴趣也随之大增,并乐于去韩国实地旅游。这不仅为韩国带来了客观的经济收益,重要的是,韩日两国的民间感情直线上升,而这正是非官方公关交流方式所带来的实效。

拍案三 犹太人族群与美以关系

犹太人是一个非常特殊的流浪族群。19 世纪初期,他们在美国的人数还很少,上半叶时,他们开始大批从德国和奥地利移居美国。1881—1914 年间,由于欧洲的反犹浪潮,犹太人再次大批移民美国。20 世纪 30

年代，由于纳粹的迫害，每年大约有一万犹太人来到美国，从而形成独立的流浪族群。目前美国约有600万犹太人，占世界犹太人的40%。居住在美国的犹太人人不但是世界上最多的，也是最富的，他们经过自己辛勤劳动和精心经营逐渐渗透到美国经济社会领域并跻身美国上流社会，犹太人社团从一战后就成了世界上最富裕最有影响力的社团。

然而，犹太民族虽流散全球但一直维系着民族认同，彼此之间怀有一种普遍亲情和相互责任，即"犹太人一体观"。与世界其他各地的犹太人一样，美国犹太人把以色列看作自己的家园，支持以色列建国，维护以色列的利益。美国犹太人凭借自己的精英地位和经济实力，通过选票、舆论、资助候选人、培养与决策者的密切关系等途径影响着美国的中东政策。

在1948年大选中，犹太人成功地让民主、共和两党都接受了他们的政治主张，在地方的选举中，他们以选票和资助作为筹码，炒卖以色列问题，迫使双方的候选人在支持新生的以色列这一立场上互相竞争，作出许诺。1948年5月14日以色列国成立后16分钟美国就宣布承认，创下这方面的速度之最，以致于英国认为"以色列这个新国家……可以说是在纽约诞生的"。

美国的犹太族群各方面的努力不仅促成了以色列的诞生，而且在随后美国的一系列对外政策中，一直奉行亲以的政策，使得美国和以色列随后的关系非比寻常。

政治上，美国明确宣布保证以色列的生存权和国家安全，还最早将其外交代表升格为大使级，第一个提议并接纳以色列为联合国会员国，在世界上不遗余力为其争取生存权和平等地位。1977年5月12日卡特在位时就宣布过："保卫以色列的生存权利、永久的生存权利是美国在中东的头等义务，对以色列的安全所承担的义务是坚定不移的。"经济上，以色列对美国的依赖就如一位经济学家所言：当美国经济患轻伤风时，以色列经济立刻就会"患肺炎"，阿拉伯人指责美国是以色列的"养育父母"和"保姆"。美国对以色列的经济援助数额巨大。据美国国务院公布，从1949年至1999年底美国向以色列提供了近一千二百亿美元援助，占美国对外援助最大份额。而且，以色列是第一个得到美国豁免权和享受其优惠条件的国家；军事上的合作更是有目共睹的，从军费开支补贴、提供先进技术、合作开发新武器、到联合军事演习、军火市场上互通有无以及共享军事情报，都是其他盟国无不羡慕的。

点评

世人皆知美国犹太集团的巨大影响力来自金钱,这固然不无道理,但只是其中的一个侧面。在具体运作上,犹太集团对美国"上层建筑"的渗透控制,是他们巨大力量的政治源泉。与此同时,犹太人在美国学术和文化界的丰富人力资源,是这一"上层建筑"的有机部分,是其封锁美国社会上层"反以色列"和"反犹"言论、从而维持犹太势力对美国外交政策影响的重要层次,其作用绝不亚于美国政治选举中的金钱。卡特曾说:"我宁可政治自杀,也不愿得罪以色列。"犹太人使美国成为以色列的最亲密盟友,一些美国人甚至认为,一旦美国遇险,只有两国会全力援美——英国和以色列。第一次中东战争,兜里只有15美元的梅厄夫人到美国募捐,带回7000万美元和军火。从公关的角度看,以色列正是依靠了美国犹太人支持,才屡屡渡过难关。

回味隽永

本案例组通过展现国家公关舞台上的夫人风采来介绍公共外交方式的魅力和其在政府对外公关活动过程中所发挥的巨大作用。交往双方通过以诚相见,推心置腹,彼此沟通,从而减少误解,减少"火药味",达到双方互利共赢的目的。"无刃外交"深刻体现了中国文化的表征符号——"和"。这种公共外交智慧体现了中国文化传统精神,也延伸出全人类的精神财富。正因为蕴含着这样的智慧,公共外交逐渐成为国际社会政治舞台上的一种重要的国家公关形式。

综观这些公关案例,深层检视"无刃外交"的现代意义,留给我们的启示是多元而深远的。

首先,"无刃外交"重要前提的两国地位平等,符合双方共同利益发展的需要,只有平等的前提条件才能保证外交的真诚互信,保证外交目的的顺利完成。

其次,运用各方面的力量,开展多样化的交流活动是"无刃外交"顺利开展的主要手段。正如一首歌里所唱的:你不是一个人在战斗。国家公关需要一个既包括组织化的大众媒体,也包括学术精英、社会活动家和宗教领袖,还包括全球性艺术家、文化名人,同时,海外精英、公众作为第三方话语同盟也是不可或缺的多元的表达主体。他们的杰出成就、人格力量和精神气质,最容易为海外公众感知。

最后,这种"无刃外交"已经成为国家的一种软实力,通过这种方式,更直接、更广泛地面对他国公众,更有效地增强本国的文化吸引力和政治影响力,改善国际舆论环境,维护国家的利益,表达本国的真实形象。

总之,公共外交具有一种结合胆识与谨慎的美誉,它可以利用新的机会提升国家利益而不致惹怒他国,是一种以最小的国家安全冒险达到新国际目标的聪明手段和拉拢国外民众、建立牢固关系和持久联盟而且威胁性较弱的方法。在运用武力代价昂贵而且效果甚微的时代,它成了一种理想的缓和剂,对政府具有愈来愈大的吸引力。在公共外交方面相对较小的投资却具有创造稳定局面和经济增长的潜力,这种外交形式能让实力较小的国家弥补其硬权力的缺乏,增强国际互动。由于具有完成中长期重要目标的能力,公共外交在外交的工具箱中占据了核心的地位。许多决策者视其为征服人心的超级工具,愈来愈依赖它来达到国家目标。在实施这一外交的同时,他们拿"征服精神"换"精神征服"。

后 记

在我国,有中国特色的政府公共关系作为塑造政府形象的艺术和沟通政府与人民联系的桥梁,伴随着改革开放的历史潮流正日益广泛地深入到政府工作的各个领域,成为各级政府工作中不可或缺的重要组成部分。政府公共关系对转变政府职能、提供决策咨询、重塑政府形象等方面的政府改革,有着十分重要的推动作用。为此,我们结合政府活动的实践需要,编写了《政府公关》一书。通过形象的案例评述,以期能为政府公关活动的开展提供参考和帮助。

本书在编写过程中,精心搜集了政府公关的典型案例,尤其是贯通中外,融汇古今,通过古今中外案例活动的对比、点评,不仅独具特色,同时力求理论与实践的完美结合。在本书写作过程中我们参考了大量的专著和论文,吸收和借鉴了相关作者的研究精华与学术成果,在此深表感谢和敬意。

本书由福建师范大学洪建设担任主编,李恭园、周俊森担任副主编,参编人员及其具体分工如下:洪建设制定全书写作大纲,福建师范大学周俊森撰写了第一、七、十四篇,福建师范大学李恭园撰写了第二、六、十七、十八篇,邱艺远撰写了第三、九篇,福建师范大学王少萍、苏礼和、桑付鱼、汪海军、史卫静、黄靖、蓝越、李雷婷、曾宪平分别撰写了第四、五、八、十、十五、十六、二十、二十一、二十二篇,福建师范大学潘涛撰写了第十一、十九篇,福建师范大学康婷婷撰写了第十二、十三篇。全书由副主编李恭园、周俊森统稿,最后由主编洪建设审阅定稿。福建师范大学陈燕青、桑付鱼、周洲、周阳、黄惠丽、陆露、林志香、何海菊等在资料收集、文字编校及其他方面做了大量的工作,在此一并表示衷心的感谢。同时,特别感谢北京大学出版社责任编辑李玥为本书所付出的辛勤劳动。

由于我们水平有限,编写过程中出现的疏漏和失误在所难免,诚恳地期待专家学者的指导,欢迎广大读者批评惠正。

编者
2010 年 1 月

参 考 文 献

[1] 李秀忠,刘桂莉.公共关系学[M].湖北:武汉大学出版社,2009.
[2] 张紧跟.当代中国政府间关系导论[M].北京:社会科学文献出版社,2009.
[3] 詹文都.政府公共关系[M].广州:华南理工大学出版社,2009.
[4] 唐钧.政府公共关系[M].北京:北京大学出版社,2009.
[5] 唐钧.政府公共关系策略与实务[M].北京:中国传媒大学出版社,2008.
[6] 毛经权.公关的力量[M].上海:上海外语教育出版社,2008.
[7] 吴友富.中国公共关系20年发展报告[M].上海:上海外语教育出版社,2007.
[8] 毛经权.公共关系的最新发展趋势[M].上海:上海外语教育出版社,2007.
[9] 张逎英.公共关系学(第二版)[M].上海:同济大学出版社,2007.
[10] 孙多勇.突发事件与行为决策[M].北京:社会科学文献出版社,2007.
[11] 孔祥军.发展公共关系学——一种中国式的视角[M].北京:人民出版社,2007.
[12] 孙多勇.突发事件与行为决策[M].北京:社会科学文献出版社,2007.
[13] 黄顺康.公共危机管理与危机法制研究[M].北京:中国检察出版社,2006.
[14] 曾琳智.新编公关案例教程[M].上海:复旦大学出版社,2006.
[15] 陶应虎,顾晓燕.公共关系原理与实务[M].北京:清华大学出版社,2006.
[16] 肖鹏军.公共危机管理导论[M].北京:中国人民大学出版社,2006.
[17] 吴友富,于朝晖.现代公共关系基础教程[M].上海:上海外语教育出版社,2006.
[18] 杨晨.现代公关案例精选[M].北京:高等教育出版社,2005.
[19] 姚惠忠.公共关系理论与实务[M].北京:北京大学出版社,2004.
[20] 孙玉红,王永,周卫民.直面危机[M].北京:中信出版社,2004.
[21] 谢玉华.公共部门公共关系[M].长沙:湖南人民出版社,2003.
[22] 徐伟新.国家和政府的危机管理[M].南昌:江西人民出版社,2003.
[23] 张锐昕.政府上网与行政管理[M].北京:中国大百科全书出版社,2003.
[24] 诸云茂.公共关系与现代政府[M].上海:上海大学出版社,2002.
[25] 徐美恒,李明华.公共关系管理学[M].北京:中国人民公安大学出版社,2002.
[26] 赵伟鹏,戴元祥.政府公共关系理论与实践[M].天津人民出版社,2001.
[27] 廖为建.公共关系学[M].北京:高等教育出版社,2000.
[28] 〔英〕格里高利(Gregory, A.)编,张婧,幸培瑜,王嘉译.公共关系实践(第二版)[M].北京:北京大学出版社,2008.
[29] 杰里·A.亨德里克斯.公共关系案例[M].北京:机械工业出版社.2003.

[30]〔美〕格伦·布鲁姆等.有效的公共关系[M].北京:华夏出版社,2002.
[31]〔美〕史蒂文·科恩.政府全面质量管理[M].北京:中国人民大学出版社,2002.
[32]〔美〕米勒著,祥里等译.罗斯福正传[M].北京:新华出版社,1985.
[33]叶皓.政府新闻学案例:政府应对媒体的新方法[M].南京:江苏人民出版社,2007.
[34]中国社会科学院应用伦理研究中心主编.中国应用伦理学[M],银川:宁夏人民出版社,2006.
[35]吴英达.浅谈突发事件管理中的政府公共关系[J].学理论,2009(11):103—104.
[36]聂静虹."第五媒体时代"的政府公共关系刍议[J].学术研究,2009(2):68.
[37]田行娟.政府公共关系专业化[J].国际公关,2009(2):41—42.
[38]刘小芳.试论我国政府公共关系存在的问题及完善途径[J].西藏民族学院学报,2009(3):89.
[39]刘韵秋,孙龙雨.浅谈和谐社会中的政府公共关系构建[J].公关世界,2009(6):52.
[40]周晓丽.论政府公共关系与公共危机的治理[J].理论月刊,2008(5):97—101.
[41]邓岩.危机事件中的政府公共关系应对原则[J].经济与管理,2008(11):15—18.
[42]刘韵秋,张春燕.施展政府公共关系 打造品牌城市[J].公关世界,2008(7):40.
[43]高猛.公共危机下的政府公共关系[J].湖北社会科学,2008(4):36—37.
[44]张英.试论构建我国政府公共关系的方向[J].商丘职业技术学院学报,2008(1):5.
[45]杨勇.和谐社会中的政府公共关建构[J].经济师,2008(1):29—30.
[46]王海英.论政府公共关系的价值与模式[J].商业时代,2007(24):4—5.
[47]张理中,刘德雄,何新征.论政府公共关系的构建[J].甘肃省经济管理干部学院学报,2007(4):57.
[48]褚晓雯.公共危机视角下的政府公共关系[J].中南财经政法大学研究生学报,2007(4):55.
[49]苏静.地方政府公共关系管理和形象建设的推进[J].攀登,2006(4):50.
[50]余芳梅.完善政府处理突发事件的新闻发布机制[J].南京:文教资料,2006,(5):34.
[51]李秀忠.政府关系与政府公共关系[J].山东师范大学学报,2006(6):148.
[52]官旴玲.和谐社会:政府公共关系诉求的目标[J].四川行政学院学报,2006(4):32.
[53]郭起浪.浅谈公共危机中的政府公共关系[J].学术研究,2006(6):86.
[54]李四林,吕云芸.科学发展观与构建和谐社会视角下的政府公共关系[J].江议论坛,2006(12):68.
[55]吴静波.论政治文明与政府的公共关系建设[J].南昌航空工业学院学报,2005

(6):36.

[56] 陈薇.和谐社会构建中的政府公共关系研究[J].中共银川市委党校学报,2005(4):36—37.

[57] 刘智勇,张志泽.论政府公共危机治理能力的缺失和再造[J].电子科技大学学报,2004(3):22.

[58] 彭姣时.从公共关系角度分析新闻发言人制度[J].当代传播,2004(6):42.

[59] 史红英.我国政府公关的现状及对策[J].长沙航空职业技术学院学报,2004(3):75—78.

[60] 叶婧.政府危机管理问题探讨[J].行政与法,2003(1):40—42.

[61] 王晓成.论公共危机中的政府公共关系[J].上海师范大学学报,2003(6):23.

[62] 吴玉宗.论加强政府公共关系[J].社会科学研究,2003(6):14.

[63] 朱小宁.我国政府公关活动浅论[J].社会主义研究,2003(2):80—81.

[64] 杨冠琼.危机性事件的特征、类别与政府危机管理[J].新视野,2003(6):56.

[65] 付丽青,马仁菊.政府公关与政府形象[J].伊犁教育学院学报,2003(3):18—21.

[66] 李耀.试论政府公共关系的职能定位[J].湖南社会科学,2003(1):46.

[67] 申家宁.新闻传媒与中国的国际形象[J].国际政治研究,2001(4):36.

[68] 叶皓.从被动应付走向积极应付——试论当前政府和媒体关系的变化[J].南京大学学报(哲学人文社会科学版),2008(1):46—54.

[69] 欧东衢."华南虎事件"的新闻价值论——以《广州日报》为例[J].新闻知识.2008(3):53—55.

[70] 蒋红珍."华南虎事件"中政府信息行为瑕疵[J].法学.2008(3):18—24.

[71] 生民.报告SARS:政府与媒体良性互动的范例[J].传媒观察.2003(5):1.

[72] 叶琦.政治仪式中的媒介权利——大众传媒对美国总统竞选的影响[J].现代传播.双月刊.2001(1):52—55.

[73] 叶皓.政府新闻学:"政府应对媒体"的新学科.人民网,2009-1-20.